项目资助

国家社会科学基金一般项目"加快我国经济发展方式转变的制度障碍及对策研究"（15BJL056）

2022 年度吉林财经大学全国中国特色社会主义政治经济学研究中心重点项目"新发展阶段坚持和完善中国特色社会主义经济制度研究"(2022WZD009)

我国经济发展方式转变及其制度优化研究

Woguo Jingji Fazhan Fangshi Zhuanbian
Jiqi Zhidu Youhua Yanjiu

鲍金红 著

人民出版社

目　　录

前　言 …………………………………………………………… 1

绪　论 …………………………………………………………… 1

第一章　经济发展方式转变与制度变迁相关理论 …………… 13
　　第一节　经济增长与经济发展相关概念及研究进展 ……… 13
　　第二节　经济增长理论与经济发展理论 …………………… 29
　　第三节　经济发展方式转变与经济高质量发展 …………… 47
　　第四节　制度因素影响经济发展方式转变的内在机制 …… 63

第二章　我国经济发展历程与经济发展方式目标的演进 …… 77
　　第一节　我国经济增长与经济发展的历程 ………………… 78
　　第二节　我国经济增长方式和经济发展方式目标的演进 … 112

第三章　我国社会主义市场经济制度供给及其变迁 ………… 125
　　第一节　我国社会主义市场经济制度及其变迁 …………… 125
　　第二节　我国社会主义市场经济发展案例及经验 ………… 151

第四章　我国经济发展方式转变进程综合测度及评价 ……… 168
　　第一节　全要素生产率、制度变迁与经济增长 …………… 168

第二节　产业结构优化测度 …………………………………… 199
　　第三节　我国经济发展方式转变进程测度及评价 …………… 235

第五章　加快我国经济发展方式转变的制度优化路径 ………… 259
　　第一节　坚持以现代国家治理体系为中心的制度性文化建设 …… 260
　　第二节　有效市场和有为政府相结合的原则 ………………… 261
　　第三节　坚持社会主义基本经济制度,完善产权制度 ……… 265
　　第四节　加快财税制度改革、完善政府调控机制 …………… 268
　　第五节　深化收入分配制度改革,提高城镇化水平 ………… 270
　　第六节　完善环境保护法律法规,规范市场主体行为 ……… 273
　　第七节　推动行政制度改革,完善制度实施机制 …………… 275

参考文献 ……………………………………………………………… 278
后　　记 ……………………………………………………………… 292

前　　言

高质量发展是中国式现代化的本质要求,是我国经济发展的方向和必然选择,而转变经济发展方式是实现经济转型和提高经济发展效率、推动经济可持续发展的重要方式和途径,是实现经济高质量发展的根本保障。

改革开放以来,我国经济保持了连续的高速增长,人民的生活从解决温饱问题到逐步步入小康社会再到全面建成小康社会,但在持续增长过程中,也曾出现了资源浪费、环境被破坏和效率低下等一些现实问题。为了提高经济增长质量,我国对经济增长方式和经济发展方式转变的要求可以追溯到1996年,"九五"计划正式提出转变经济增长方式——要实现从粗放型向集约型增长的转变,并将其作为与建立社会主义市场经济体制同等重要的,两个具有全局性意义的根本转变目标之一。2007年党的十七大首次提出"从经济增长方式到经济发展方式转变"的目标:"实现结构调整(供给、需求、分配结构)和三大产业协同,完善社会主义市场经济体制,从制度上更好发挥市场在资源配置中的基础性作用,形成有利于科学发展的宏观调控体系"。转变经济发展方式目标的确立是对转变经济增长方式目标的坚持和强化,是对其在内容上的深化和拓展;是我国政府在对我国经济发展现状充分认识的基础上提出的,是解决我国多年来主要依靠增加投入和增加投资拉动经济增长的方式造成的效率缺乏和积累的社会、经济结构问题以及环境问题的根本方法。2017年党的十九大提出"我国经济已由高速增长阶段转向高质量发展阶段,正处在转变经济发展方式、优化经济结构、转换增长动力的攻关期"。2022年党的二十大报告明确指出,实现高质量发展是中国式现代化的本质要求之一,进一步明确了经济发展方式转变是实现经济高质量发展的根本保障。

我国在经济发展历程中始终注重制度变革,形成激励机制,调动地方、企业和劳动者的积极性,并得以解放生产力。在改革开放过程中,先后实行了家庭联产承包责任制、扩大企业经营自主权、利润留成、奖金制度、企业承包制、股份制、发展多种所有制经济,按资本、技术、经营管理才能等生产要素进行分配,地方分权、财政包干、分税制等改革措施,极大地调动了农民、企业职工、管理者、技术人员、企业和地方政府生产经营、发展经济的积极性、主动性和创造性。释放改革红利,充分发挥后发优势以及制度优势,是经济得以高速、持续发展的保障。从1996年转变经济增长方式和建立社会主义市场经济体系,到2007年转变经济发展方式和完善社会主义市场经济体制,再到2017年确定转变经济发展方式攻关期和明确经济高质量发展阶段。经济增长方式和经济发展方式始终是改革目标之一,其对提升我国经济增长和经济发展质量至关重要。自2007年提出加快经济发展方式转变的目标,至今已有近20年的时间,转变的成效如何？当前我国经济发展方式特点是什么？经济发展动力是什么？在经济发展和转型过程中有哪些制度建设和制度变迁？起了怎样的作用？未来需要从哪些方面对制度进行优化？这是本书要探索的问题。

推进市场化、法治化的改革,建立包容性的经济体制和政治体制是根本[①]。要解释中国,必须基于由中国自身的经验提炼出来的科学概念和理论[②]。本书基于经济增长理论、制度及制度变迁理论和发展经济学的制度——经济发展研究范式,梳理改革开放以来我国经济发展目标和相关制度及制度变迁,提炼总结我国社会主义市场经济制度供给一般情况,并结合长三角和珠三角典型城市的如苏南经验、义乌经验、广东经验等,分析中国特色社会主义市场经济制度探索创新经验;再以1999—2022年为研究期,实证研究

[①] 吴敬琏、马国川:《中国经济改革二十讲》,生活·读书·新知三联书店2012年版,第5页。

[②] 郑永年、黄彦杰:《制内市场:中国国家主导型政治经济学》,邱道隆译,浙江人民出版社2021年版,第14页。

全国及东部、中部、西部和东北部四大区域和区域内省级全要素生产率(TFP)的动态变化以及产业结构高度化、合理化和高效化(简称"三化")的发展变化,探析技术、制度等因素在我国经济增长中的动力和作用,将 TFP 指数和产业结构"三化"测度结果纳入,构建了一个包括 5 个一级、15 个二级和 47 个三级的指标体系,测算研究期内我国经济发展方式转变的进程和趋势,由此分析加快经济发展方式转变所存在的制度障碍;最后基于实际的制度供给和未来发展的制度障碍(需求),结合当前国内经济转型和国际环境,提出制度优化的对策建议。

本书的主要结论与观点有:

1.加快经济发展方式转变、提高生产力和生产效率,是实现经济高质量发展战略的根本保障,而这取决于进一步深化制度改革,释放制度红利。我国人口红利和资源环境已进入瓶颈期,同时还肩负一个人口大国在发展的同时对世界环境的担当,在经济转型受阻和国际环境日益复杂的当下,只有从创新动力、结构优化、协调发展和提高人民生活水平等方面着力转型,而这些都有赖于从制度层面系统推进改革,以减少交易成本,激发市场主体创新动力,推进经济发展方式进一步优化。

2.无论中外还是古今,制度是推进经济和社会长期发展的根本保障。发达经济体 300 多年的市场经济制度建构和新兴工业化国家经济转型的制度变迁经验表明,法律制度的完善是市场经济制度完善的基础,但仅靠自然演化则需要一个较长时期;政府干预作为现代市场经济一个普遍特征,其有限性和适应性同样重要;保障各类制度的实际实施同等重要。政府是制度构建、制度变迁和制度实施的主体;经济转型期更需要政府的强制性制度变迁,但应以激发市场活力为重点和内容。

3.脱胎于计划经济的我国社会主义市场经济体制,一直在探索中向建立中国特色社会主义市场经济制度的方向变革;我国经济增长和经济发展的目标一直向提高效率和经济质量、减少污染的方向迈进。在市场经济建设初期,我国政府渐进式和探索式的改革推动了经济增长,但也造成了部分制度过剩和碎片化倾向,同时又存在制度短缺和制度实施不规范等个别问题。

4.进入21世纪以来,我国GDP增长率与全要素生产率增长率呈单调一致向上的特征,表明技术进步和制度等因素对我国经济增长有较大的影响。由于经济发展历史、区位和资源禀赋不同,研究期内,各区域经济增长的动力和产业结构呈现不同的特征,东部和中部地区的增长动力来源于技术进步,而东北大部分地区和西部主要依靠技术效率改善;东部在产业高度化和高效化方面走在前面,体现了第三产业的发展和技术进步对能耗和投入产出的意义,中部地区在产业高效化方面进步较大,而东北和西部在合理化方面更胜一筹,表明三大产业发展相对均衡。

5.研究期内,经济发展方式转变的进程一直在进行,但近来呈现放缓的趋势,主要原因是市场化、技术进步和收入分配等因素的影响。这有赖于从制度层面进行多方面的改革,扫清障碍,增强政府服务意识并完善市场经济体系。

绪　　论

改革开放40多年来,我国在经济发展的不同阶段,持续不断的制度改革释放出红利,解放了生产力,提高了生产效率,推进了经济增长和经济发展。但2008年全球金融危机以来,世界经济进入调整时期,我国经济也于2012年从高速增长进入结构调整,进而以优化结构和高质量发展为目标的时期。经济增长方式和经济发展方式决定了经济增长和发展的效率和可持续性。从1996年提出转变经济增长方式到2007年提出转变经济发展方式,我国经济总量和经济增长速度持续上升,环境问题有所缓解,但不断变化的国际国内环境和经济下行的宏观环境,对经济发展的动力转换、结构优化和效率提升等提出了更高更紧迫的要求。

本部分首先分析了本书的研究背景,包括研究问题的提出,研究目的和意义;其次阐述了本书的研究框架、研究内容和研究方法;再次提出本书的研究重点和可能的创新之处以及不足,最后提出了研究展望。

一、研究背景

(一)问题的提出

中国作为五千年文明古国,西方国家对于中国近现代以来的发展存在不少困惑,前有"李约瑟难题",现有"弗里德曼和布坎南的困惑"。前者是英国学者李约瑟(Joseph Needham,1900—1995)在其编著的15卷《中国科学技术史》中提出的"尽管中国古代对人类科技发展作出了很多重要贡献,但为什么科学和工业革命没有在近代的中国发生?"的疑问被称为"李约瑟难题",后者对改革开放以来中国保持多年的高速增长表示疑惑:"谁能解释中国现象,谁就能得诺贝尔奖。"他们对中国经济在非西方主流经济学范式下进行运作并保持高速增长且未出现重大危机表示不解。历史学家彭慕兰(Kenneth Pomeranz,1958—　)认为,直到18世纪,西欧在各项技术以及制度等因素方面并未明显地超越中国、日本、印度等国。然而,从17、18世纪开始,英、法等西欧国家首先经历了政治革命、科学革命和工业革命,步入了现代化的快车道,东西方的"大分流"由此形成,从而取得了相对于亚非拉传统国家的巨大实力优势。

黄仁宇《万历十五年》一书通过大量史实研究指出,"中国二千年来以道德代替法制至明代而极,这就是一切问题的症结。写作这本书的目的也重在说明这一点。"[①]这一结论对"李约瑟难题"提供了部分诠释,即制度缺失。而对于改革开放40多年来中国保持长期经济增长和经济发展的原因,国内外众多经济学家也从不同角度进行了研究。其中,从中国改革开放带来制度变革角度的研究较多。由于中国探索式改革的现实需要,新制度经济学1986年被引入中国,很快就出现了一股科斯热和制度经济学热,中国学者开始运用新制度经济学的理论和方法来观察和分析中国的改革问题,研究中国的制度变迁,出现了不少有价值的制度经济学论文和著作问世。新制度经济学并不倡导放之四海而皆准的自由市场制度。长于制度变迁理论研究的道格拉斯·C.诺思(Douglas C. North,1920—2015)强调"各个国家由于其文化遗产和政治决策规则的差异,就决定了它们走不同的道路。"[②]新制度经济学代表人物罗纳德·哈里·科斯(Ronald H. Coase,1910—2013)始终关注中国经济改革,曾以98岁高龄倡议并主持召开"中国经济制度变革三十周年国际学术研讨会",对中国的发展充满期望;创建新结构经济学的经济学家林毅夫强调通过深化改革,

---

① [美]黄仁宇:《万历十五年》,生活·读书·新知三联书店2014年版。
② [美]道格拉斯·C.诺思著,刘守英译:《制度、制度变迁与经济绩效》,上海三联书店1994年版。

完成向市场体制的转型,强调发挥市场的作用和政府在产业、技术结构升级中发挥因势利导的作用;坚持不懈推动中国市场经济改革的学者吴敬琏推进了政府对中国经济增长方式转变的认识和重视;创建超边际分析并提出后发劣势的经济学家杨小凯,强调长期的发展需要通过制度构建而不是简单的技术模仿;还有研究中国经济组织和经济制度的周其仁,致力于研究中国的制度和制度变迁的经济学家张五常等人,对我国几十年在土地制度改革、市场经济制度改革等方面,有着丰富的研究成果。这些学者基本的共识是,中国改革开放以来进行的系列改革和制度建设对我国的经济发展发挥了不可替代的作用。

基于我国真实发展历程的研究结果表明,我国长期的经济增长和经济发展归因于我国实行的改革开放和市场化等制度改革,已是不争的事实。改革开放以来,我国市场经济体制改革为生产力的巨大解放扫除了制度保障;渐进式的市场化经济改革优化了资源配置,释放了各类生产要素红利,推动了产业结构的调整和升级;对外开放、加入世界贸易组织和"一带一路"战略实施,让我们更深更广地参与到国际市场;政府审时度势的宏观调控弥补了市场失灵,使计划经济向市场经济的过渡更为平稳。在理论研究领域,我国的经济增长战略及制度构建结合我国的国情,具有鲜明的中国特征,国内最早涉及经济发展战略和经济增长方式的系统性专著是1984年由刘国光任主编、梁文森任副主编的《中国经济发展战略问题研究》。显然,作为货币主义和公共选择学派的代表,"弗里德曼和布坎南的困惑"是基于自由市场经济视角来理解和评价中国的经济转型和经济发展,没有考虑到各国在历史、经济、社会和发展阶段的差异,因而其困惑在所难免,结论不免偏颇。

然而,随着社会主义市场经济的逐步确立和外部环境的变化,滞后的生产方式与生产力不相适应的矛盾积累,导致一些结构问题和深层次的不平衡问题,导致经济增长放缓。2008年全球金融危机后,4万亿的政府投资缓解了出口放缓带来的问题,但留下了并积累了其他问题。2014年经济发展进入新常态转型时期,GDP增速自2016年进入7以下常态;2017年12月7日习近平总书记在党的十九大报告中指出:"中国特色社会主义进入新时代,我国社会主要矛盾已经转化为人民日益增长的美好生活需要和不平衡不充分的发展之间的矛盾。"①由此,如果在经济转型期不重视生产方式的变革和相关制度变迁,改变激励和约束机制从而改变市场要素资源的配置方式和市场主体的经济行为,提高效率;如果结构性矛盾和经济质量问题无法解决,则经济停滞和"中等收入陷阱"都是无法回避的可能。如何在经济高速增长转向中高速增长的"新常态"下,面对不确定和日益严峻的国际贸易环境,实现经济、社会和环境的协调发展?如何提升国际产业分工价值链目标以及避免"中等收入陷阱",是一项系统而艰巨的任务,是值得我们进一步思考的重大问题。

改革进程中,2007年党的十七大首次提出"从经济增长方式到经济发展方式转变"的目标,"实现结构调整(供给、需求、分配结构)和三大产业协同,完善社会主义市场经济体制,从制度上更好发挥市场在资源配置中的基础性作用,形成有利于科学发展的宏观调控体系。"时隔十年,2017年党的十九大提出"我国经济已由高速增长阶段转向高质量发展阶段,正处在转变经济发展方式、优化经济结构、转换增长动力的攻关期"。经济发展方式转变目标再次确立并得到坚持和强化,这是我国政府对我国经济发展现状充分认识的基础上,针对我国多年来主要靠投资拉动经济增长的方式造成的效率缺乏和积累的社会、经济结构问题以及可持续发展的目标提出的,这也是解决诸多的结构性问题的根本方法。可见,这一战略和方法并未完全遵循世界各国经济发展的一般轨迹,即:农业——→轻工业——→重工业——→高新技术产业——→服务业的完整链条,而没有一刀切地集中发展重工业,这是尊重了我国要素禀赋的特点并坚持以效率带动发展,是我国所作的战略调整,既反映了现实,又体现了政府决策上的客观科学。2019年10月,党的十九届四中全会审议通过了《中共中央关于坚持和完善中国特色社会主义制度、推进国家治理体系和治理能力现代化若干重大问题的决定》,就"坚持和完善社会主义基本经济制度,推

---

① 《习近平著作选读》第二卷,人民出版社2023年版,第9页。

动经济高质量发展"的要求指出,"必须坚持社会主义基本经济制度,同时提出了一个高远的目标:加快建设现代化经济体系。而这个体系强调,充分发挥市场在资源配置中的决定性作用,更好地发挥政府作用。"2024年10月,习近平总书记在省部级主要领导干部学习贯彻党的二十届三中全会精神专题研讨班开班式上强调,要顺应时代发展新趋势、实践发展新要求、人民群众新期待,突出经济体制改革这个重点,全面协调推进各方面改革,大力推进理论创新、实践创新、制度创新、文化创新以及其他各方面创新,为中国式现代化提供强大动力和制度保障。这一重要论述深刻阐明了进一步全面深化改革要突出经济体制改革这个重点,坚持以经济体制改革为牵引。

因此,加快经济发展方式转变、提高生产率,实现经济、社会和自然的协调发展,是保证经济高质量发展战略的有效路径,统领这一切的根本途径是进一步深化制度改革,释放制度红利。作为发展中国家,已经失去了与发达国家相同的发展先机,但依然还要在资源环境等方面承担起在快速发展中的大国担当,这也加剧了我国经济转型的难度,只有在转型的困难时期抓住问题的本质,锐意改革,去除沉疴,才能化危机为动力。当前我国自上而下的制度改革决心前所未有,意识形态的共识减少了制度变迁的障碍。正如习近平总书记指出的,中国共产党人和中国人民完全有信心为人类对更好社会制度的探索提供中国方案。在世界正经历百年未有之大变局的背景下,如何在危机中抓住机遇并促进转型,加快经济发展方式的转变,实现"双循环"的新发展格局,是本书试图探索和分析的重点。

(二)研究目的与意义

1. 研究目的

本书综合运用经济增长理论、制度及制度变迁理论和发展经济学的制度——经济发展研究范式,实证分析我国全要素生产率,即技术进步在经济增长中的动力作用,并构建我国经济发展方式指标体系,测算全国和各区域在经济增长、发展动力、结构优化、绿色发展和民生等方面的转变情况,分析我国转变经济发展方式的制度障碍,并据此提出加快转变的具体制度优化方案。

2. 研究意义

本书围绕经济发展方式转变中的制度供给和制度需求进行理论分析和实证研究,对于全面了解我国经济发展过程中的相关制度及其变迁,全面认识我国经济发展方式转变进程和影响因素,完善我国经济转型期的制度优化,无疑会丰富和充实现有的研究文献,对丰富发展中大国经济发展方式转变的制度创新和制度变迁研究具有一定的学术价值;同时对我国经济转型制度变迁有一定的借鉴意义,也能为发展中国家经济转型补充中国方案。

二、研究框架、内容与方法

(一)研究框架

本书围绕"我国经济发展方式转变现状、问题和制度优化"这一主题展开,遵循"理论分析——现实梳理——经验研究——问题分析——优化设计"的逻辑思路推进。

首先,根据西方经济学和发展经济学理论梳理经济增长、经济发展、经济转型、制度变迁和比较制度等理论,为分析我国工业化阶段和经济发展规律以及相应的经济发展方式转变提供理论依据。其次,梳理我国经济增长和经济发展相关目标及其相应的制度及制度变迁,提炼总结我国经济发展过程中一些典型省市制度创新经验,此为现实梳理和经验研究;再次,实证分析1999—2022年23年间我国全要素生产率(TFP)增长、产业结构"三化"(合理化、高度化和高效化)的变动情况,并构建经济发展方式转变的指标体系进行测算,判断我国经济发展方式的进程、特点,由此提出转变经济发展方式存在的制度障碍需求,此为问题分析;最后,根据当前的制度障碍和经验研究的启示,提出实现经济高质量发展的制度供给优化建议,此为解决问题。本书的研究框架如下:

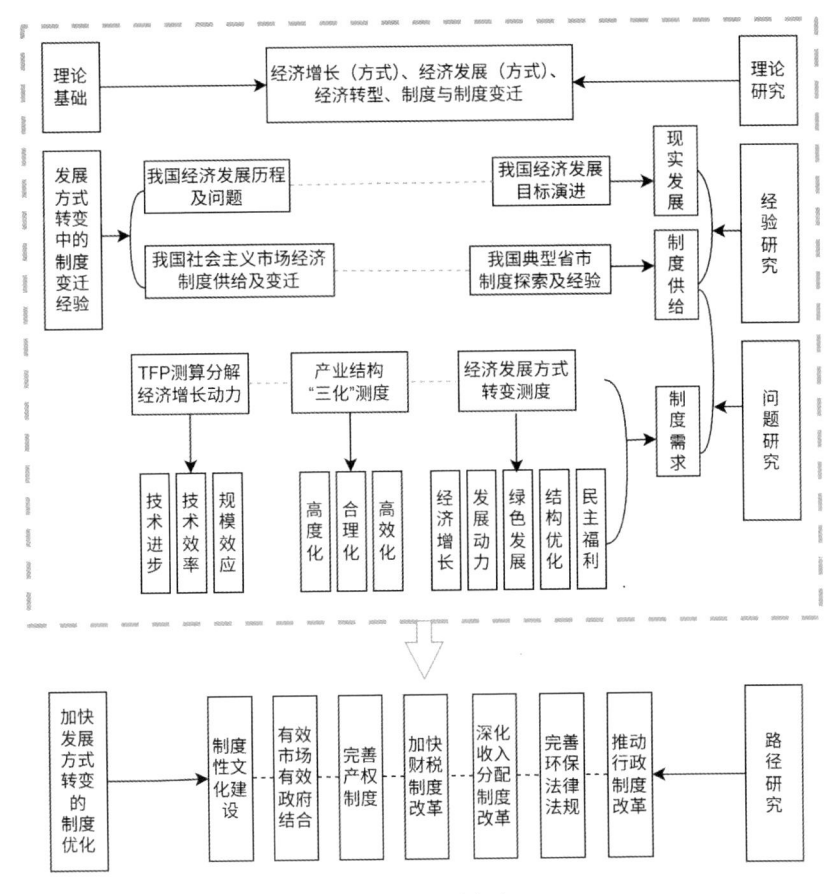

图 0-1 研究框架

(二)研究内容

本书由绪论和四章节构成,主要内容具体安排如下:

绪论。本部分介绍了本书的研究背景和问题、研究目的和意义、研究框架、主要内容、研究方法,提出了可能的创新之处以及研究的不足。

第一章:经济发展方式转变与制度变迁的相关理论。本章详细梳理了国内外经济增长理论、经济增长类型与工业化阶段之分、基于西方发达国家的经济增长与基于发展中国家的经济发展理论、经济转型和制度变迁理论研究;在此基础上从资源禀赋供求改变等外因和技术进步、制度变迁等内因上解析引起经济发展方式转变的动因,并从改变激励和约束条件以及制度实施的主体两个方面诠释了制度影响经济发展方式转变的内在机制。

第二章:我国经济发展历程与经济发展方式目标的演进。本章从经济史角度,全面回顾我国改革开放40多年来的经济发展历程,根据各类统计年鉴数据,运用图形从供给端和需求端直观地分析我国经济发展在量和结构等方面的变化;梳理政府根据经济发展规律和现实问题,不断调整我国经济发展目标、经济增长方式和经济发展方式转变目标,说明经济发展方式转变具有历史的必然性和长期性。最后从概念上解析经济发展方式转变和"国内国际双循环"新发展格局的终极目标都是实现经济高质量发展。

第三章:我国社会主义市场经济制度供给及其变迁。首先按照时间的脉络渐次展开、条分缕析我国社会主义市场经济一般性制度供给及其变迁,包括基本经济制度、产权法律制度、生产要素价格形成制度、宏观调控制度、社会保障制度以及其他政策制度;其次总结我国沿海发达省市经济发展案例及经验探究,总结这些省市在制度供给方面进行因地制宜的探索和创新。

第四章:我国经济发展方式转变进程综合测度及评价。本章通过实证分析和指标构建,分析判断1999—2022年23年间我国经济发展方式转变的情况和存在的个别问题,据此分析相关的制度障碍,即制度供给的方向并总结出制度需求。由于技术进步和产业结构优化指标是经济发展方式转变中重要的指标,可以通过全要素生产率(TFP)变化和产业结构高度化、合理化和高效化(简称产业结构"三化")发展情况进行更为精准的测度,因而本章从实证分析全国和区域TFP开始,并将TFP分解为技术进步变动、技术效率变动和规模效应变动三个维度,测度内在化的技术因素对我国经济增长的贡献,从而确定我国经济增长动力的变化;在此基础上,构建制度替代变量和其他控制变量的随机效应面板模型,研究制度变迁和TFP对经济增长的影响,并由此分析我国制度变迁的动力和可能的方向;对产业结构"三化"的测度也分别从全国和四大区域展开,得出全国和各区域在产业结构"三化"方面呈现不同的特点并结合政策制度进行对比分析;最后构建了包括 TFP 增长率和产业结构"三化"指数在内的 47 个三级指标的体系,综合测算近 23 年来我国经济发展方式在经济增长、发展动力、结构优化、绿色发展和民生福利五个方面的发展及变动情况,分析经济发展方式转变的成效及主要问题,为制度优化方向提供较为准确的依据。在上述分析基础上,提出了新发展阶段我国经济发展方式转变的一些制度优化路径建议,以期望在中国式现代化新征程上为我国经济的高质量发展提供一定的参考。

(三)研究方法

本书坚持以马克思主义为指导,坚持理论与实践相结合的原则,综合运用经济增长理论、制度及制度变迁理论和发展经济学的制度——经济发展研究范式。本书研究在内容上涉及经济增长、经济发展和制度及制度变迁等理论;在时间上,贯穿过去、现在和未来;研究方法上采用了理论分析法、数理分析法和比较分析方法等,具体综合应用了文献分析、数据统计分析和计量分析方法(SFA 模型和 DEA–Malmquist 生产率指数法、MATLAB 方法)。在研究过程中,将规范分析与实证分析相结合,力求使所得的结论既有理论分析的深度又有实践数据的支持。

一是文献分析法,主要集中在第一章和第二章。如第一章主要涉及本书相关的经济增长理论、经济增长与经济发展的相关理论、经济转型与制度及制度变迁等理论。

二是数据统计分析方法,主要在第二章第一节。利用国家统计年鉴、各省统计年鉴、住户调查数据、我国工业经济统计年鉴和世界银行等有关数据,从经济增长总量和增长速度等方面对比分析了改革开放 40 多年来我国与世界经济发展情况;从供给端和需求端分别展现了我国 40 多年的经济发展情况和民生发展情况,用数据佐证了我国长达 40 多年的经济高速增长和经济发展。此外,根据我国经济发展方式转变的内容,构建了包括 5 个一级指标 15 个二级指标和 47 个三级指标的指标体系,对构建的指标体系进行了无量纲化处理,测算近23年来经济发展方式转变的具体变动和趋势,并根据转变情况找出制度方面的影响,为制度优化提供现实支撑。

三是计量分析方法。计量分析的地域范围包括全国、区域(东部、中部、西部和东北)和省份,时间跨度是1999—2022年,内容包括三个:结合近年来的研究成果,一是利用STATA软件和DEAP 2.1软件测算全要素生产率(TFP),分别采用SFA模型和DEA-Malmquist生产率指数法两种方法进行计算和分析,同时将TFP分解为技术进步变化、技术效率变化和规模效应变化,分别计算三者对TFP的贡献率,以测算内在化的技术因素在我国经济增长中所起的作用,从而判断我国经济增长的动力和经济增长的方式;二是构建制度替代变量和其他控制变量的随机效应面板模型,研究制度变迁对经济增长的影响,并由此分析制度变迁的动力,作为制度优化的实证基础;三是利用MATLAB软件,构建了产业结构高度化、合理化和高效化函数,计算研究全国和区域产业结构"三化"情况。

三、研究重点、可能的创新之处和不足

(一)研究重点

本书重点通过定性的文献梳理和定量的统计数据分析及计量实证分析我国经济发展方式在1999—2022年的变化情况,据此分析我国在经济增长、发展动力、结构优化、绿色发展和民生福利五个方面的发展变动情况,找出我国经济发展方式转变的特点和在转变中需要改进的问题,再结合我国的制度变迁历程构建一个加快我国经济发展方式转变和"国内和国际双循环"并最终实现经济高质量发展目标的相互联系的适度干预、科学财税、公平分配、绿色发展和治理监督的制度体系,尽可能通过转型唤起市场经济的内生力量,释放改革红利,充分发挥市场和政府的作用,以实现我国在资源、环境和外部不确定贸易环境影响下的高质量发展。

绪　论

（二）可能的创新之处

一是学术思想和学术观点方面：第一，本书从全国、四大区域和区域内各省三个层面实证分析了产业结构高度化、合理化和高效化指数及其变化，结合我国的区域经济不平衡政策，通过对比分析，丰富了我国区域经济发展和产业发展理论；第二，构建了包括47个三级指标的分层指标体系，其中，发展动力指数有19个三级指标，研究创新、三大产业协调和"三驾马车"的协调的动力；第三，系统地从政府职能（干预）、产权制度、财税制度、收入分配制度、人口政策制度和环保制度等多个维度研究当前的障碍，并提出系统解决方案，以期形成一个有利于创新和创业、有利于扩大内需和可持续发展的制度环境。

二是计量分析有一定的创新：其一是在时间跨度和领域有一定的创新：体现在对产业结构高度化、合理化和高效化的研究上，已有的研究除了全国，都是以较小的区域如长江经济带、陇东地区为范围，本书分析了全国、四大区域及区域内31省（区、市）产业结构的"三化"，全面了解和掌握产业结构变动情况；时间跨度达20年的研究其他文献也没有；其二是计量方法有一定的创新：①在TFP的测度上，分别采用SFA模型和DEA-Malmquist生产率指数法两种方法，对我国1999—2022年的全要素生产率（TFP）变化进行测度，并将TFP分解成技术进步变化、技术效率变化和规模效应变化。吸收了两种测算方法的优点使结论更为可靠；②在产业结构合理化测度上，综合了泰尔指数法和结构偏离度法的优点，同时为了贴近我国的现实，选择了固定资产投资为计算依据；同时参照产业现代化发展趋势和我国实际情况，只考虑第二产业和第三产业的背离情况。

三是构建的我国经济发展方式指标体系有一定的创新：构建了包括经济增长、发展动力、结构优化、绿色发展和民生福利5个一级指标、15个二级指标和47个三级指标的体现，其中，经济增长指标注重了稳定性，选择了近5年的GDP增长率平均数；动力指标除了三大产业，尤其关注了创新和科研投入等指标，指标数最多；结构优化使用了产业"三化"指标和收入分配指标（城乡

11

收入比、工资收入比和基尼系数等指标);绿色发展主要体现在清洁生产和废弃物的处理方面;民生福利则选择了公共服务和社会保障等指标。因此,该指标体系能较全面地反映我国经济发展方式转变的内容,也是经济高质量发展的主要内容。

(三)不足之处

第一,从经济史的角度看,在我国的经济发展中,传统习俗、惯例和文化的影响对于对我国民间企业、民间金融乃至民营经济发展的影响较大,从东部沿海经济发达地区到中西部相对落后地区(更甚)均有存在,形式和影响程度不同;但同时又游离于正式法律制度之外。本书为突出研究重点,没有涉及非正式制度的研究;第二,我国的经济发展和制度变迁牵涉诸如政治、经济、社会和文化等方面,其所包含的内容不仅繁复而且牵一发而动全身,本书重点研究到的相关制度领域主要根据对经济发展方式转变的测度和我国的经济发展目标而决定的,仍然是非常有限的;所提的制度优化对策也存在一定的局限性。

四、研究展望

今后,可以将对非正式制度的研究纳入视野,分析这些所谓的"柔性"软约束在我国的情况,以及民间非政府组织 NGO 的作用;对于运行有效的潜规则,可以研究如何使其正式化和制度化;有些具体的制度细化仍需要进一步进行研究,比如如何提升城镇化质量,老龄人口智力和智慧资源的利用是否仅仅是延长退休就能解决?人口生育政策制度如何进行配套?这些都有待在未来做进一步深入研究。

第一章　经济发展方式转变与制度变迁相关理论

第一节　经济增长与经济发展相关概念及研究进展

经济增长(economic growth)并实现经济发展(economic development)是人类社会追求美好生活的物质基础和基本手段,它们是经济学研究的永恒主题。经济增长主要是实现经济规模的增长,是经济发展的量的体现,而经济发展是包括经济增长在内的包含经济总量、经济结构和可持续发展等在内的综合发展,前者是后者的基础,后者是前者的目标。

经济增长有数量增长和质量增长之分,而经济发展有结构优化和绿色发展、可持续发展等要义,是当前发展中国家和发达国家都普遍关注的共同问题。

一、经济增长的数量与质量

关于经济增长的概念,学界基本达成共识,即经济增长是指社会物质财富的增长,通常指一个国家或地区在一定时期内所生产的产品和劳务总量即国民生产总值(GDP)或国民收入(NI)的增加。用当前价格计算的 GDP 指标,反映了一个国家或地区的经济发展规模;而用不变价格衡量的国民生产总值(GDP)或国民收入(NI)的年增长率,则体现了一个国家或地区在一定时期内经济总量的实际增长速度,也是衡量一个国家或地区总体经济实力增长速度的指标。《新帕尔格雷夫经济学大辞典》(1996)对经济增长测算采用三个指标,即国民收入、国内生产总值和国民生产总值(GNP):"测算经济增长数量'以固定价格计算的人均国民收入的某种度量的变化……以实际国内生产总值的增长率来度量,或者如果愿意用人口变动的影响时,以人均国内生产总值度……也可以用国民生产总值'。"①

现代经济学研究的经济增长问题属于宏观经济学范畴,通常是包含了一个较长的时期。保罗·萨缪尔森(Paul A Samuelson,下文简称萨缪尔森)在《经济学》中将经济增长定义为:"用现代的说法就是指,一个国家潜在的国民产量,或者潜在的实际 GNP 的扩展。我们可以把经济增长看作是生产可能性边缘随着时间向外推移。"②因而,经济增长也可以理解为在一定技术条件下的经济所具有的生产潜力的扩张能力。

如果从数量扩张和规模扩大的角度来理解,人类历史上真正的经济增长开始于 18 世纪末的英国,彼时的英国领先于世界其他国家开始了工业革命,诞生了古典经济学,其标志分别是"珍妮纺织机"的使用、瓦特制造出第一台有实用价值的蒸汽机③和亚当·斯密(Adam Smith,下文简称斯密)1776 年出版的《国民财富的性质与原因的研究》。至此,英国的经济增长才拉开了序幕,见图 1-1,而世界其他地方的经济增长则晚于英国。

随着经济的增长、规模的扩大和全球化的发展,一个增长中的经济体通常不仅仅是收入的增加,还意味着活力得到更好的发挥,资源得到更好的配置,各种技术得到掌握和改进,人们生活得到改善,由此引入了人均 GDP 概念,见图 1-2,可见,从 1900 年到 2000 年的 100 年间,GDP 总量和人均 GDP 均得到快速地提升。

早期的现代经济增长理论中,主流经济学一直把经济增长的数量问题当作经济增长的全部内容,经济学理论探讨的核心问题主要围绕着如何实现经

---

① [英]约翰·伊特韦尔、[美]默里·米尔盖特、[美]彼得·纽曼主编:《新帕尔格雷夫经济学大辞典》第 1 卷,陈岱孙等译,经济科学出版社 1996 年版,第 464 页。
② [美]保罗·萨缪尔森等:《经济学》第 12 版,中国发展出版社 1996 年版,第 1320 页。
③ 工业革命开始的标志并无严格统一的说法。本书采用工业革命开始的标志是 18 世纪 60 年代哈格里夫斯发明"珍妮纺织机",工业革命的主要标志是蒸汽机的广泛使用。

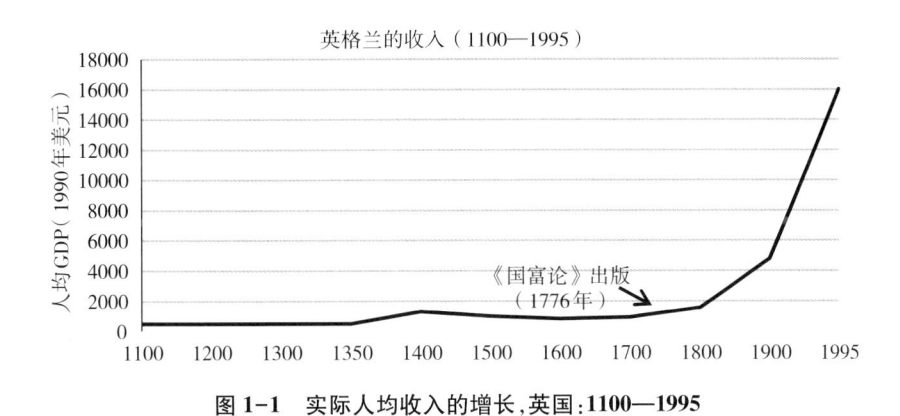

第一章　经济发展方式转变与制度变迁相关理论

英格兰的收入（1100—1995）

图 1-1　实际人均收入的增长，英国：1100—1995

布里格姆·扬大学（Brigham Young University）Larry Wimmer 提供
原载于马克·斯考森著，马春文等译：《现代经济学的历程——大思想家的生平和思想》，长春出版社2006年版，第14页。

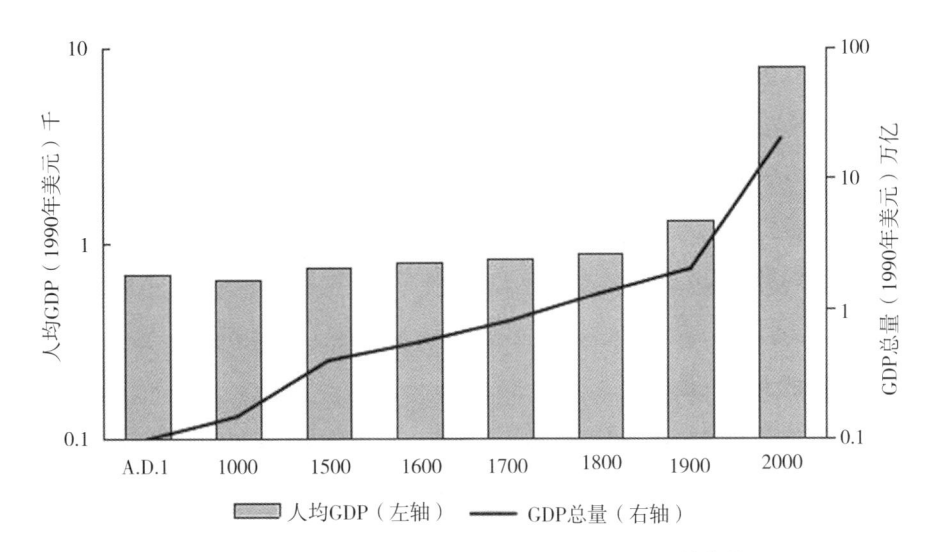

图 1-2　公元 1—2000 年全球 GDP 和人均 GDP 的变化

数据来源：Commission on Growth and Development, The Growth Report, 第 18 页（原始数据来自 Angus Maddison, 2007, Gontours of the World Economy, 1-2030AD, Oxford University Press）
原载于林重庚（Edwin Lim）、迈克尔·斯宾塞（Michael Spence）编著：《中国经济中长期发展和转型——国际视角的思考与建议》，中信出版社 2011 年版，第 3 页。

济数量和规模上的扩张，很少涉及其他方面的提高或改善，衡量的标准就是

GDP的增长,如哈罗德—多马模型(Harold-Doma model)主要从数量上描述经济增长过程,这也反映了工业化前期粗放型经济增长的特征;20世纪60年代,世界各国开始出现不同程度的结构失衡(过剩或者泡沫)、贫富差距拉大以及资源短缺和环境污染等问题,促使一些研究者开始反思把这些问题也纳入经济增长的分析中,不再单纯以国内生产总值的提高作为研究对象,这意味着对经济增长质量问题的研究逐步展开。

随着各国经济增长和现实中新问题的出现,学界和政府开始关注经济增长的质量。在环保主义者影响下,20世纪70年代出现了绿色GDP概念。学者们展开多角度研究,涉及经济增长与要素投入、经济效率、社会效益以及环境污染等方面的问题。其中,罗伯特·默顿·索洛(Robert Merton Solow,下文简称索洛)和西蒙·史密斯·库兹涅茨(Simon Smith Kuznets下文简称库兹涅茨)等人着重从质量上描述经济增长过程,反映了工业化后期集约型经济增长的特征。卡尔·海因里希·马克思(德语:Karl Heinrich Marx,下文简称马克思)和弗拉基米尔·伊里奇·列宁(Vladimir Ilyich Lenin 俄语:Влади́мир Ильи́ч Ле́нин,下文简称列宁)对社会化大生产过程的分析,体现了数量扩张和质量提高的统一。在我国工业化初期,毛泽东着重从加快速度上论述经济发展问题,随后也看到了正确处理各种经济关系的重要性。邓小平就适应我国经济增长方式转变的客观需要,系统地论述了速度和效益、数量和质量统一的经济发展问题。

国内学者对经济增长质量的研究略晚,主要在20世纪90年代以后。如较早从经济增长质量内涵、成因、实现要素等方面开始研究经济增长质量(傅家骥、姜彦福、雷家骕1990、1994;王微、王青2020);研究经济增长的数量、质量和效益(吴邦国1995;郭克莎1996;王积业2000);研究中国经济增长速度与质量、地区差异和国际比较等(赵平、周正1998;刘帅2019;乔磊2019;胡忠、张效莉2020,任成刚2020);研究经济增长理论框架基本命题(任保平2012、2013);研究经济增长方式度量、指标体系和指数等(武义青1995;温素彬1996;单薇2003;李变花2004;魏婕、任保平2012;赵雨如2018;李梦欣、任欣怡 2020);研究经济增长的体制基础、制度基础(孙敬水 1996;刘志彪 1996);研究人口、技术进步、产业结构、创新与经济增长(洪芳芳 1992;范坚中 1991;王一鸣 1995;李华军 2020;范优泉 2020);研究金融发展和经济增长关系(谈儒勇 1999;卢峰、姚洋 2004);研究全要素生产率与经济增长(郑玉歆 2007;钞小静、任保平 2008;林春 2017);研究中国产业结构变迁对经济增长和波动的影响(干春晖、郑若谷、余典范 2011);研究中国市场化进程对经济增长的贡献(樊纲、王小鲁、马光荣 2011);研究数字经济、普惠金融与包容性增长(张勋、万广华、张佳佳、何宗樾 2019);研究经济增长质量的地区差异(钞小静、任保平 2011;张永恒 2020)等;通过专著系统研究要素投入与中国经济增长(叶飞文 2004),中国经济增长质量问题(李周为、钟文余 1999;李变花等 2008)构建了一个包含经济结构水平、规模经济水平、科技进步水平、市场化水平和可持续发展水平的五大评价指标体系对经济增长方式和经济增长质量进行测度;钞小静和任保平(2011)则从经济增长的结构、稳定性、收入分配以及生态环境代价四个维度研究中国经济增长质量,建立了相关的指标体系进行测评。

2018年以后,关于经济增长质量研究同时与以经济高质量增长研究的成果并行出现,如研究经济高质量发展内涵、特征、问题以及趋势和如何推动的问题(张茉楠 2012;周振华 2018;刘世锦 2018;刘志彪 2018;王永昌 2018;茹少峰 2018、杜宇 2018;赵剑波等 2019;高培勇 2019;陈健 2024);研究经济高质量发展指数构建和高质量发展指标体系以及水平测度(师傅、任保平 2018;魏敏、魏书昊 2018;马茹、罗晖等 2019;简新华、聂长飞 2020;洪宇 2020;黄修杰、欧勋等 2020;欧世锋、许抄军 2020;杨耀武、张平 2021);研究数字经济、科技创新和金融等与经济高质量发展的关系(刘淑春 2019;荆文君、孙宝文 2019;丁志帆 2020;任保平 2020;蔡跃洲、马文君 2021;张腾、蒋伏心 2021;李宗显,杨千帆 2021;史代敏、施晓燕 2022;钞小静、王宸威 2024;林凯、赵华伟 2024;张存刚 2024)。此外,还有研究污染、环境规制和政府治理与高质量发展之间关系(陈诗一、陈登科 2018;李素峰、杨蕾、冯鸿燕 2024;陈小龙、狄乾斌、梁晨露、陈科其、侯智文 2024)。

此外,国内有一些高校和研究机构专门研究中国经济增长问题,编制中国经济增长报告;提出中国经济增长的阶段性问题,对中国经济增长现状构建指标并进行测评,并提出相应的对策建议等。如从 2004 年起,国家统计局和北京大学经济学院联合创办的学术研究机构——北京大学中国国民经济核算与经济增长研究中心,每年发布《中国经济增长报告》,对中国经济增长的现状和趋势作出的系列分析报告,至 2023 年 9 月已连续发布 20 年,报告集中研究中国经济增长中出现的各种中长期问题,如经济周期、供给和需求分析、结构分析、中等收入陷阱等问题,并在结构性改革等方面提出过前瞻性建议。

此外,自 2009 年起,以西北大学经济管理学院任保平教授为负责人的中国西部经济发展研究院经济增长质量课题组每年发布《中国经济增长质量发展报告》,到 2022 年 7 月,共发布 14 次年度报告。如 2009 年首期报告《以质量看待增长——对新中国经济增长质量的评价与反思》,对经济增长重数量轻质量问题进行反思,着重从经济增长的结构、经济增长的稳定性、福利水平变动、资源环境代价、国民经济素质、经济增长竞争力几个方面,对新中国增长质量进行评价和反思。该经济增长质量研究报告紧扣经济发展热点,除了持续发布中国经济增长质量指数(QEGI),每年结合当年的经济形势和问题发布相关研究内容,以达到"致力于解决阶段性经济增长质量发展中存在的问题与矛盾":2020 年以《中国经济增长质量报告 2020——新中国 70 年经济增长质量的总结与展望》为题,研究新中国成立 70 年来的经济增长质量问题,提出改进对策和建议;2021 年以经济高质量发展为研究主题,发布了《中国经济增长质量发展报告 2021——新经济背景下的高质量发展》,系统研究新经济背景下的微观、中观和宏观高质量发展问题,重点分析新经济对消费者、企业、新产业、新业态、经济发展方式以及高质量发展的影响;2022 年则以数字经济为主题,发布了《中国经济增长质量发展报告 2022——数字经济赋能高质量发展》,系统研究了数字经济赋能高质量发展逻辑框架、数字经济发展测度分析及其区域差异和空间分布特征。

第一章　经济发展方式转变与制度变迁相关理论

中国社会科学院经济研究所"中国经济增长前沿课题组"则从2010年起,与社会科学文献出版社联合发布《经济蓝皮书夏季号:中国经济增长报告》,到2021年已发布10期报告,该系列研究报告主要围绕中国城市化发展研究中国经济增长。

这些关于中国经济增长的研究报告,其内容已经远远超出经济增长数量方面,涉及增长的速度、质量、新常态下的经济增长、去产能的结构性调整、供结侧改革、环境和民生等年度问题,也涉及中国经济增长方式和中国经济发展方式的转变直至中国经济高质量发展,是以中国经济增长为主题的综合性中国经济发展报告。

在这些研究中,学者们并没有对经济增长质量形成统一的认识和界定,对经济增长质量的判断和衡量标准也没有形成统一的方法。但比较有共识的有两点:首先,狭义上理解,经济增长质量是涉及效率提高的经济增长(如卡马耶夫1983;刘亚建2002;刘海英等2004;康梅2006)。其中,有用外延式增长和内涵式增长划分经济增长质量(叶文飞2010);有用单位经济增长率所含有的剩余产品来衡量,认为提供的剩余产品越多,质量越高,反之则越低,具体包括投入产出质量、生产要素组合质量、生产要素效率质量和再配置质量(王积业2000)。其次,从广义上理解,经济增长质量的内涵丰富,是对国民经济发展的一种综合评价,包括生产效率提高、结构优化、发展稳定和环境友好(如罗伯特·巴罗(Robert J. Barro,下文简称巴罗)2002;刘树成2007;李变花2008)等。甚至有认为经济增长质量的内涵包括了经济增长的稳定性、经济增长的结构、经济增长的福利变化与成果分配以及资源利用和生态环境代价四个维度。巴罗(2002)给予增长质量一种很宽泛的概念,他把经济增长质量理解为与经济增长紧密相关的社会、政治及宗教等方面的因素,具体包括受教育水平、预期寿命、健康状况、法律和秩序发展的程度以及收入公平等。某种程度上来说,广义上的"四维度说"和巴罗所说经济增长质量,与我们今天所说的经济发展或经济高质量发展包含的内容没有本质区别。

因此,经济增长质量是蕴含数量扩大并逐渐包含效率、结构、稳定和公平等内涵的经济增长,还包含人类与自然和谐的绿色发展。对经济增长质量的关注和研究,反映了人类经济活动发展到一定阶段对自身活动的一种反思,并摒弃了对自然的掠夺式野蛮增长。当经济增长的数量和经济增长质量能有效地结合起来,便能实现真正意义上的经济发展。

二、经济增长与经济发展

经济增长是经济发展的物质前提和重要内容。早期的经济增长理论是西方主流经济学围绕西方国家的经济增长研究展开,很少提及经济发展。当经济增长的速度超过人口增长的速度,主要表现为人均 GDP 的增长和人们生活水平的提高,这是有质量的经济增长,也是有增长的发展,反之,仅仅有增长速度而无质量或生活改善,人们称之为"有增长无发展"。在早期研究经济增长的理论中,经济增长和经济发展两个词并无区分,如英国经济学家阿瑟·刘易斯(W Arthur Lewis 下文简称刘易斯)在《经济增长理论》(1955)一书中指出"本书的主题是人均产出的增长"。"由于'人均产出的增长'是个相当长的词组,并在本书中反复出现。我们经常仅用'增长'或'产出'来表示,偶尔为了行文活泼些,也会用'进步'或'发展'来代替⋯⋯无论使用哪个简略的术语,都应理解本书所指的是"人均产出"这一概念。"库兹涅茨在《现代经济增长》(1966)一书中开篇就指出,"我们所说的各国经济增长是指人均或每个劳动者平均产量的持续增长,绝大多数增长常伴随着人口增长和结构的巨大变化"[①]。这里提到的结构的变化,在今天我们的解读中,通常是经济发展的重要内容之一;"经济发展问题实质上就是通过增加人均产出来提高国民收入水平,使每一个人都能消费得更多"[②],《经济发展的前沿问题》作者,美国经济学家杰拉尔德·M.梅尔(Gerald M Meier)认为,"经济发展是将增加人均实

---

① [美]西蒙·库兹涅茨著,戴睿、易诚译:《现代经济增长》,北京经济学院出版社 1989 年版,第430页。

② Holz, C., *The Quantity and Quality of Labor in China 1978–2000*, Working Paper. 2005.

际收入作为追求的目标"①。以上经济学家代表性观点都没有严格区分经济增长和经济发展,几乎将经济增长等同于经济发展。

20世纪40年代第二次世界大战结束后,一方面欧洲各国迫切需要恢复和发展经济,另一方面,世界殖民体系趋于瓦解,亚、非、拉美三大洲广大地区的殖民地和附属国纷纷在政治上走向独立,但他们都面临着许多共同的经济和社会问题亟待解决,需在经济上谋求发展,这些国家通常被统称为发展中国家。美国经济学家迈克尔·保罗·托达罗(Michael Paul Todaro)认为,"'发展'一直是意味着一个原来或多或少长期处于停滞状态的国民经济,具有能够产生和支持每年5%到7%的国民生产总值增长率的能力"②。在此背景下,研究发展的问题尤其是欠发达国家的发展问题的经济学也就应运而生,被称作发展经济学。由此可见,如果有所区别的话,一般而言,经济增长主要用于研究发达国家的经济问题,经济发展主要研究欠发达国家以及发展中国家的经济转型问题。

联合国在1990年提出千年发展目标(MDGs),希望以此促成解决全球贫穷问题。千年发展目标是联合国第一次在全球范围内将贫困的概念由单一的关注经济增长扩展到关注人们的生活质量和幸福度的提升,并且将反贫困的实际行动拓展到减少疾病、普及教育、增加清洁用水、改善环境卫生和环境可持续性等多个方面。2015年联合国提出新的可持续发展目标(SDGs)则是一个全球性目标:"千年发展目标本意主要是为了扶持发展中国家,而可持续发展目标则把每一个国家都看作是需要发展的对象。"2015年联合国发布《2030年可持续发展议程》,包括了17个可持续发展目标,其中推动世界在今后15年内实现的三个目标尤其令人瞩目:消除极端贫困、战胜不平等和不公平以及遏制气候变化。

---

① [美]杰拉尔德·M.梅尔、詹姆斯·E.劳赫:《经济发展的前沿问题》,上海人民出版社2004年版。
② [美]M.P.托达罗:《第三世界的经济发展》(上),于同申等译,中国人民大学出版社1988年版。

世界各国,无论是发达国家还是欠发达国家,都面临着资源短缺、环境污染以及收入差距加大等普遍问题。2020年初,新冠疫情在不到4个月的时间,蔓延到全球,给世界各国带来了前所未有的经济发展和社会生活的挑战和困难。疫情在相当程度上给我国经济带来了负面影响,也影响了人们的生活方式,为未来的发展带来了一些不确定;世界局部战争、逆全球化行为、贸易保护主义等,使人类面临的不确定因素增多,也使得发展问题成为世界各国不得不共同面对和需要解决的问题。

总之,将经济增长与经济发展区分开来,既反映了经济和社会的不断推进和发展,又体现了经济学理论研究的自然演进和在反思中的推进。当今学者对经济发展的理解更为宽泛,经济发展包括经济增长成为普遍共识。其中,经济增长的质量在某种程度上反映了早期人们对经济发展的理解;此外,经济发展还关注经济增长对民生和社会有无裨益,表现为结构优化中经济和社会的全面进步;最后,还包括了经济发展与自然的和谐共生即绿色发展、可持续发展等。关于经济增长与经济发展之间的这些区别得到学术界较广泛的认同。但是,正如詹姆森和威尔伯所言,"发展没有普遍接受的定义,它也没有普遍采用的模式,每个人必须写他自己的历史"。可见,经济发展包括但不限于经济增长数量+经济增长质量+经济和社会结构优化+绿色发展。

三、经济发展与经济转型

有关经济转型(Economic Transition)的相关研究,较多地与发展中国家联系在一起,搜索中国知网经济转型关键词,最早出现的是Tanja Stanišić于1900年在法克塔大学经济学和组织丛书(Facta Universitatis. Series Economics and Organization)上发表的"知识作为转型国家经济增长的一个因素"(*Knowledge as a Factor of ECONOMIC GROWTH of Transition Countries*),第二篇是1910年12月发展在英国《经济杂志》(*The Economic Journal*)上的"印度经济转型"(*Economic Transition in India* 1910),其中大部分文献都是关于"农业转型"(*Transitions to the Post-War Agricultural Economy* 1942)、"日本社会经济转型

述论"(Notes on the Social and Economic Transition in Japan 1921. 1930;Japan's Economy in Transition 1946)、"从战争到和平经济的过渡"(The Transition from War to Peace Economy 1942)等,《亚洲研究》(Asian Studies)的"中国转型期国民经济分析"(中文)(Hsü Ti-hsin, se 1959, Analysis of National Economy in the China's Transition Period (in Chinese)),《今日世界》(The World Today)的"苏维埃经济转型,俄罗斯转向经济竞争"(Alfred Zauberman 1964, The Soviet Economy in Transition, Russia Turns to Economic Competition 1958)以及关于土耳其(1946)、越南(1971)、古巴(1971)、马耳他(1971)、印尼(1977)等国家经济转型的研究。

上述经济转型的研究主要涉及一个国家或地区的经济结构或经济制度在一定时期内的根本变化,经济转型和经济发展往往是交织在一起的,两者互为推动。经济转型作为经济运行状态的一种改变,具体指资源配置和经济发展方式的转变,包括发展模式、发展要素、发展路径、相关制度等的转变。从国际经验看,不论是发达国家还是新型工业化国家,都通过经济转型升级实现持续快速发展。我国从"九五"计划(1996—2000年)开始即提出了经济转型问题。因此,从广义上理解经济转型,本书认为历史上任何一次经济增长方式转变、生产方式变革乃至经济制度的确立,都属于经济转型。

由于发展中国家的发展历史较短,经济发展起点相对较低,20世纪50年代以来经历了较多的阶段性经济转型,基于后发国家的比较优势,阶段性经济转型持续的时间比发达国家短。发展中国家和新型工业化国家面临或经历的转型包括资源配置和经济增长方式(经济发展方式)的转变、产业结构的升级、经济结构的均衡和经济体制的转换。西方国家的经济转型,目前相对统一的观点认为其现代意义上的重大转型有三次,称为三次工业(科技)革命,都为生产力和生产方式带来了深刻的变革:18世纪60年代在英国开始第一次工业革命,以后每隔100年左右发生更高层次的工业革命,19世纪60年代开始第二次工业革命,第三次科技(工业)革命于20世纪四五十年代开始,人类社会相应分别进入机器大生产时代、电气时代和电子(信息)时代。每一次转型都为经济、社会、政治和人们生活带来了巨大的变化。因此,从发达国家在确立资本主义生产方式的第一次工业革命和后来的第二次及第三次工业革命,包括资本主义制度逐步确立过程中的产业结构升级,以及随后在资本主义框架或市场经济体制下的数次经济结构的调整,都可视作始于技术升级带来的经济转型,相应的制度变迁伴随经济转型的互生互利。

在我国经济发展过程中,由于没有现成的社会主义国家模板和发展道路可供借鉴,遇到新情况和新问题时,关于如何实现经济增长、经济发展乃至社会发展向何处去的思考和探索,从未停止过;尤其在发展遇到瓶颈或世界经济形势发生变动时,关于中国经济发展模式或转型的讨论乃至争论更为广泛和深入。

国内最早涉及经济发展战略和经济增长方式的系统性专著是1984年由刘国光任主编、梁文森任副主编的《中国经济发展战略问题研究》一书。当时针对国内没有系统的经济增长理论问题,经经济学家于光远1981年倡议,历时3年时间,该部由我国经济学界对我国经济发展战略问题的集体研究成果出版,主要讨论我国经济发展的速度、比例和效益问题,具体内容涉及经济均衡发展均衡如重工业与轻工业、工业与农业,城市与农村、发展与消费、生态平衡和环境保护以及对外开放和自力更生等方面的均衡发展,最早从理论上提出了我国经济"从粗放发展到集约增长的转变"的思想。

此外,研究中国经济转型的专著有吴敬琏先生的《中国增长模式抉择》(2004);美国中国经济问题专家巴里·诺顿(Barry Naughton)《中国经济:转型与增长》(2007年英文版,2016年中文版);新加坡国立大学东亚研究所所长郑永年的《全球化与中国国家转型》(2009);迈克尔·斯宾塞(Michael Spence)、林重庚(Edwin Lim)、保罗·罗默(Paul M.Romer)、伊恩·波特(Ian Porter)等编著的《中国经济中长期发展和转型——国际视角的思考与建议》(2011)(该专著为我国政府"十二五"规划《建议》起草提供了参考);厉以宁编著的《中国经济双重转型之路》(2013首版)和滕泰、朱长征《深度转型:大分化时代中国怎么办》(2022)。

第一章 经济发展方式转变与制度变迁相关理论

这些著作和研究报告,通过对我国经济问题的思考和分析,提出了不少真知灼见。

其中,吴敬琏先生的专著《中国增长模式抉择》第一版(2006)是在2003—2004年关于中国经济进一步发展不同观点辩论基础上写就的,也是在制定"十一五"规划的辩论中形成的,此后多次再版。本书探索了对经济增长模式的新认知,即新型工业化道路,并提出了转变经济增长模式的理论逻辑和转型的方向,详细分析了转变增长模式的政策①。吴敬琏在第四版(2013)的序言中写道:"中国在21世纪面对着两个必须解决的问题,一个是体制改革,一个是发展转型。"②他在书中指出:转型、结构调整不能取得成效的很多具体原因,归结到一点,就是存在体制性障碍,核心内容就是政府仍然在资源配置中起决定性的作用,抑制或排除了市场的作用。

巴里·诺顿(2007)的著作,集中了诺顿教授和西方学者以及中国国内有关中国经济发展的研究成果,在现代经济学的理论框架下,全面描述和评价了1949年以来的中国经济,并把中国的制度转型放在经济增长的大框架里论述,突出了转型对中国经济增长的意义。而《中国经济中长期发展和转型》(2011)则认为,为缩小中国的长期目标与实际实施效果之间的差距,必须推行体制改革,虽然这一点对任何国家而言都是富有挑战的,从中央到地方都必须重新思考自己的角色,改进行政能力以及对财政体制和国有企业等进行改革。

新加坡国立大学东亚研究所所长郑永年,在其2009年出版的《全球化与中国国家转型》一书中认为:在20世纪90年代中国的背景下,全球化不仅意味着市场经济的发展,还意味着对西方国家产品的有选择输入。中国的领导者把全球化视为重建中国国家的独特机遇。为此,他们付出巨大努力去确立一种与变动的社会经济环境相适应的新政治秩序,并重建了官僚体制以及其

---

① 张平:《在增长的迷雾中抉择:行难知亦难——评吴敬琏著〈中国经济增长模式的抉择〉》,《经济研究》2006年第2期。

② 吴敬琏:《中国增长模式抉择》,上海远东出版社2013年第4版,第1页。

他重要的经济制度。

2013年,厉以宁教授在赴中国各地实地深入调研的基础上,撰写了《中国经济双重转型之路》,当时中国经济处在改革、转型、升级的关键时刻,解码中国经济改革发展,成为各界关注的焦点。该书以产权改革为核心,讨论了土地确权、国有企业的进一步改革、民营企业的产权维护、收入分配制度改革、城镇化、自主创新、产业升级、社会资本的创造等问题;总结了改革开放30多年以来中国由计划经济体制转向市场经济体制,由传统的农业社会转向工业社会的双重转型过程中的经验,对中国未来的改革和发展作出了前瞻性的分析和研究,并阐明了中国的发展经济学实质上就是从计划经济体制向市场经济体制转型的发展经济学。书中所提的"双重转型",是指从计划经济体制转向社会主义市场经济体制的体制转型,与从传统农业社会转向工业社会的发展转型的结合或重叠。在双重转型过程中,政府应以有效管理为目标,市场应以有效运行为目标。政府应做政府该做的事,市场做市场可以做的事;凡是市场做不了或做不好的事,由政府去调控。这样,政府和市场之间的关系就协调了,各种经济关系也就理顺了。

滕泰、朱长征的《深度转型:大分化时代中国怎么办》(2022年)一书则从中国经济增速下行与美国高通胀所代表的东西方经济严重分化开始,深刻剖析了需求收缩、供给冲击、预期转弱如何放大中国经济增速下行压力,以及全球通胀与衰退、经济"头部化"、增长不平衡等现象对中国经济和企业的冲击,进而提出了中国决策观念转型、政策机制转型、改革逻辑转型、经济结构转型的新方向。

就论文而言,对我国经济转型研究较早的有1985年在《澳大利亚中国事务杂志》(*The Australian Journal of Chinese Affairs*)上发表的"中国经济增长、结构转型与粮食贸易"(Kym Anderson; Rodney Tyers, *China's Economic Growth, Structural Transformation and Food Trade*)。国内专门探讨经济转型开始于1986年,主要集中在对快速经济增长的深圳特区和其他经济特区以及我国台湾、日本、韩国、新加坡亚洲"四小龙"等处于经济腾飞阶段的地区经济转型的研究;1993年之后,经济转型的研究开始增多,主题涉及很多方面,从引用比较多的文献来看,诸如政府行为(沈坤容1998;李军杰2005;张璟2008等);体制转型、制度变迁(刘诗白1998;金玉国2001)、城市化与城市经济转型、地区差距(陈波翀2004;董锁成2007;路永忠2005;袁富华2010;林毅夫、蔡昉1998),产业结构、产业转型、市场结构(凌文昌2004;刘小玄2003、2005),农民工、人口问题和就业、消费等(王诚2005;李培林2007;王丰2006;亚子、华强1998;杭斌、申春兰2004),低碳经济(金乐琴2009;林伯强2011;陈诗一2012),等等。就时间上来看,近年来,随着我国经济进入"新常态"(2013)和供给侧结构性改革(2015)的实施以及经济高质量发展战略的提出(2017),经济发展方式转变的研究多数与经济增长质量和经济高质量发展联系起来,涉及的主题更为宽泛,包括减税降费、共享经济、金融风险和民营经济的发展等。高帆(2020)认为,从20世纪70年代末期开始,中国推动了从计划经济向市场经济、封闭经济向开放经济的转变,这使得中国具有极为突出的"经济转型"特征,迄今为止,中国仍处在系统化经济转型的进程之中。李实(1998)研究了中国转型期收入分配的状况,认为"中国收入分配出现了全范围的,多层次的收入差距扩大的态势。""缓解收入差距扩大的一个最大的'政策'就是加快劳动力和其他生产要素的市场化进程的改革,尽快地解除劳动力和生产要素自由流动的制度性障碍"[1]。丁远(2019)认为,中国经济转型的四个方向是向高端制造业转型;从投资制造业向消费服务业转型;中国企业走向全球以及像阿里巴巴这一类型的中国特有商业模式的兴起。有专家认为,中国的经济转型一开始并不是朝着市场经济发展,通常采用"先试验后推广"和"不断调整目标"等做法。总体上讲经济转型是渐进的,但在某个阶段也有激进的性质。联合国亚洲及太平洋经济社会委员会(2019.7)认为中国经济转型之路无论从速度还是规模来看,中国的经济发展都令世人瞩目。但同时存在的挑战是

---

[1] 李实、赵人伟、张平:《中国经济转型与收入分配变动》,《经济研究》1998年第4期,第42—52页。

人口、劳动力和生产率增长放缓等问题。

研究中国转型经济,将具有中国特色的社会主义市场经济与传统的市场经济进行对比研究,形成了日本经济学家青木昌彦的"比较制度分析(CIA)"学说,青木昌彦采用组织理论、博弈论、信息经济学、委托—代理理论等理论工具,对制度问题开展了深入分析,该学说在新制度经济学领域获得了丰硕的成果,这是青木昌彦的理论研究与中国的智慧实践结合的产物。青木昌彦等人的比较制度理论分析提出了"市场增进论",即不应该把政府和市场理解为相互排斥的替代物,政府应是整个经济体系相互作用的一个内在参与者。政府的职能和作用体现在为市场机制的发展提供稳固的制度框架,最充分地利用人们的动力和信息。因此,转轨过程中要正确地发挥政府的作用。1993年世界银行的研究报告《东亚奇迹:经济增长和公共政策》也肯定了政府在东亚经济转型中的作用,改变了只有自由市场经济才能促进经济增长的单一论调。

近年来有关我国经济转型的研究更多关注中观层面如行业层面、资源型城市转型和农村经济现代化的转型问题,或者微观层面如技术层面的低碳转型或数字化转型。有关低碳经济转型(罗良文、张郑秋 2023;周倩、刘涛 2023;韩悦、周晓茹 2022;王晋立、沙文兵 2022;彭徐彬 2022;郭希宇、张修凡 2021;范德成 2021;张修凡 2020;周朝波、覃云、闫鑫 2017;付迪金、乐琴 2009;刘瑞 2009)、农村经济转型(邱海兰 2023;邓涵韵、廖文梅 2022;黄季焜 2022;陈飞、王友军、刘宣宣 2021;黄季焜、史鹏飞 2020;党政军 2020;李赫然 2018;黄海峰、李铭 2014)、资源型城市经济转型(刘耀彬、郭燕、肖小东、傅如毅 2023;张彦彦、王雪轲、吉丽茹、董妍妍 2023;郑辉 2023;孙晓华 2023;龙睿 2022;张梦朔、张平宇 2021;李鹤 2021;董锁成、李泽红 2007;李斌、薛梅 2007)、数字化转型(丁鑫、周晔 2024;郭金花、朱承亮 2024;华迎、梁致浩 2024;方建 2023;李卫兵、张星 2023;陶永亮、魏玉君、方丹 2023)等主题研究成果丰硕,这些相关研究通常与绿色发展、乡村全面振兴、区域发展、流通领域和企业发展等具体主题相联系或者交叉研究,其中,数字化转型的研究是热点中的热点,反映了科技发展在经济中的重要影响。

经济转型是基于经济增长方式和经济发展方式的转变以及经济体制和经济制度的改革来实现的。经济转型升级既是结构升级,也是制度变迁,各国在这种转型和变迁中进一步解放生产力,发挥市场和政府的作用,最终实现经济的持续发展。

第二节 经济增长理论与经济发展理论

本节梳理自18世纪亚当·斯密以来至20世纪80年代的经济增长理论,三类对经济增长方式不同的划分以及相应的工业化进程;20世纪40年代伴随广大发展中国家的独立和发展而产生的发展经济学及其发展阶段理论。

一、经济增长理论及其演变

自古典经济学诞生以来的200多年间,西方经济学主要围绕着经济增长及其源泉、机制、动力和结果等方面展开研究。现代经济增长理论的杰出前驱包括以亚当·斯密(Adam Smith,下文简称斯密)、托马斯·马尔萨斯(Thomas Malthus,下文简称马尔萨斯)和大卫·李嘉图(David Ricardo,下文简称李嘉图)为主要代表的英国古典经济学派。关于经济增长动力和经济增长方式的研究,是古典经济学研究的核心问题。古典的传统的经济学认为,一部分社会产品的积累和投资(资本积累)是推动经济增长的主要动力,大多数经济学者都认为积累是稳定增长的前提,琼·罗宾逊(Joan Robinson,下文简称罗宾逊)把持续的充分就业带来的稳定增长称作"黄金时代"。同积累相联系的,是劳动分工上体现出来的技术变革以及生产方法的变革。古典经济增长理论强调储蓄即资本积累等要素投入的作用,认为经济增长取决于投资的规模和资本产出率的大小,而投资来源于储蓄,因而经济增长最终由一国的储蓄率与资本的投资效率决定。古典经济增长理论研究长期经济运行规律,但主要是局部的静态的均衡分析,其基本思想至今仍构成现代经济增长理论研究的核心。

此后,探索增长动力的经济增长理论不断演化,主要有20世纪10年代熊彼特(J.A.Schumpeter,下文简称熊彼特)的创新理论、20世纪30年代约翰·梅纳德·凯恩斯(John Maynard Keynes,下文简称凯恩斯)的短期增长理论和20世纪40年代开始的现代经济增长理论、20世纪60年代的内生经济增长理论和同时期的制度与制度变迁理论。

熊彼特的创新理论(1912)认为"创新是资本主义的永动机",这也是供给角度的经济增长理论,该理论将企业家的创新才能作为一种要素投入引起经济增长和波动,企业家是"实现生产要素的重新组合"的创新者,他的"创新活动"是突破现有经济关系格局的力量,从而打破经济均衡,引起经济的周期波动并促进经济增长和发展。熊彼特认为,动态失衡才是健康经济的"常态",而古典经济学家所主张的均衡和资源的最佳配置不是经济"常态"。熊彼特理论贯穿企业家"创新"思想,即企业家的职能就是不断地引进生产要素和生产条件的"新组合"以实现"创新"(innovation),这就是经济增长的内在动力。由于"创新"是实现生产要素和生产条件的一种从未有过的新结合,是建立了一种新的生产函数,从而被视为一种内生性经济增长,也是长期增长问题,被称作技术创新理论。

结合熊彼特的创新理论,西方经济学发展出两个分支,一是与新古典经济学结合形成新古典经济增长理论和内生经济增长理论,将技术进步作为一个投入要素加以研究;二是侧重研究技术创新的扩散和技术创新的"轨道"和"范式"等的理论研究。20世纪的大部分时间,熊彼特的创新理论与他的"奥地利学派"被视为异端,其理论让位于主流的凯恩斯学派及其新古典综合学派宏观经济学。第二次世界大战后,第三次工业革命促使科学技术在经济发展中的作用凸显,技术创新的思想也受到广泛认同并成为主流。特别是,罗伯特·索洛(R.M.Solow,下文简称索洛)对熊彼特的创新理论进一步解释和发展出新增长理论并获得诺贝尔经济学奖;英国经济学家克里斯托弗·弗里曼(Christopher Freeman,下文简称弗里曼)将创新理论上升到国家层面,于20世纪80年代提出"国家创新系统"理论,认为技术创新只单依靠企业是难以完成的,还需要国家的参与。国家制定与技术创新有关的政策,建立可以影响资源配置和效率的创新系统,来推进技术创新活动,因此各企业应该在国家的引导下开展创新活动。此外,技术创新理论与制度的结合形成制度创新学派,首次将制度因素加入创新理论框架中,提出在组织或管理形式有新成果后会产生制度创新,而且主要有三大因素促进技术创新:人群预期收入的变化促使人群渴望新的制度、市场容量的增加迫使企业扩大规模并进一步创新制度来顺应发展、生产技术的提高要求企业进行制度创新从而扩大收益。

20世纪30年代大危机时期形成的凯恩斯主义的增长理论是短期、静态的经济增长理论,也是一种需求管理的增长理论,该理论倡导通过刺激有效需求来拉动经济增长。这种有效需求,可以分解成投资、最终消费和进出口。主要是通过政府增加财政支出形成和刺激投资和最终消费需求来实现。其中,最终消费包括政府公共支出和居民最终需求,凯恩斯理论更多地是从政府公共支出角度,通过扩张性财政甚至赤字财政来增加投资、增加就业,从而增加居民的支付能力,形成有效需求来实现。

20世纪40年代,从现代经济增长理论开始,人们认识到决定长期经济增长的因素才是关键因素。现代经济理论包括外生经济增长理论和内生经济增长理论。20世纪40年代,罗伊·福布斯·哈罗德(Roy F. Harrod,下文简称哈罗德)和埃弗塞·大卫·多马(Evsey David Domar,下文简称多马)以凯恩斯的有效需求不足理论为基础,分别根据宏观经济学的"乘数原理"和"加速原理"提出了经济增长模型,引入了长期和动态的概念,将经济增长分析动态化长期化,形成了"哈罗德—多马经济增长模型"(Harrod-Domar model),对发展中国家产生了很大影响,标志着现代经济增长理论的产生。20世纪50年代以索洛为代表的新古典经济增长模型,建立了一种没有固定生产比例假设的长期增长索洛增长模型(Solow growth model),该模型修正了哈罗德—多马模型的生产技术假设,采用了资本和劳动可替代的新古典科布—道格拉斯生产函数,从而解决了哈罗德—多马模型中经济增长率与人口增长率不能自发相等的问题。由于"哈罗德—多马"模型和索洛增长模型把技术进步(劳动的有效性)都看成为外生给定的,因而也被称为外生经济增长理论或新增长理论。

20世纪60年代以后,为了解释经济增长率差异的原因和持续经济增长的可能,基于新古典经济增长模型的内生经济增长理论产生了。内生经济增长理论有一系列的模型和研究构成,如 Ramsey-Cass-Koopmans 模型、AK 模型、罗默(Romer)的干中学(1986, learning-by-doing)或边投资边学(learning-by-investing)以及罗伯特·卢卡斯(Robert Lucas,1988,下文简称卢卡斯)建立了一个专业化人力资本积累的经济增长模型,这些模型将储蓄率、物质资本和人力资本(劳动供给)以及知识积累、研究和开发(R&D)等要素内生化,分析这些因素对于生产率提高的作用以及对长期经济增长的意义。内生增长理论仍然是在新古典经济增长模型框架下发展起来的,从某种意义上说,内生经济增长理论的突破在于放松了新古典增长理论的假设并把相关的变量内生化,也被称为新经济增长理论,以保罗·罗默(P. Romer,下文简称罗默)等人为代表。新经济增长理论更多地应用现代数理分析方法重新研究20世纪60年代以来的经济增长。

此外,内生经济增长理论的另一个发展是在新制度经济学中的运用。1955年,阿瑟·刘易斯(William Arthur Lewis,下文简称刘易斯)在《经济增长理论》中分析了制度因素;20世纪70年代,道格拉斯·C.诺思(Douglass C. North,下文简称诺思)将新古典经济学中所没有涉及的制度,作为内生变量运用到经济研究中去,特别是将产权制度、意识形态、国家、伦理道德等制度和非正式制度作为经济演进和经济发展的变量,极大地发展了制度变迁理论和经济增长理论。值得一提的是,诺思在阐明上述分析框架的过程中,始终以成本—收益为分析工具,论证产权结构选择的合理性、国家存在的必要性以及意识形态的重要性,正是这种分析使得诺思的制度变迁理论具有巨大的说服力,也说明制度变迁理论是在古典经济学框架下,结合制度因素进行的分析。经济增长理论及其演变大致可以用表1-1归纳:

表 1-1 经济增长理论

经济增长理论		时间	代表人物	模型	观点
古典经济学		18世纪—20世纪初	斯密、马尔萨斯、李嘉图等	注重积累	经济增长由一国的储蓄（积累）与再投资决定
凯恩斯经济学		20世纪30年代	凯恩斯等	水平分析法（国民收入、储蓄与投资的水平）	通过增加投资来扩大总需求的理论
现代经济增长理论	外生增长理论	20世纪40年代	哈罗德、多马	"哈罗德—多马"模型，引入时间因素，用"比率分析法"将凯恩斯的理论长期化、动态化	经济增长取决于投资的规模和资本产出率的大小，而投资来源于储蓄，因而经济增长最终由一国的储蓄率与资本的投资效率决定
		20世纪50年代	索洛	索洛模型（采用了资本和劳动可替代的新古典科布—道格拉斯生产函数）	强调资源的稀缺性以及单纯的物质资本积累存在增长极限，因而强调技术进步能带来长期经济增长
	内生增长（新增长理论）	20世纪60年代	Cass（1965）和Koopmans（1965）	拉姆齐模型Ramsey-Cass-Koopmans模型	储蓄的内生性
		20世纪60年代	科斯、诺思	科斯定理、制度变迁、路径依赖等	制度和制度变迁（降低交易费用的制度安排及其创新是经济增长的决定因素）
		20世纪60—80年代	阿罗（Arrow，1962）、Sheshinski（1967）	干中学（learning-by-doing）或边投资边学（learning-by-investing）	技术进步依赖于人力资本投资；知识溢出
		20世纪80年代	卢卡斯（Lucas，1988）	AK模型（accumulation of knowledge）Uzawa-Lucas模型	知识积累是推动经济增长的重要变量，物质和人力资本内生
		20世纪80年代	罗默（Romer，1987,1990）	隐式模型（implicit model）	知识、R&D、创意、制度

33

二、经济增长方式与工业化进程

经济增长方式,狭义上指实现经济增长的主要动力,通常指决定经济增长的各种要素的组合方式以及各种要素组合起来推动经济增长的方式。经济增长方式受技术和经济发展阶段的直接影响,因而与工业化进程紧密地联系在一起。

(一)经济增长方式类别

根据不同的标准,经济增长方式有外延式和内涵式经济增长之分;也有粗放型和集约型经济增长方式之分;而根据推动经济增长关键要素的不同,通常有"斯密增长""库兹涅兹增长"和"熊彼特增长"。

经济增长的质量(狭义理解即为效率)与经济增长方式密切相关,马克思在《资本论》中首次提出了外延式和内涵式两种经济增长方式,"如果生产场所扩大了,就是在外延上扩大;如果生产资料效率提高了,就是在内涵上扩大。这种规模扩大的再生产,不是由积累——剩余价值转化为资本——引起的,而是由从固定资本的本体分出来、以货币形式和它分离的价值再转化为追加的或效率更大的同一种固定资本而引起的。"[①]"生产逐年扩大是由于两个原因:第一,由于投入生产的资本的不断增长;第二,由于资本使用效率不断提高。"[②]马克思提出的外延式经济增长,是指经济中投入的增长大于产出的增长,反之为内涵式经济增长即产出的增长高于投入的增长。外延式经济增长和内涵式经济增长反映了要素投入和要素的使用效率,区分了不同的经济增长方式。

进一步地,根据经济增长过程中资本和劳动力的使用效果,Yujiro Hayami,Juniehi Ogasawara(1969)定义了粗放型和集约型经济增长方式。前者

---

① 《资本论》第2卷,人民出版社1975年版,第192页。
② 《剩余价值理论》第2册,人民出版社1975年版,第598页。

是指依靠各类生产要素的数量增加来推动经济增长,因为生产要素质量、结构、使用效率和技术水平基本不变;后者是通过依靠科技进步、劳动者素质提高、管理效率提高和消耗降低等方式实现经济增长。粗放型和集约型经济增长、外延式和内涵式经济增长的核心判断标准都是效率是否提高。

此外,从推动经济增长的关键要素和以代表性人物命名来划分的经济增长方式,即上文提到的"斯密增长""库兹涅兹增长"和"熊彼特增长"。

"斯密增长"(1776)是指由劳动分工和专业化所带来的劳动生产率的提高以及由市场的深化和扩展而推动的经济增长,其关键是分工、专业化和市场规模,市场规模影响斯密增长的可能性边界,"斯密增长"也被称为分工型增长;"库兹涅兹增长"(1966)指经济增长主要依赖于人口、资源等要素投入的增加,是美国经济学家库兹涅茨通过考察总产值变动和就业人口结构变动的规律,发现了产业结构从农业生产占主导地位向制造业和服务业占主导地位转变,揭示了产业结构变动的总方向,从而进一步证明了配第—克拉克定律,"库兹涅兹增长"仍然是通过依赖要素投入实现的经济增长,基本属于粗放型增长;"熊彼特增长"(1912)主要是指基于生产技术和生产方法变革以及制度创新所引致的经济增长,熊彼特增长强调经济增长的过程是以企业家"创造性破坏"(Creative Destruction)为特征的动态竞争过程,这种强调技术进步带来的经济增长,也被称为技术型增长。

这三类经济增长方式并非分别存在于某一社会阶段,而是共同存在于现代市场经济中,只是在不同的发展阶段,其在经济增长中的地位和作用不同。比如,韦森(2006)认为任何社会的经济增长都包含有斯密增长:"从市场自发扩展的内在机制来说,市场交易是任何文明社会经济增长、人们收入增加,以及生活水平提高的原初动因和达致路径。市场交易源自分工,并会反过来促进劳动分工,而劳动分工则受市场规模大小的限制。市场扩大会加速和深化劳动分工,从而经济增长与市场的深化和扩展,实际上构成了一枚硬币的两面。这种劳动分工和市场扩展的相互促进,就构成了任何社会经济成长的

'斯密动力'"[1]。同样,即使在技术相对落后的19世纪,也存在生产方法和生产工艺带来的技术型增长,即"熊彼特"。值得注意的是,由于受到资源和人口的限制,以及资本、劳动力报酬递减规律的影响,斯密增长和库兹涅茨增长在理论上存在"天花板",而科学技术的发展和不断更新,或许具有无限的潜力和可能。20世纪80年代,我国改革开放的总设计师邓小平就提出"科技是第一生产力",40多年后的今天,技术在更广更深领域改变着经济发展和社会生活。

综上,经济增长类型主要有三类,每一类都有一定的交叉和重叠,并存于社会经济发展各阶段,见表1-2。

表1-2 经济增长方式种类

按效率分(19世纪)	按效率分(20世纪)	以代表人物划分	特点
外延或内涵	粗放型或集约型	斯密增长(分工型)	分工和专业化
外延式	粗放型	库兹涅茨增长(效率型)	依靠增加要素投入
内涵式	集约型	熊彼特增长(技术型)	依靠科技进步

(二)工业化进程及其阶段

现代经济发展的历程也是一个工业化发展的历程,由农业社会进入工业社会是所有国家经济发展的普遍规律。与工业化进程紧密联系,世界各国一般都经历了劳动密集型—资本密集型—知识、技术密集型的投资结构和增长方式。

工业化及其阶段的划分,目前尚无统一的标准。国外学者对工业化进程的量化测评研究一般是从工业结构(W.W.霍夫曼、J.科迪)、产业结构(S.S.库

---

[1] 韦森:《斯密动力与布罗代尔钟罩——研究西方世界近代兴起和晚清帝国相对停滞之历史原因的一个可能的新视角》,转引自华生:《制度变迁与长期经济发展》,复旦大学出版社2006年版,第52页。

兹涅茨)、劳动力从业结构(M.赛尔奎因和H.钱纳里)、人均收入水平(H.钱纳里)、城镇化率(H.钱纳里)等方面进行测度。这些划分和量化测度方法受到了国际国内普遍认可和广泛采纳。

最早提出工业化阶段划分标准的是德国经济学家W.W.霍夫曼(W.W. Hoffmann),他在1931年出版的《工业化阶段和类型》一书中,提出了"霍夫曼经验定理"或霍夫曼比例(H),该理论根据消费资料工业与生产资料工业的比值,将工业化分为四个阶段;整个工业化过程,就是资本资料工业在制造业中所占比重不断上升的过程。"霍夫曼定理"是建立在先行工业化国家早期增长模式之上,且是在国民经济只存在工业和农业两个部门的理论框架下划分的,该理论在工业化前期是基本符合现实的,但就英国、美国、德国、法国和日本等国家工业化后期发展的实际情况来看,增长得最快的产业并不是工业,更不是资本品工业或重工业,而是服务业。而且,这些国家普遍的规律是,服务业不论在就业结构上还是在产值结构上,都很快成为国民经济中占主要地位的产业部门。因此,通常情况下,在衡量工业化水平时,国内主要采用的指标包括:人均生产总值(钱纳里一般标准工业化模型)、产业结构(非农产业增加值比重或一二三产业产值比,S.S.库兹涅茨)、工业结构(制造业增加值占总商品生产部门增加值的比重,科迪指标)、就业结构(非农就业比重或第一产业就业占比,M.赛尔奎因和H.钱纳里)以及城镇化率(H.钱纳里)等几项指标,见表1-3。

表1-3 工业化阶段划分方法和指标

基本指标	内容指标	代表人物	前工业化阶段(1)	工业化实现阶段			后工业化阶段(5)
				工业化初期(2)	工业化中期(3)	工业化后期(4)	
1.人均GDP(2010年美元)	经济发展水平	H.钱纳里	827—1654	1654—3308	3308—6615	6615—12398	12398以上
2.三次产业增加值结构	产业结构(注)	库兹涅茨1971	A>I	A>20%,且A<I	A<20%,I>S	A<10%,I>S	A<10%,I<S

续表

基本指标	内容指标	代表人物	前工业化阶段(1)	工业化初期(2)	工业化中期(3)	工业化后期(4)	后工业化阶段(5)
3.制造业增加值占总商品增加值比重	工业结构	J.科迪	20%以下	20%—40%	40%—50%	50%—60%	60%以上
4.人口城镇化率	空间结构	H.钱纳里	30%以下	30%—50%	50%—60%	60%—75%	75%以上
5.第一产业就业人员占比	就业结构	M.赛尔奎因和H.钱纳里	60%以上	45%—60%	30%—45%	10%—30%	10%以下

注：产业结构：其中A代表一次产业，I代表二次产业，S代表三次产业

数据来源：陈佳贵、黄群慧、钟宏武：《中国地区工业化进程的综合评价和特征分析》，《经济研究》2006年第6期。2010年数据是根据美国经济研究局网站数据获得的GDP折算系数计算。

从农业社会过渡到工业化社会的工业化初期，也被称为前工业化时期，经济发展水平和人均收入都较低，经济发展的重点是提高经济增长的速度和经济总量；工业化中期开始关注经济增长的质量，在保持经济增长速度一定的前提下，重视提高人均收入、稳定物价、就业以及人民生活水平；再到更为关注经济发展和环境协调的可持续健康发展，倡导即使经济增长的增速低一点，也不能以牺牲环境和经济发展质量为代价。

林毅夫（2009）创立的新结构经济学认为，现代经济增长本质是一个工业革命以后出现的不断的结构变化过程：包括提高生产率水平的技术创新和产业升级，以及降低交易费用的经济体的软硬基础设施的完善。

三、经济发展理论及其演变

20世纪40年代起，随着民族国家的独立和兴起，以这些贫困落后的农业国家或者发展中国家经济为研究对象的理论，被称为发展经济学。发展经济学研究如何使这些国家通过发展经济，摆脱贫困，并最终走向富裕。广大发展中国家的经济学家，如来自印度的阿玛蒂亚·森（Amartya Sen，下文简称森），

中国的张培刚、谭崇台等人,对发展经济学作出了巨大的贡献。作为发展中国家的经济学家,后者对经济增长和经济发展有着较为清晰的界定。

发展经济学之父张培刚认为,"按照我的理解,'发展经济学'研究的主题是农业国家或经济落后的国家如何实现工业化和现代化、实现经济起飞和经济发展的问题;而现在这样的国家和地区,在世界上还占大多数。因此,发展经济学就其任务而言,仍然是极其有生命力的,可以说是'方兴未艾',大有可为"①。张培刚1947年出版的博士论文《农业与工业化(Agriculture and Industrialization)》是世界范围内第一部以农业国的工业化问题为主题的专著,并在农业国工业化问题上提出许多独到而精辟合理的观点,该文使他成为世界上最早从历史上和理论上比较系统地探讨农业国工业化问题的经济学家,奠定了发展中国家经济发展(农业国工业化)的理论基础,被誉为"发展经济学的创始人",他的理论是把农业作为产业的一个部分,与工业作为整体来发展,并不以牺牲农业发展工业。这一点与刘易斯将农业与工业对立起来,主张通过牺牲农业来发展工业的观点完全不同,为此,刘易斯认为,"过去我太重视工业了,牺牲农业发展工业,看来这是错误的。"②张培刚和谭崇台均认为,经济发展不仅包括经济增长,还包括诸如投入结构、产业结构、居民生活水平、分配状况等方面经济结构的变化。此外,经济发展离不开社会变迁,例如,人口结构、社会分层结构、社会制度和文化等必然伴随着经济的发展而变化调整。从这个意义上讲,经济发展本身也包含了社会进步、社会转型和社会变迁。

第二次世界大战后,西方主流经济学家以发达国家的历史经验去比照发展中国家,并在主流经济学原理和研究方法的体系和框架中直接研究、分析发

---

① 张培刚:《农业与工业化(中下合卷)农业国工业化问题再论》,华中科技大学出版社2002年版,第2页。

② 发展经济学家、世界银行经济专家钱纳里来华讲学时曾说:"发展经济学的创始人是你们中国人,是张培刚先生。这是中国人的骄傲。"1986年,西北大学教授何练成访美后说,哈佛大学教授在座谈会上说,张培刚才真正是发展经济学的创始人,刘易斯、舒尔茨的理论比他提出的要晚好些年,因此他更有资格获得诺贝尔奖。载于圣才学习网:[EB/OL].http://jingji.100xuexi.com/view/testguide/275865bf-d20d-4f15-8117-621face3a458.html。

展中国家的经济增长和经济发展,比如库兹涅茨对这种分析做出了大量工作,他根据英、法、美等14个国家近百年的经济增长统计分析,总结出现代经济增长的六大特征。这一时期的发展经济学理论主要强调资本积累、政府支持和干预对经济增长和经济发展的作用;20世纪60年代的新制度经济学、新增长理论、可持续发展理论等经济发展理论,开始关注市场调节、人力资本对经济发展的作用;20世纪80年代后期,经济发展理论转向运用制度分析方法,将技术及人力资本作为内生要素研究经济发展问题。从经济发展方式动力来看,除了考虑技术进步的作用以外,还重视教育、知识、管理、资源再配置、规模经济等因素对经济发展的推动作用。

1985年,世界银行出版了《发展的先驱》一书,选择了在世10位发展经济学大师对40年来发展经济学的回顾为内容。这10位大师,除了普来比西(R. Prebisch)是阿根廷人并来自发展中国家之外,其他9位全部来自发达国家,而且几乎都是英国和欧洲的学者(唯一的美国人华尔特·惠特曼·罗斯托(Walt Whitman Rostow,下文简称罗斯托)在牛津大学取得硕士,且曾长期在牛津和剑桥任教[①]。

来自印度的发展经济学家森是1998年诺贝尔经济学奖获得者,他于1999年9月出版了著作《以自由看待发展》(Development as Freedom)一书。书的主题是"发展",森把发展的目标看是等同于判定社会上所有人的福利状态的价值标准——"以实质自由作为综合价值标准"。他从提供和保证"自由"的特定角度提出发展观,即:自由是发展的首要目的,自由也是促进发展的不可或缺的重要手段。他认为,财富、收入、技术进步、社会现代化等固然可以是人们追求的目标,但它们最终只属于工具性的范畴,是为人的发展、人的福利服务的。即便如此,正如马克思将共产主义作为人类能达成的最

[①] 沈鉴治:《从〈发展的先驱者检讨发展经济学〉》,《经济社会体制比较》1988年第1期,第56—59页。这10位经济学家分别是,鲍尔(Lord Bauer)、克拉克(C.Clark)、赫尔希曼(A.O. Hirsch man)、亚瑟·刘易斯(W Arthur Lewis)、米尔达(G Myrdel)、普来比西(R Prebisch)、罗逊斯坦-罗丹(P.N. RosenStein-Roden)、罗斯托(W W Rostow)、辛格(H. W .Singer)和丁伯根(J.Tinbergen)。

高社会发展阶段,森的发展观也可以视作一种发展的最终目标。然而,也如他自己提出的,"自由也是促进发展的不可缺少的重要手段",那么,如何能获得自由的能力和保证自由的实现,答案仍然是发展。现阶段,以发展促进收入增加、效率提高、社会公平和环境友好,仍然是摆在我们面前的世界性问题。

四、经济发展阶段相关理论

截至2023年,世界上共有233个国家和地区,其中195个主权国家,38个地区。世界组织通常根据这些国家和地区的经济发展状况进行分类。目前,比较广为人知的分类是发达国家(developed country)和发展中国家(developing country),也有发达国家(developed country)和欠发达国家(less developed country)以及不发达国家(underdeveloped country)之分。比如库兹涅茨在《现代经济增长》(1966)中提出,"发达"国家被确认为是政治上独立,人均产值水平最高的国家。无论从理论上,还是各世界组织对国家进行的分类,主要是基于经济发展水平的考量。

(一)六阶段论和三阶段论

第二次世界大战后,美国发展经济学家罗斯托在1960年出版的《经济成长的阶段》(也有译为"经济增长的过程")一书中,提出了世界各国经济发展分为5个阶段,1971年他在《政治和成长阶段》中增加了第6阶段。这6个阶段依次是传统社会阶段、准备起飞阶段、起飞阶段、走向成熟阶段、大众高消费阶段和寻求生活质量阶段,见下表1-4。作为划分的标准,罗斯托在导言中说明,这个划分阶段是一个经济史学家用一系列的增长阶段归纳的整个现代史,而且,增长阶段论是从经济方面观察整个社会,但经济增长阶段也受到政治、社会组织和文化等方面的影响:"我们从一开始就接受了马克思在最后承认的而恩格斯只是在晚年才完全承认的看法,即社会是互为作用的有机体。虽然经济变化的确具有政治和社会后果,但在本书中经济变化本身被看作是政治和社会以及狭义的经济力量的结果"①。

表1-4 罗斯托经济发展六阶段

阶段	传统社会(1)	准备起飞阶段(2)	起飞阶段(3)	走向成熟阶段(4)	大众高消费阶段(5)	寻求生活质量阶段(6)
经济特征	农业居于首位,手工劳动	产业革命初期,近代科学知识开始在工农业中产生作用	工业化初期,工业主导部门迅速增长,农业劳动生产率提高。投资率显著上升	现代科学技术得到普遍推行和利用,新工业部门迅速发展,国际贸易迅速增加	主导部门转到耐用消费品生产方面	主导部门是服务业与环境改造事业
阶段特征			最关键阶段	起飞后40年		最关键阶段
举例	中国的封建王朝;中东和地中海的文明;中古欧洲社会	17世纪18世纪初的英国	1890年前加拿大;1914年前阿根廷;英国1783—1803;德国1850—1875;日本1875—1900;中国、印度20世纪50年代后;发展中国家	20世纪初的美国和西欧	美国1913—1956西欧和日本;20世纪50年代	美国

经济成长阶段理论认为,经济发展最关键的两个阶段是经济起飞阶段和寻求经济质量阶段,其中,经济起飞阶段是指工业化初期,该时期工业主导部门迅速增长,由传统经济进入现代化经济的高速增长阶段,起飞阶段也是社会经济发展的第一次突变。罗斯托的经济成长阶段划分在西方经济学中曾产生过广泛影响,当前,对发展中国家仍有相当大的影响,不少发展中国家的发展战略参考了这些划分标准或者可能的趋势进行决策。

现代财政学之父,美国经济学家理查德·阿贝尔·马斯格雷夫(Richard Abel Musgrave,下文简称马斯格雷夫)将经济发展阶段与公共支出联系起来,

---

① [美]W.W.罗斯托(W.W.Rostow):《经济成长的阶段》,郭熙保、王松茂译,中国社会科学出版社2001年版,第2—3页。

认为不同时期财政支出的数量和作用各不相同,据此提出了经济增长三阶段论,见表1-5。

表1-5 马斯格雷夫经济发展三阶段

时期	经济发展的初期	经济发展中期	经济进入成熟期
财政支出	公共积累支出占较高的比重	公共积累支出的增长率会暂时放慢	政府投资的增长率又有可能回升
原因	基础设施薄弱,具有极大的外部效应,政府加大对基础设施的投资力度	各项基础设施建设也已基本完成	人们对生活的质量提出了更高的要求,需要更新基础设施
作用	经济发展超前提供社会基础设施和社会公共服务	弥补市场失灵,需要加强政府干预	转向对教育、保健、社会福利等方面的支出

马斯格雷夫的发展阶段增长理论实际上是关于公共支出结构长期变化的理论。他倡导政府积极干预,且通过增加公共支出为前提,他坚持认为政府是社会正义的工具和有效的宏观经济政策。

(二)世界组织对国家发展阶段之分类

以西方国家为主导的世界组织包括联合国(UN)、世界银行(IB)、国际货币基金组织(IMF)和经济合作与发展组织(OECD)等组织。20世纪50至60年代,这些组织主要根据经济发展水平如人均GDP指标,将全球国家分成"发达国家""欠发达国家""不发达国家和"发展中国家"。当时,发展中国家有100多个,人口占世界人口总数的75%以上。20世纪70年代以后,国际上一般只使用"发展中国家或欠发达国家"的称呼。在某些场合,这些地区和国家又被称为"第三世界",因为与此相对应的是第一世界、第二世界。

联合国早期按照传统的国内生产总值GNP指标,将世界国家大致划分为三类:最不发达国家、发展中地区和发达地区。中国属于"发展中地区"。为了更全面地反映包括经济、社会和科技发展的状况,1990年,联合国开发计划署(UNDP)开始定期发布"人类发展指数"(HDI—Human Development

Index),该指数用预期寿命、教育程度(包括人均受教育年限和预期受教育年限)和生活水平(人均国民收入)三个指标统计出各国的 HDI。HDI 指数在[0,1]区间,用来衡量联合国各成员国经济社会发展水平。根据联合国开发计划署在 2015 年人类发展报告中的界定,各国根据 HDI 分数的高低分为极高([0.8,1]区间内)、高([0.7,0.8]区间内)、中([0.55,0.7]区间内)、低([0,0.55]区间内)人类发展水平四组,其中只有被列入"极高"的国家才可能被视作发达国家。

除了经济标准外,对西方国家主导的世界组织对国家的划分,是否还含有意识形态上的区分或政治、地理等因素,张桐(2020)认为:近年来,世界银行对"发展中国家"这一专门术语的界定混杂了政治、经济、地理等多重因素,使得"发展中国家"的概念也显得含混复杂。

目前,世界银行采用阿特拉斯方法的汇率方法计算各国人均国民总收入(GNI),再根据人均 GNI 这一经济指标对国家进行分类,并于每年 7 月 1 日(每个财年开始时)根据美元现价对数值标准更新并重新对国家进行归类,其理由是:在每个国家,诸如收入增长率、通胀率、汇率、人口增长等因素都会影响人均 GNI,国民经济核算方法和数据的修订也会影响人均 GNI。根据人均国民总收入,世界银行把全世界经济体划分为四个收入组别,即:高收入、中等偏上收入、中等偏下收入和低收入组别。2018 年,世界银行将世界上人口超过 100 万的国家和地区共 218 个经济体进行了分组,根据其人均国民收入水平划分为四种类型,其中高收入国家 81 个,占 37.2%,中等偏上收入国家 56 个,中等偏下收入国家 47 个,低收入国家 34 个,2018 年的分类见下表1-6。

表 1-6　世界银行 2018 年根据美元现值人均国民总收入(GNI)分类

发展阶段	低收入	中等偏下收入	中等偏上收入	高收入
人均 GDP	<995 美元	996—3895 美元	3896—12055 元	>12055 美元
数量	34 个	47 个	56 个	81 个

续表

发展阶段	低收入	中等偏下收入	中等偏上收入	高收入
比重	发展中国家81个，占比37.16%		25.69%	占比37.16%
联合国(UNDP)HDI近似分类	[0,0.55]	[0.55,0.7]	[0.7,0.8]	[0.8,1]

数据来源：世界银行网站 https://wbl.worldbank.org/en。

2020年7月重新更新的标准如表1-7，此处收入分类采用的是上年（2019年）的GNI数据，因此2020年的国别收入分类采用的GNI数据并未反映出新冠疫情的影响。

表1-7 2020年7月世界银行划分国家类别之标准（人均GNI）

组别	2020年7月1日（新）	2019年7月1日（旧）
低收入	<1036	<1026
中等偏下收入	1036—4045	1026—3995
中等偏上收入	4046—12535	3996—12375
高收入	>12535	>12375

数据来源：世界银行网站 https://wbl.worldbank.org/en。

2023年7月1日，世界银行根据各经济体经济增长率、通胀率、汇率及人口等因素变化情况，更新分类标准。世界银行此次发布的最新经济体分类标准为：低收入经济体人均GNI上限由2022年的1085美元上调至1135美元；中等偏下收入经济体人均GNI区间由2022年的1086—4255美元上调至1136—4465美元；中等偏上收入经济体人均GNI区间由2022年的4256—13205美元上调至4466—13845美元；高收入经济体的人均GNI下限调至13845美元。见表1-8。

中国2023年人均国民总收入（GNI）为12700美元，仍属于中等偏上收入国家。

表 1-8　2023 年 7 月世界银行最新划分国家类别的标准（人均 GNI）

组别	2023 年 7 月 1 日（新）	2022 年 7 月 1 日（旧）
低收入	<1135	<1085
中等偏下收入	1136—4465	1085—4255
中等偏上收入	4446—13845	4265—13205
高收入	>13845	>13205

数据来源：世界银行统计数据。
中华人民共和国财政部网站，[EB/OL]. https://gjs.mof.gov.cn/zhengcefabu/202307/t20230714_3896521.htm 2023.7.14。

（三）基于恩格尔系数之分类

恩格尔系数（Engel's Coefficient）是指食品支出总额占消费支出总额的比重，是经济学中广泛用于衡量居民和国家富裕程度的一个重要指标，比例越小，则越富裕，反之亦然，该指标是根据恩格尔定律进行量化的结果。19 世纪中期，德国统计学家和经济学家恩斯特·恩格尔（Ernst Engel）对比利时不同收入家庭的消费情况进行了调查，发现了个人收入与消费支出构成之间的规律：收入较高的家庭用于食物的支出一般多于收入较低的家庭，但食物开支在总预算中所占比重一般同收入成反比，即一个家庭或个人收入越少，则用于购买生存性的食物的支出在家庭或个人收入中所占的比重就越大。从这一经验性规律出发，恩格尔（1857 年）进一步推断出，在经济发展过程中，相对于其他经济部门而言，农业将萎缩。

该规律同样适用于判断一个国家整体的贫富程度，通常通过该国居民的平均食品消费占其总支出的比例来衡量。根据联合国粮农组织提出的标准：恩格尔系数达 59% 以上为贫困，50%—59% 为温饱，40%—50% 为小康，30%—40% 为富裕，低于 30% 为最富裕，见表 1-9。

表1-9　恩格尔在1857年提出恩格尔定律时所使用的数据

支出类别	食粮费	衣着费	住宅费	燃料费	文教卫生娱乐费
一般劳动者家庭	62%	16%	12%	5%	5%
中等阶层家庭	55%	18%	12%	5%	10%
高等阶层家庭	50%	18%	12%	5%	15%

恩格尔规律完全符合消费品的需求弹性原理，更体现了数学语言之简洁的魅力。然而，其弊病也在于过于简洁，特别是，由于各国对食品的支出习惯还受到文化、心理差异、地区发展不平衡甚至宗教等一系列复杂因素的影响，因此，即使在比例相同的情况下，体现的富裕程度也可能不尽相同，或者某些恩格尔系数较高的国家可能比某些恩格尔系数更低的国家更富裕。比如根据美国农业部的数据，2013年《经济学人》发布了全球22国恩格尔系数数据对比显示，人均收入和GDP较高的沙特阿拉伯、匈牙利，恩格尔系数反而高于墨西哥、越南和伊朗；再比如，恩格尔系数用于我国各省之间的差异也很明显，在我国富裕地区如广东省和上海市，由于地方文化中的很多社交和商业活动结合饮食文化举行，被计入饮食支出，因此拉高了系数，而有些相对落后地区，农村居民省吃俭用拉低了系数。

因此，在不否认恩格尔系数的统计学意义的同时，我们必须认识到，不同国家和地区的社会经济状况、社交文化乃至饮食文化等差异，降低了恩格尔系数横向对比时的有效性，因此，在使用恩格尔系数时，应将其与其他数据配合使用。

第三节　经济发展方式转变与经济高质量发展

一、经济发展方式及其转变

根据前文的分析，经济发展包括但不限于经济增长数量+经济增长质量+经济和社会结构优化+绿色发展，即经济发展包括了经济的增长、经济结构的改进、社会公平的实现和生活质量的提高等经济和社会发展内容,经济发展方式可以理解为是达成这些目标的途径和方法,因而也包含了这几个方面的内容。发展中国家在经济增长过程中,同样经历了粗放型经济增长向集约型经济增长转变,也经历了由劳动密集型增长向资本密集型增长和技术密集型增长推进,这些不同类型增长方式的转换本质上也是经济发展方式的转变和经济转型。可见,经济发展方式转变是指从低级向高级转变的过程。这种转变是指从资源配置型向资源再生型、外延扩张型向内涵开发型、资源运营—产品运营—资产运营—资本运营增长方式向知识运营增长方式的转变。这种转变旨在提高生产要素的质量和利用效率,通过技术进步、提高劳动者素质、提高资金、设备、原材料的利用率来实现经济发展。

加快我国经济发展方式转变,是党中央基于我国实际情况和国际经济发展经验做出的判断和决定。2007年10月,党的十七大报告提出"加快转变经济发展方式,推动产业结构优化升级"。这是第一次正式提出加快经济发展方式转变,同时强调完善社会主义市场经济体制,从制度上更好地发挥市场在资源配置中的基础性作用。

国内对转变经济发展方式的讨论在2005年以后,集中在2010年前后。早期多数学者分析经济发展方式转变的内容和意义(黄泰岩2007;方福前2007、2010;周叔莲2007、2008;吴敬琏2007、2011;马建堂2010;简新华2010、2011;成思危2013等)。2007年党的十七大指出,转变经济发展方式涉及增长向三个方面转变:向依靠消费、投资、出口协调拉动,向依靠第一、第二、第三产业协同带动以及向依靠科技进步、劳动者素质提高、管理创新转变三个方向转变。方福前(2007)分别从经济发展方式转变提出的背景、问题以及如何转变等几个方面进行了阐释和分析。周叔莲(2008)认为除了包括经济增长方式的内容外,经济发展方式还包括产业结构、收入分配、居民生活以及城乡结构、区域结构、资源利用、生态环境等方面的内容。唐龙(2009)梳理了国内关于转变经济发展方式的研究,认为转变经济发展方式与深化经济体制改革密切相关,难点主要体现在对政府管理体制、财税体制、价格体制和企业体制等方面,而且,只明确了改革的方向,但在操作细节上还处于探索阶段。简新华(2010)认为,经济发展方式转变包括经济增长方式由粗放型为主向集约型为主的转变、经济体制由传统计划经济体制向社会主义市场经济体制的转变两个内容。时任国家统计局局长马建堂(2010)表示,转变经济发展方式主要应从提高资源利用率、劳动生产率,减少主要污染物排放和促进第三产业和消费五个方面着手。王国刚(2010)认为经济发展方式转变的重心在于城镇化。此外,文献被引用较多的研究,有将经济发展方式与低碳经济(张友国 2010)、节能减排(蔡昉等 2008)、突破"中等收入陷阱"(刘伟 2011)、人口红利(郭晗,任保平 2014)、政府角色转换(刘金科 2012)联系起来进行,以及对经济发展方式进行测度和绩效评价的有沈露莹(2010)、马强文、任保平(2010)、李玲玲(2011)等。

2013 年,习近平总书记在主持十八届中共中央政治局第九次集体学习时强调,即将出现的新一轮科技革命和产业变革与我国加快转变经济发展方式形成历史性交汇,为我们实施创新驱动发展战略提供了难得的重大机遇。机会稍纵即逝,抓住了就是机遇,抓不住就是挑战。2015 年后的研究,一般都是将经济发展方式与具体问题结合起来进行研究,如与农业发展、循环经济、低碳经济等结合起来。

从学界对经济发展方式研究的总体情况来看,其中就经济发展方式所包含的内容而言,观点比较相似。基于相关研究,本书认为经济发展方式转变包含了经济增长、发展动力、结构优化、绿色发展和民生改善五个内容,简言之,如下表 1-10 所示。

表 1-10 经济发展方式转变包含的目标内容

经济发展方式转变内容					
项目	经济增长	发展动力	结构优化	绿色发展	民生福利
具体内容	保持经济总量和人均量一定速度的稳定增长	从要素投入转入技术进步和制度改善;由依靠工业向依靠三次产业协同;"三驾马车"协调拉动	产业结构及其内部优化,特别要大力发展服务业以及做强高新技术产业;收入分配结构优化,缩小差距	保护环境,从生产投入和生产方式入手;同时加强污染物和生活垃圾的处理	公共服务均等化、提高环境质量;缩小收入分配差距,提高社会保障

就经济发展方式转变的模式而言,与国家的经济发展模式、政府职能和发展阶段密切相关。英美国家的市场经济有近300多年的历史,其经济增长方式和经济发展方式主要依靠市场竞争和淘汰机制推进,在市场经济转型中通过优胜劣汰的市场竞争实现;而法国、德国和日本等国家,其经济发展中有社会市场经济的特点,在推动经济发展方式转变时,政府在产业政策等方面也通过一定的宏观调控加以引导,因此属于市场和政府合力推动的市场增进型转变;我国改革开放40多年来,市场和政府在经济中发挥的作用和边界,随着我国经济发展阶段的不同,市场经济成熟程度不同而有所不同。根据我国的国情和当前的发展阶段,在推进经济发展方式转变时,需要同时发挥市场和政府的作用,实现市场调节和宏观调控的有机结合。一方面,要充分发挥市场机制这只"看不见的手"的作用,发挥市场配置资源的决定性作用,通过市场的优胜劣汰促进经济发展方式转变;另一方面,又要注重发挥政府引导这只"看得见的手"的作用,健全宏观调控体系,科学制定规划,完善产业政策,综合运用财税等经济手段,通过将外部成本内部化,促进市场主体自觉转变发展方式。如下表1-11:

表1-11 经济发展方式转变的模式类型

类型	市场机制	社会市场机制	计划机制	市场与国家结合
方式	市场竞争和优胜劣汰	市场和政府合力推动	国家计划调控	市场调节和宏观调控有机结合
典型国家	英国、美国	德国、法国、日本	苏联	中国

二、经济发展方式转变与经济高质量发展

党的十九大报告首次提出"高质量发展"的新表述,指出:"我国经济已由高速增长阶段转向高质量发展阶段",这是以速度换质量的经济发展方式转变的阶段。据范正根、周洪兵、刘章生(2020)对知网经济增长研究的总结,

"高质量"发展成为其后各个领域的研究热点,经济高质量发展的文献发表量呈现爆发式增长。其中,中国宏观经济研究院研究员马晓河(2018)关于经济高质量发展的内涵的观点具有代表性:在新时代,经济高质量发展应体现产业产品的创新性、城乡地区以及经济与其他领域的协调性、环境资源利用的可持续性、经济发展的对外开放性和发展成果的可共享性。

2020年10月,《中华人民共和国国民经济和社会发展第十四个五年规划和2035年远景目标纲要》(下文简称十四五规划)指出,高质量发展是能够满足人民日益增长的美好生活需要的发展,是体现新发展理念的发展,是创新成为第一动力、协调成为内生特点、绿色成为普遍形态、开放成为必由之路、共享成为根本目的的发展。更明确地说,高质量发展,就是指经济增长稳定,区域城乡发展均衡,以创新为动力,实现绿色发展,让经济发展成果更多更公平惠及全体人民;商品和服务质量普遍持续提高的发展;投入产出效率和经济效益不断提高的发展等。

经济发展方式所包含五个方面的内容与经济高质量发展的目标和内涵在本质上是契合的,具体见表1-12,两者的区别在于经济高质量发展更强调创新和全方位的协调发展。

表1-12 经济发展方式转变与经济高质量发展内容

经济发展方式转变目标和内容(下)					
内容	经济增长	发展动力	结构优化	绿色发展	民生福利
具体内容	保持经济总量和人均量一定速度的稳定增长	从要素投入转入技术进步和制度改善;由依靠工业向依靠三次产业协同;"三驾马车"协调拉动	产业结构及其内部优化,特别要大力发展服务业以及做强高新技术产业;收入分配结构优化,缩小差距	保护环境,从生产投入和生产方式入手;同时加强污染物和生活垃圾的处理	公共服务均等化、提高环境质量;缩小收入分配差距提高社会保障
内涵	创新	创新、开放	协调	绿色	共享
经济高质量发展内涵(上)					

加快经济发展方式转变是实现经济高质量发展的途径,涉及我国经济增长动力转变以及经济、社会、环境和民生等方面提升和优化的内容,需要打通生产、交换、分配和消费各环节以促进资源合理配置。高质量发展这一表述提出之初侧重于经济发展方式转型,强调从依赖资源投入、以产出规模为首要目标的粗放型发展方式转向以创新驱动、高效协调、环境友好等为主要特征的高质量发展方式。经济高质量发展的目标与经济发展方式转变的五个内容没有本质上的区别,如前者关注经济稳定健康增长、产业和收入分配结构优化、经济和环境协调发展、民生福利得到改善等,后者的提质增效(动力和结构优化)、创新驱动(创新动力)、绿色低碳(绿色发展)和协调共享(公共服务等民生福利),在具体内容上与前者是相同的,只是略有归类方面的区别。

经济发展方式的转变,既有基于外部环境变化的客观要求,也有国内经济高质量发展的内在需要。其中,外部环境上面临着百年未有之大变局,包括逆全球化情况带来的不确定性和新冠疫情后全球经济环境的变化,而国内经济高质量发展是经济发展方式转变的最终目标。

三、经济发展方式转变的外在动因

外部动因主要表现在以下三个方面。

(一)全球化发展及提升国际价值链分工地位的要求

从某种意义上说,人类发展史就是全球化史。就整体影响而言,全球化进程有两个关键节点,一是地理大发现,二是互联网技术。在地理大发现之前,全球化是局部和区域的整合,地理大发现之后,全球化从观念和行动上拓展延伸至整个地球;在互联网技术出现之前,全球性沟通,无论在物理交通还是通信联系都存在时间和空间的根本性的限制性障碍,互联网技术的发明,让全球性的通信可以随时随地进行,即时联系成为现实,这迅速拉近了全世界人与人之间心理距离。除了这两个关键节点给全球化带来的影响是根本性和实质性的,每一次技术进步,每一项交通工具的发明,每一次国际市场的进一步扩大,特别是每个国家对外进一步开放,都极大地促进了全球化。虽然对全球化的实质有不同的看法,甚至是截然不同的观点①,但全球在空间和时间上联系更紧密性的趋势不可逆转,只有积极加入其中并掌握主动,方可顺势而为利于发展。

世界市场上,各国由于经济发展水平的差异而处于不同的产业价值链上。目前,处于全球价值链分工体系高端位置的跨国企业基本上来自发达国家,他们控制着合作、契约签订的主动权,主导整个价值链分工体系,促使发展中国家企业承担高能耗、污染环境的产业的价值链环节,导致其他国家承担起自然环境污染和生态平衡破坏的严重的环境代价和社会成本。作为发展中大国,我国改革开放以后才开始加入全球产业链分工中,一直处在产业价值链低端,仅仅是完成了从农业初级产品出口向劳动密集型产业分工的转变。为了进一步提升在国际产业价值链中的地位,必须通过技术进步对国内产业进行升级,而产业升级也有赖于经济发展方式的转变,可见,国际产业价值链地位提升与经济发展方式转变互为因果。

我国自改革开放后加入全球产业链分工,在特定的历史条件下,实行了"出口导向"贸易政策,从最低端的农业初级品出口和劳动密集型产业出口开始,长期处在全球产业链和价值链最低端,产品附加值不高,通过贴牌生产,赚取低利润,甚至以环境污染为代价。"制造业大国"而非"制造业强国"的事实,与我国世界第二大经济体的地位不相称。"三来一补""拿来主义"曾经在历史舞台上发挥了其应有的作用,对我国的发展和融入世界舞台功不可没,这也是我国"后发优势"的成就,但同时造成的技术依赖、环境污染、怠于创新等问题,如果不进行制度创新和转型升级,就有可能陷入"后发劣势"的困境。

自2001年底加入WTO后,我国更广泛地参与国际分工,2001—2005年

---

① 有观点认为经济全球化就是资本主义化,或者说是资本的全球化,或是市场的全球化;还有观点认为今天的全球化较之以往,在人员、物资、资本和精神的国际交流上,不及以往,是一种倒退。

是我国对外贸易增长最快的年份,见图1-3。如果对我国产业结构和贸易结构进行比较还可以发现,我国在劳动密集型产品和环节上的外贸依存度最高,明显高于资源密集型、资本技术密集型产品的外贸依存度,这是与我国比较优势和在国际上的分工地位相一致的。究其原因,除了起步晚,我国在传统产业的技术和知识资源禀赋方面缺乏有效的积累(短期技术模仿形成了后发优势但又由于路径依赖可能会导致后发劣势),加上西方发达国家利用核心技术保密和知识产权保护限制其他国家对相关技术和知识的使用。因此,在传统产业中,短期内我国只能凭借廉价劳动力优势获取全球价值链分工中的生产环节,其价值增值能力较弱,处于价值链低端,且资源、环境消耗巨大,对我国经济发展方式的转变形成阻碍。

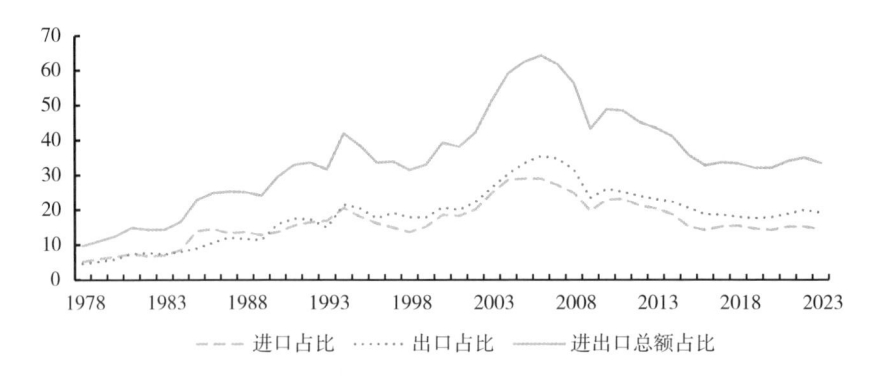

图1-3 1978—2023年我国进出口占GDP比重(%)

数据来源:国家统计局。

随着经济全球化进程不断推进,作为贸易大国,产业内全球价值链分工地位成为我国经济发展方式转变的关键。我国要实现从加工制造大国向制造强国、服务强国、创造大国的转变,必须促进经济发展方式转变,必须抓住我国产业在不同产业价值链分工中的资源禀赋特征和全球产业发展趋势,实现在全球价值链分工中的跨越式发展。

全球化让资源、劳动力、资本和商品等全球流动,它极大地减少了交易费用,发挥了各国比较优势,给世界各国以相对平等的发展平台和机会。虽然全

第一章　经济发展方式转变与制度变迁相关理论

球化的趋势无法遏制,但全球化只是创造了一种相对平等,不可能带来真正的平等,我们只有顺应全球化潮流,在既定规则下,主动调整并不断发展,提高在国际分工中的产业价值链地位,向着有实力更改规则的方向发展壮大。

(二)资源禀赋供求发生变化的必然要求

资源禀赋或称要素禀赋,是指一国拥有各种的生产要素,包括土地、劳动力、资源、资本、技术、管理等的丰歉。一国要素禀赋中,某种要素供给所占比例大于他国同种要素的供给比例且价格相对低于他国同种要素的价格,则该国的这种要素相对丰裕;反之,则该国的这种要素相对稀缺。以某种要素为主要投入要素的生产,被称为该要素密集型生产。根据资源禀赋的丰歉和重要性,人类社会生产经历了劳动密集型向资本密集型再向技术(知识)密集型转变的一般规律,这种规律不是单一线性替代关系的演进,而是以某一类型为主,同时并存其他类型的格局。欧美发达国家、东南亚新兴工业化国家,以及其他发展中国家,其产业发展都遵循了这种规律,原因基本相似,可以从供给和需求两个角度分析。就供给而言,一是资源的相对丰歉程度和获得能力,二是工业化发展规律以及技术进步促进了产业向资本密集型产业和技术密集型产业的发展,三是资源禀赋的价格,随着人口老龄化日益严重和人口出生率的下降,劳动力成本上升,同时环境治理要求也提高了企业生产成本,更多地依靠技术进步提高生产效率成为必然趋势。从需求端来看,消费者的绿色发展观促使他们对产品的需求更关注产品的绿色品质,由此也会部分地推动循环经济和集约化生产方式。

根据我国发布的《中国的能源状况与政策》白皮书,我国能源资源特点是总量丰富,主要是煤炭资源比较丰富,但人均拥有量较低,且分布不均衡、开发难度较大,总体上我国的自然资源禀赋没有明显优势。改革开放40多年来,我国的资源优势主要在劳动力资源,此外,通过管理、技术等引进和模仿获得后发优势。因此,剩余劳动力、后发优势和人口红利三个有利条件支撑了我国长达40多年的经济高速增长,劳动力密集型产业为我国初期的经济发展和出口贸易作出了重大贡献。但是2012年后，随着人口出生率的下降和人口老龄化的加深，我国的人口红利逐步消失，"一句话，未来中国经济增长会因人口红利趋于消失而减速。"世界银行和国际货币基金组织（Wold Bank&IMF，2016）按照人口转变阶段把国家或地区分为"后人口红利经济体"（post-dividend）、"晚期人口红利经济体"（early-dividend）、"早期人口红利经济体"（late-dividend）和"前人口红利经济体"（pre-dividend）等。其中，包括中国在内的54个经济体被划分在晚期人口红利阶段，即1985年时生育率高于更替水平，预计2015—2030年间劳动年龄人口比重或下降或保持不变。显然，我国曾经具有的劳动力优势不仅不可持续，甚至目前有研究认为我国生育率低于发达国家，人口优势可能因"未富先老"而转为劣势。韩国和日本在经济高速增长时期，也遇到过相同的情形，韩国通过发展重工业走出来困境，日本通过将劳动密集型产业、高投入高污染的产业向发展中国家转移，发展高科技产业完成了经济转型。

因此，作为一个人口大国和发展中大国，我国未来的发展在资源禀赋上已经没有绝对的优势，只有通过加快经济发展方式转变，通过制度改革减少交易成本，释放制度红利，一方面促进技术进步，向技术密集型和知识密集型产业发展，另一方面，加快对人力资本的培育，提升人力资本素质和劳动生产率，以适应资源禀赋变化和比较优势的变化。

总之，当前和未来的经济发展中，不同要素密集型技术的并存和结合既是趋势，也是明智的选择。

（三）可持续发展的必然要求

最早对快速经济增长方式提出质疑的是1968年4月由意大利著名实业家A.佩切伊与英国科学家A.亚历山大发起，他们在罗马成立了学术机构，被称为"罗马俱乐部"。这家民间机构专门研究关系全人类发展前途的人口、资源、粮食和生态环境等一系列问题。当时工业化国家处于战后经济快速增长的"黄金时代"，国民的"高消费"和"超前消费"对社会资源造成极大浪费，为此,"罗马俱乐部"对当时的经济发展模式提出了质疑;在其1972年发表的《增长的极限》,提出了"使人口、经济和社会发展维持在70年代初的水平并使之均衡运动,以保证人类的生存环境——地球生态不再恶化",即被称作"零增长"的对策。虽然"零增长"的观点遭到科学家和经济学家的反对,但其对环境污染和资源枯竭的关注和预测引起了人们对环境保护的重视。

1972年6月联合国召开了《人类环境会议》并第一次提出了"人类环境"的概念,且通过了人类环境宣言,成立了环境规划署。1987年以挪威首相及世界卫生组织总干事格罗·哈莱妙·布伦特兰夫人为首的世界环境与发展委员会(WCED)发表了报告《我们共同的未来》,报告中正式使用了"永续发展",即可持续发展概念,成为世界有关可持续发展的最高指导原则。目前,各国从不同角度界定的可持续发展的定义有几百种之多,但被广泛接受且影响最大的仍是世界环境与发展委员会在报告中的定义:"能满足当代人的需要,又不对后代人满足其需要的能力构成危害的发展。它包括两个重要概念:需要的概念,这里强调的是世界各国人们的基本需要,应将此放在特别优先的地位来考虑;限制的概念,技术状况和社会组织对环境满足眼前和将来需要的能力施加的限制。"由此可见,可持续发展已经蕴含了经济效益、社会效益和生态效益共同协调发展的内容。

无论在生产领域还是消费领域,发展中国家和发达国家都有义务节约生产、减少浪费、保护环境。过去100多年里,发达国家先后完成了工业化,消耗了地球上大量的自然资源,特别是能源资源,也曾造成了严重的环境污染,但由于大部分资源的不可再生性,人类以往所依靠的高消耗、高污染的传统发展道路,已经走不通了。当前,一些发展中国家正在步入工业化阶段,能源消费增加是经济社会发展的客观必然,虽然中国人均碳排放量只有美国人均的1/4,但排放量却已经是全球第一[①]。而发达国家人口占全球总人口比例远低

---

① 林重庚(Edwin Lim)、迈克尔·斯宾塞(Michael Spence)编著:《中国经济中长期发展和转型——国际视角的思考与建议》,余江译,中信出版社2011年版,第8页。

于其消耗资源的比例,这给其他国家的发展留下极为有限的空间。本着大国担当以及为人类共同命运负责任的态度,从20世纪80年代末开始,我国提出经济增长方式转变,开始重视绿色发展,降低能源消耗和环境保护;1995年9月,《中共中央关于制定国民经济和社会发展"九五"计划和2010年远景目标的建议》明确提出:"经济增长方式从粗放型向集约型转变",正式确立了可持续发展是我国重大发展战略;进一步地,2007年党的十七大提出了加快经济增长方式向经济发展方式转变。

2020年9月,我国明确提出2030年"碳达峰"与2060年"碳中和"目标,即"双碳"目标,旨在应对气候变化,推动全球绿色低碳转型。这也意味着我国经济发展方式要向低能耗、低排放和低污染转型,涉及能源结构、产业结构、生产方式、生活方式等全方位、深层次的系统性变革,是推进我国实现可持续发展的必然要求,也是我国作为负责任的大国履行国际责任、推动构建人类命运共同体的责任担当。

四、经济发展方式转变的内在动因

经济发展本质上是一个技术、产业不断创新,结构不断优化的过程,同时也是制度不断建立和完善的过程。经济发展方式转变的内在动因主要基于以下历史规律、内在要求和动力。

(一)经济发展阶段和经济发展方式转变的历史规律

经济增长(发展)方式由粗放型向集约型转变,由劳动密集型向资本密集型和技术(知识)密集型转变、向可持续发展方式转变,这是世界各国经济发展的普遍规律。

前文根据钱德勒、库兹涅兹和钱纳里等人对英美等发达国家经济发展和产业发展规律的研究,经济发展方式与工业化阶段的划分密切相关,体现在与人均GDP、各产业的产值比例、就业人口的比例和城镇化率等密切相关。

从世界各国的发展历程来看,这一普遍规律是:在经济发展的早期阶段,各国都主要依靠各生产要素的投入实现经济增长,具体而言,主要发达国家工业化初期主要依靠储蓄即资本积累以及劳动要素投入实现经济规模扩大和经济增长,我国在发展初期,主要依靠劳动力这一要素,同时,我国居民的高储蓄率也提供了资本这一要素;当经济发展到一定阶段,在足够的资本积累和技术积累实现之后,技术进步才会产生,技术才能发生显著的作用。这一发展规律的内在逻辑是:在经济发展早期阶段,由于作为生产手段的技术落后,只能通过增加投入才能提高产量,也只能生产和提供物质密集型和技术含量较低的产品,其增长方式必然是外延型的;随着资本的积累和资本有机构成的提高,生产的机械化水平提高,生产所需的能源和机器设备增加,诸如冶金工业、石油工业以及生产机器设备的机械制造业等重工业的发展成为必然,经济发展必然要经历劳动密集型向资本密集型的转变;而且,只有在资本积累到一定程度后,技术进步才会发生,进而产生显著的作用,此时的经济发展动力来自技术进步带来的效率提高,即资本密集型向技术(知识)密集型产业转变。

世界各国经济发展的规律概莫如此,差别在于经历的时间长短、叠加的方式不同以及各产业占比略有不同。

(二)适应生产力发展的内在需求和技术进步的推动

根据马克思主义基本原理,生产力是人类改造物质世界的能力,是人们生产物质产品的能力,它反映了人与自然的关系;而生产方式是物质资料的获得方式,在生产过程中形成的人与自然界之间和人与人之间的相互关系的体系。生产力是生产方式中最活跃、最革命的因素,经常处于变化和发展之中。从古代至近代,人类社会代表生产力发展水平的重要标志是使用什么性质的工具,如石器时期、铜器时期、铁器时期均以生产工具来命名;近代以来,随着机器的出现,则是以使用的动力为生产力发展水平的重要标志,如蒸汽时代、电气时代和电子时代(信息时代)等。经济发展方式是对随着生产力提升而相应改变的生产方式的总称。

西方经济发展史上三次工业革命,带来了生产力的巨大进步。这三次工业革命都以新动力的出现、新能源的使用为标志,推动了生产力质的飞跃和生产方式革命性变革。第一次工业革命离不开能源煤炭的发现,离不开新的动力蒸汽机的发明以及新的生产工具纺纱机的发明,它让人类的生产方式和生活方式都发生了重大转变,被视为一次技术革命,更被视为一场深刻的社会变革,推动了经济领域、政治领域、思想领域、世界市场等诸多方面的变革。人类的生产方式出现了机器取代人力、畜力、水力和风力的趋势,极大地解放了生产力。由于机器逐渐广泛使用,历史上这个时期被称为"蒸汽时代"(机器时代)。第一次工业革命的意义还在于它改变了世界面貌,密切了全球联系,初步形成了世界市场;这些改变又同时引起了社会结构的重大变化,形成了工业资产阶级和无产阶级;工业化还带来了生活方式的变化,大批农民进城成为产业工人,开始了城市化的进程。第二次工业革命是以煤气和汽油为燃料的内燃机相继发明为标志,以电器的广泛应用最为显著,电器成为补充和取代以蒸汽机为动力的新能源,被称作"电气时代";第二次工业革命促成的大工业,形成了电力、电讯、石油、交通运输和化学等工业,由于规模大,所用资金多,这些行业具有天然垄断的性质,股份公司迅速发展起来且出现并购重组等形式,成立了很多新的经济联合体。而第三次工业革命以其高科技的特点被称为科技革命,是以原子能、电子计算机、空间技术和生物工程的发明和应用为主要标志,产生了核电能源产业、原子能产业、信息产业、新能源、新材料产业以及生物技术和海洋技术运用等诸多产业,也被称为信息技术革命或信息时代。第三次科技革命是伴随着第二次世界大战结束后,美国很多用于军事的技术转为民用而得到强化;技术上的不平衡,导致第三次科技革命加剧了各国发展的不平衡,一方面使资本主义各国的国际地位发生了新变化,另一方面对于新生的社会主义国家和广大的发展中国家,在与西方资本主义国家抗衡的斗争中,贫富差距逐渐拉大,导致了世界范围内社会生产关系的变化。

以上三次工业革命,蒸汽时代、电气时代和信息时代也分别被称为工业1.0、工业2.0和工业3.0。2013年,在汉诺威工业博览会上,德国政府正式推出工业4.0,指利用信息化技术促进产业变革的时代,即智能化时代。工业

4.0的技术基础是网络实体系统和物联网信息系统(Cyber-Physical System, CPS),其核心目的是为了提高德国工业的竞争力,在新一轮科技革命中占领先机,意在利用这些技术将生产中的供应、制造和销售信息数据化、智慧化,提升制造业的智能化水平,建立具有适应性、资源效率及基因工程学的智慧工厂,在商业流程及价值流程中整合客户及商业伙伴。工业4.0的设想是将生产、流通和消费高效整合,最终达到快速、有效和个人化的产品供应。

新技术解放了生产力,带来了生产方式的变革,推动经济增长方式和经济发展方式也发生革命性变革,并引起了企业组织、社会生活乃至生活方式的极大变化甚至巨大变化。解放和发展生产力,是社会主义本质的内在要求。改革开放40多来年,我国一直致力于解放和发展生产力,解决社会主义初级阶段的主要矛盾,让人民富裕起来,并全面实现小康社会。显然,在当前我国经历人类历史上第三和第四次工业革命和经济转型期,促进经济发展方式转变,是适应和解放生产力发展的必然要求。

(三)制度变迁的内在要求和推动

转变经济发展方式不仅涉及技术进步,还会涉及生产组织方式和激励机制等的变革。如诺思所言,要素变化刺激经济制度变革。当资源短缺、环境恶化以及收入分配差距导致社会不公等新的矛盾不断产生;当人类经济规模越来越大,生产技术越来越先进和复杂,社会组织越来越复杂,相同生产规模和生产技术的企业,会产生不同的生产效率和效益时,为解决矛盾和探索既定条件下不同的产出结果,引发了诺思对制度的作用、制度的变迁的思考和研究,诞生了制度变迁理论。为促进要素收益最大化,需要依靠管理和制度创新整合资源分配,提高组织效率。由法律和规章制度组成的正式制度与由文化、习俗等形成的非正式制度,对于资源配置及其效率起着决定性作用,由于这些制度能使经济系统具有约束和激励机制,因而在现代经济发展中扮演着越来越重要的角色。

西方国家三次工业(技术)革命,时间间隔均在100年左右,每一次划时代的技术变革,既推动了人类社会在经济、生活和政治以及文化领域的巨大飞跃,又是这些巨大飞跃和持续发展带来的结果。表面来看,西方资本主义制度的建立和发展某种程度上归因为技术变革,但在这长达300多年的发展过程中,每一次转型和革命也是制度的"破旧立新",微观诸如工厂制度、有限责任公司制度和股份制等,宏观如土地制度、法律制度、财产权制度等制度创新和变迁。特别是自由经营、自由竞争和自由贸易的自由市场经济制度的确立,极大地促进了生产要素的流动和分工,以及市场规模的扩大,减少了交易费用。制度变迁既是这些经济增长和经济发展推动完成的,也是经济增长和经济发展后出现的新变化引发的。制度变迁既有收益,也有成本,但人类社会制度变迁的总体趋势是推进经济发展。如果非要论出谁因谁果,无异于"先有鸡还是先有蛋"这样的问题,不仅没有结果也毫无意义。事实上,两者无法分清孰先孰后,而是相互促进;既有自然演化形成,也有人为设计,最终是人类行为的结果,是经济、社会和政治文化等必然的发展阶段。

新制度经济学家诺思在《经济史中的结构与变迁》(1981)一书中,以西方产权理论、制度变迁理论对欧洲、美国等西方国家的经济史进行了解释,提出了对经济增长起决定作用的是制度因素,而非技术因素,产权制度的变迁才是历史演进的源泉的核心观点。技术的革新固然为经济增长注入了活力,但人们如果没有制度创新和制度变迁的冲动,并通过一系列制度(包括产权制度、法律制度等)构建把技术创新的成果巩固下来,那么人类社会长期经济增长和社会发展是不可设想的。诺思认为,在决定一个国家经济增长和社会发展方面,制度具有决定性的作用。诺思的这些结论是在研究了西方国家大量的史实后得出的结论,包括研究了从公元900年以来的封建庄园制度、研究了美国建国以来200年经济制度变迁的历史,并具体研究了其土地政策和农业、金融市场、交通业、制造业、服务业以及劳动力市场等行业和市场,将真实案例与宏大叙事相结合,研究了全新的市场国家的法治建设与经济增长的相互关系,美国世界第一大经济体地位的维持很大程度上取决于其不断完善的社会制度。当经济发展受到现有体制结构的制约时,制度创新成为有效途径,对国家的发展产生深远影响。

我国在改革发展过程中特别注重通过制度变革形成激励机制,调动地方、企业和劳动者的积极性,这是我国经济快速发展的基本原因之一。在改革开放过程中,先后通过实行家庭联产承包经营责任制,扩大企业自主经营权、利润留成、奖金制度、企业承包制、股份制,发展多种所有制经济,按资本、技术、经营管理才能等多种生产要素分配,地方分权,财政包干,分税制等改革措施,极大地调动了人们的生产积极性,解放了生产力,推动了我国经济的快速发展。当前经济转型期,人口资源禀赋的优势逐渐消失,更应通过进一步的制度完善推动经济发展方式的转变,最终实现经济可持续发展。

第四节 制度因素影响经济发展方式转变的内在机制

制度对经济发展的促进作用曾经长期被忽略,古典主义和新古典主义都忽略了制度的作用。直到20世纪五六十年代之后,经济学界才逐渐认识到制度是经济增长的核心动力之一。制度,意味着对自由市场有所限制,制度对经济发展的作用,有两种不同的观点,一种认为制度是外生变量,制度经济学出现以前,经济学界基本上将制度作为外生变量;制度经济学则将制度作为内生变量。本书研究在既定的根本经济制度下,具体的制度因素对经济发展方式转变的影响。

一、制度与制度变迁

(一)马克思主义经济学有关制度的观点

马克思主义经济学把资本主义制度作为研究对象,得出了资本主义制度必然灭亡的结论,并在分工制度和货币信用制度等制度演进问题上有系统的阐述。从这个意义上讲,马克思主义经济学是把制度作为内生变量进行研究。

马克思最早研究国家、意识形态和制度等方面的问题。在科斯之前,马克思就清楚地认识到流通费用(新制度经济学所谓的交易成本)的存在并将其运用于经济分析之中,对企业的经济性质进行了研究,提出了产权理论,并对法律进行了经济分析。不少西方经济学者认为,虽然科斯的经济思想并没有直接受到马克思的影响,但马克思先于科斯提出了流通费用(交易成本)思想、企业理论、产权理论和法经济学思想,这些思想体现在他对资本主义生产关系的分析之中。马克思的研究对西方主流经济学中的制度经济学产生了启示意义,诺思的主要贡献即在于创立了包括产权理论、国家理论和意识形态理论在内的"制度变迁理论"。诺思指出:"理解制度结构的两个主要基石是国家理论和产权理论。"新制度经济学成为西方主流经济学,是对马克思相关先驱性工作的肯定。

马克思主义经济学和新制度经济学在制度研究的层面上有所区别,马克思主义经济学研究的是人类社会的根本经济制度及其变迁,是具有普遍意义的一般规律,而西方制度经济学研究的是西方资本主义这一具体的经济制度及其演变。马克思认为,导致社会制度变迁的力量是生产力与生产关系、经济基础与上层建筑的矛盾运动;西方经济学针对具体的经济制度变迁,强调的是竞争、认知和选择,是制度的效率。

(二)新制度经济学制度与制度变迁理论

西方经济学关于制度的研究有旧制度经济学和新制度经济学之分,早期的旧制度经济学代表人物约翰·康芒斯(John R.Commons,下文简称康芒斯)认为,制度是限制、解放和扩展个人行动的集体行动,在集体行动中,最重要的是法律制度。他认为,法律制度不仅先于经济制度而存在,并且对经济制度的演变起着决定性的作用;新制度经济学家诺思在《制度、制度变迁与经济绩效》(1990)里认为:制度是为决定人们的相互关系而人为设定的一些制约。制度构造了人们在政治、社会或经济方面发生交换的激励结构;制度的作用在于"通过向人们提供一个日常生活的结构来减少不确定性"。或者说,"制度

第一章 经济发展方式转变与制度变迁相关理论

确定和限制了人们的选择集合。"①

简言之,制度是一组规则,是调节社会经济生活中人与人之间、人与组织间以及组织与组织之间的规则,包括正式制度、非正式制度及制度的实施机制。

从康芒斯和诺思的定义来看,制度注重的是约束和限制作用,强调对行为进行规范,也包括了对人们社会和经济行为的激励作用。一般而言,正式制度主要指成文的法律和规章制度,包括政治(及司法)规则、经济规则和合约。按照诺思的研究,这些规则可以作如下排序:从宪法到成文法与普通法,再到明确的细则,最终到确定制约的单个合约;而非正式制度包括习俗、文化、惯例以及人们普遍遵守的行为规范等,这些规范同样制约和影响人与人的关系。而制度的实施机制通常指制度内部各要素之间彼此依存,有机结合和自动调节所形成的内在关联和运行方式。

正式制度的制定是一种集体行为,需要通过设计来完成,其实施也必须通过集体行为来完成。而一般认为非正式制度是一种自我实施的自发秩序,如果破坏了非正式制度,即,不进行自我实施,则会受到集体的惩罚(习俗社会中大多数人的自发行为如不再来往或者其他道义上的惩罚,不一定是形式上的集体惩罚)。正式制度和非正式在长期演化中通过集体确认的方式转化成正式制度,也包括集体设计而创新的制度。关于制度的绩效的研究,早期新制度经济学家单纯从竞争导致优胜劣汰的观点认为,留下来的都是有益的制度,比如:"阿尔钦于1950年提出的演进性假说认为,普遍存在的竞争将会扬弃那些不好的制度,而那些有益的制度则会幸存下来,它们将被用于更好地解决人类面临的问题。"①但是,由于制度的制定需要成本,同时依赖各方的讨价还价的能力,此外,制定制度的组织也因为是一个利益集团或者由于其能力问题,制度不一定都是有效的。阿曼·阿尔钦(Armen Albert Lachlan,下文简称阿尔

---

① [美]道格拉斯·C.诺思:《制度、制度变迁与经济绩效》,刘守英译,生活·读书·新知三联书店1994年版。

钦)的假说只是一种理想的状态,但不啻是一种研究的切入点。诺思对于制度是否有效的观点也由早期认为制度是普遍有效的到承认不都是有效的观点:"在1981年出版的《经济史的结构与变迁》一书中,我放弃了制度是有效的观点。我认为,统治者为了他们自己的利益会修正产权,交易费用会导致很普遍的无效产权。这样,我们就可以解释历史进程中和现在广泛存在的不导致经济增长的产权。"

就制度变迁的原因而言,诺思从演化经济学角度看,正式制度和非正式制度都是演化生成的结果,是在长期演化过程中逐渐被固定下来形成的共识。制度的演化是一个复杂的过程,一般是渐进和连续的,大部分需要长期的过程。相对价格的变化是影响制度变迁的关键因素,因为相对价格的变化改变了人们的预期和激励,从而改变了人们的选择集和行为,不同利益团体讨价还价能力的变化导致了重新缔约的努力和可能性。"制度变迁决定了社会演进的方式,因此,它是理解历史变迁的关键。"(诺思,1990)

制度变迁是个复杂的过程,取决于很多因素。根据制度变迁的演化方向,有诱致性制度变迁和强制性制度变迁。前者是由下而上推动的制度变迁,林毅夫对诱致性制度变迁作出过明晰定义:"诱致性制度变迁指的是现行制度安排的变更或替代,或者是新制度安排的创造,它由个人或一群(个)人,在响应获利机会时自发倡导、组织和实行的",可以理解为由利益主体(下)向政府或管理层(上)推动的。弗农·拉坦(Vernon Latan)则从需求与供给的影响入手进行了解释,他认为影响制度供求的因素包括稀缺要素资源相对价格变化、技术进步和知识增进等。制度变迁的需求动力主要在于追求潜在收益,制度变迁的供给动力主要在于降低现行成本;从而出现了制度变迁需求和供给共同作用下的诱致性制度变迁,不管是追求潜在收益,还是降低现行成本,最终目的都在于"潜在的外部利润"。强制性变迁是自上而下的制度变迁,政府是制度变迁的主体,可以渐进式也可能是激进的方式,相对于诱致性变迁,其变迁时间较短,可以在较短的时间实现制度结构的大变革,通常在经济转型期运用较多。

制度变迁会受到路径依赖的影响,路径依赖是制度变迁理论的重要概念之一,诺思认为"沿着既定的路径,经济和政治制度的变迁可能进入良性循环的轨道迅速优化,也可能顺着原来的错误路径往下滑",这能解释为什么各国没有走相同的发展路线,为什么有些国家走不出落后、制度效率低下等问题,原因在于"路径依赖":不同国家初始的政治、经济和社会条件不同,制度变迁过程中的博弈力量不同,由此导致的路径依赖的大小和方向也不同,从而导致不同国家的发展道路不同。这种路径依赖会产生正效应和负效应。正效应指最初的制度选择通过不断的学习、协调和适应向更加完善的方向变迁;负效应则在初始选择了相对较优而实际上无效的制度,制度在这种路径下不断地变迁下去,甚至由无效变成了负效应的制度。其中,负效应的路径依赖也会产生与现存制度共生的组织和利益集团,这些组织和利益团体为了自身的利益而维护和加强现有制度,在经济发展中不断推出一些加强现有激励与组织的制度,从而使这种无效甚至负效应的制度变迁轨迹持续下去。

(三)比较制度分析理论

由于东西方的历史、文化和制度等方面的不同,且在经济发展过程中走出了不尽相同的发展路径,20世纪50年代以来,经济学界出现了比较经济体制(Comparative Economic Systems)研究,该研究根据经济体制(宏观视角)划分成不同类型的经济制度(微观视角),然后对不同类型体制之间的差异性及其效率后果进行比较和分析;20世纪90年代以后,以青木昌彦、保罗·米尔格罗姆(Paul Milgrom)、阿文纳格雷夫(Avner Greif)、钱颖一和约翰·利特瓦克(John Litwack)为代表的一批经济学家对经济体制进行"比较制度分析"(Comparative Institutional Analysis,CIA)的研究。

其中,来自日本在美国任教的经济学家青木昌彦是比较制度分析理论的开拓者,他早期分析比较日本与英美模式的企业制度及其他政治经济体制;后来比较中国、日本和韩国各自经济发展阶段与制度演进之间的相互影响,这些研究形成了他的比较制度理论的逻辑起点。比较制度理论分析的问题,既存在于有关解决原社会主义经济向市场经济转轨问题的"转轨经济学"(transition economics),也存在于有关分析东亚国家和地区经济发展背景的"经济发展理论"(theory of economics development)。

比较制度分析理论将整个制度现象作为整体,试图在博弈论的统一框架下分析制度多样性的源泉和影响。虽然都是以制度和体制为研究对象,但其不同于传统制度经济学体现在两点:一是比较制度理论在研究工具和方法上大量运用博弈论、不完全信息经济学和代理理论;二是认为制度是以一种自我实施(self-enforcing)的方式制约着参与人的策略互动,制度是多重博弈的结果,是"博弈参与者的均衡策略"。由此延伸出"共同信念"概念,即制度是参与人"共同信念"的自我维持系统;制度变迁是均衡策略的变化,因而是一个共有信念缓慢调整的过程。由于各国的政治、经济和文化不同,博弈的均衡策略会呈现不同的结果,因而会出现多样化的制度模式,这种多样化的制度模式会长期存在。

就制度变迁而言,青木昌彦认为,制度变迁要建立在认知危机的基础之上。当存在新技术创新、国家的对外开放、战争等外部冲击时,即外部环境发生变化时,博弈均衡会受到影响,当积累到一定程度破坏了均衡,制度变迁就存在发生的可能。与新制度经济学的观点相同,比较制度分析理论认为制度变迁过程非常复杂,可能是突变的也可能是渐进的,但制度的变迁真正发生,需要参与人选择并使用新的实验性策略选择(试点),当该策略变成共有信念时,新的均衡策略即新制度形成,从而完成制度变迁。由于均衡策略的变化存在路径依赖和参与人的不一致行动,因而缺乏效率的帕累托低劣的整体制度是可能存在并得到延续。

二、制度及制度变迁影响经济发展方式转变的内在机制

经济发展方式转变涉及到经济发展动力的转换和经济发展内容的丰富。就经济发展方式动力而言,其目标是转变到主要依靠技术(知识)进步上来,转变的内容则涉及经济增长、人们生活水平提高和环境的可持续发展,因而,

经济发展方式转变的实质是将资本、人力、技术等资源要素进行更有效率的配置,以更健康的经济增长带动经济发展。根据新制度经济学的理论,制度的供给通过相关规则的约束改变激励结构,即产生不同的动力机制,从而影响经济主体的经济行为,以达到经济发展方式转变的目的。

(一)改变激励和约束条件,减少交易费用

根据马克思主义经济学基本原理,生产力是人们与一定的生产资料相结合(生产方式),生产出物质资料的能力。现代经济中,生产方式在很大程度上取决于技术,某种意义上来说,生产方式对生产力水平的决定意义也意味着技术进步决定了生产力水平,而生产关系的变化(制度变迁)是为了适应生产力的变化,因此,生产力(技术和知识)与社会制度变迁互为动力且是动态和长期的互动关系。

此外,新制度经济学是在新古典经济学框架内引入制度因素,将制度因素作为影响经济增长的内在因素,围绕着交易费用展开研究。因而,制度作为一种要素,也存在稀缺性以及供给和需求的问题。根据古典经济学成本—收益分析,只有当收益大于成本时,经济增长才能产生,经济活动才是有效率的。现代经济活动中,产品成本中,除了生产成本,还包括交易费用。其中,生产成本是构成了产品实体的成本,主要指在生产中所有要素的投入形成的费用,包括土地、原材料、资本、人力资本等投入,而交易费用泛指为促成交易而发生的所有成本,包括寻找交易对象(信息搜寻成本、广告成本等)、促成交易的发生(如签订合同)、维护交易的发生(合约履行)等一切费用。根据交易费用的含义,交易成本可以分为两个部分,显性部分和隐性部分,显性的是可以度量的,比如寻找交易对象的广告费用、搜寻交易伙伴发生的差旅费用、人员工资报酬等,制定合同的费用等,还有配套的管理费用等;隐性交易成本度量起来比较困难,比如开办企业或者一项业务活动需要政府部门的审批,所花费的等待时间等,它更多地体现的是一种机会成本,指的是相对帕累托最优,是采取现有治理方式未能够实现的交易剩余,这样损失掉的成本就是隐性的成本。二者之和就是交易费用。由于现实交易活动的复杂性,在现代经济中,交易费用极难衡量,新制度经济学家在衡量交易费用上的观点也莫衷一是。如新制度经济学家科斯、威廉姆森也没有准确地设计如何计算交易费用,国内学者如张五常认为可以借用基数效用论和序数效用论的方法,无需具体计算交易费用的数量,通过比较两个社会的效率,基本就可以度量和比较交易费用的大小。虽然交易费用难以精确地衡量,但交易费用占整个产品成本的比例不断上升。沃利斯和诺思(1986年)衡量了市场交易费用量的大小,他们发现,美国国民收入的45%以上被用于交易,而且这一比例比上个世纪以前增加了近25%。因此,经济中用于交易的资源不仅在量上十分可观,而且还在增加。另一篇文章中,诺思也曾估计到,在今天的西方发达国家中,交易费用大致占国内生产总值的50%。张五常先生也讲到,在香港这样的现代市场经济大都市中,交易费用可能要占其GDP的80%以上。[1]

尽管随着现代社会经济的发展,交易费用在经济成本中占比越来越高,但作为经济活动发生的润滑剂,其存在不仅是必然,而且是有益的:"交易费用本身,并不是阻抑社会的交易和市场交换而产生,而是交易和市场交换的促进力量,一种保障机制"[2]。正如任何成本的存在都是为取得经济绩效而付出的代价,但必须加以控制,以符合成本—收益的总体原则。制度及制度变迁的根本目的是为了减少交易费用,促进资源有效配置,提高经济运行的效率。由于新古典经济学对于交易费用为零的假设完全脱离现实,其不考虑制度因素的资源配置是抽象而无法实现的,因此存在交易费用时,资源配置将随制度及其结构的改变而改变。

制度及制度变迁与经济发展之间,存在着相互影响、相互作用的关系,它们之间作用的内在机制见图1-4。制度及制度变迁(制度供给)影响经济发展的内在机制,在于改变经济发展的动力机制,即通过约束或激励政策制度,

---

[1] 引自李建标、曹利群:《"诺思第二悖论"及其破解——制度变迁中交易费用范式的反思》,《财经研究》2003年第10期,第31页。

[2] 韦森:《难得糊涂的经济学家》,天津人民出版社2002年版。

改变经济主体的预期和行为选择集,从而改变经济发展方式,达到降低生产和交易成本以及追求潜在收益的方式来实现。另一方面,经济发展也会引起新的变化,新材料、新能源的发明和发现、技术进步、新的生产工艺、盈利模式、新的贸易环境,消费方式的改变甚至分配制度的改变,甚至文化的影响,可能产生不同的资源稀缺,从而引起对制度变迁的需求(制度需求)。

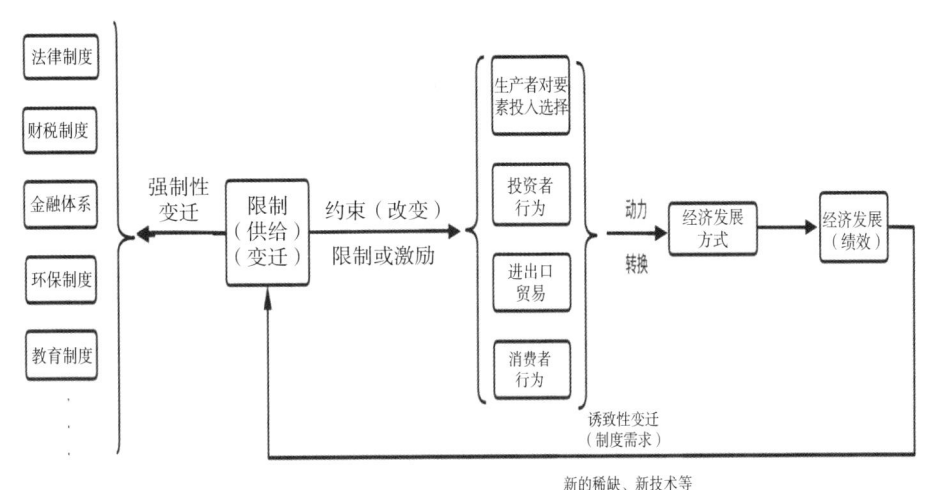

图1-4 制度及制度变迁与经济发展相互作用的内在机制

(二)政府是经济制度变迁的主体

诺思通过研究历史上经济增长的案例认为,政府在制度变迁中的作用不可或缺,经济增长一般都发生在强有力的强制的政治制度框架下,而无政府状态或者无序的社会从来无法发展出增长的社会,"在没有第三方时,要维持复杂的交换却是很困难的。"(诺思,1981)然而,强有力的政治制度框架也可能对经济增长造成有害的影响,但如果总的收益高于成本并能实现长期经济增长,则制度是适宜的,但这也并不意味着没有变迁的动力。所以,无论是哪一类型的国家,都一定程度上存在有国家和国家干预,才能维持一定的秩序和规则。

从制度变迁的发展趋势来看,政府扮演着越来越重要的角色。现代市场经济制度的逐步确立和成熟,推动了大量制度的构建和完善,其基本目的有维护人人平等的一般性法律制度,维护市场自由竞争的法律制度,维护市场主体合法权益的法律制度以及国家宏观调控的制度,具体表现有产权制度、现代企业制度、财政税收制度、金融制度和社会保障制度等。这些制度的构建和变迁的规律是,初期居于权力中心的阶级往往需要借助国家的干预甚至权威构建自上而下的制度,包括激烈的和渐进的制度变迁方式;在市场体系培育成熟时,制度变迁往往产生于市场主体如企业家追逐利益而产生的自下而上的变迁动力,推动诱致性制度变迁,但实施制度变迁的主体仍然是国家。

历史上许多国家和地区都是通过经济制度和经济发展体制的改革,来改变经济增长动力机制,从而促进经济转型和经济发展。从世界各国制度建构和制度变迁的历史来看,政府担当了主要角色,早期无政府状态到构建市场经济制度时期,统治阶级利用政府的权威构建各类法律制度并自上而下地推行;经济转型期,生产关系为适应生产力的发展变化也要发生相应的变革,即体现在制度变迁上;特别是发生经济危机时,政府的强力干预也会导致强制性制度变迁,可能会形成阶段性制度变迁,也可能带来长期的制度变迁。

世界银行 1993 年出版的《东亚奇迹:经济增长和公共政策》一文认为,"表现不俗的亚洲经济国家(HPAEs)个个都维持了宏观经济的稳定,实现了发展的三项职能:积累、资源有效配置和快速的技术追赶。它们采用了混合的政策。由市场导向型至国家主导型不一而足,因经济状况和所处时期而各不相同。"(《世界银行》1994 年第 10 期)[①]。一改过去人们认为东亚奇迹是政府实施了很少的干预促成的论调。对政府在经济转型期的作用,比较制度分析理论提出了政府的"市场增进"论或"市场补充"论,即政府最积极的作用在于增强和发展每个人的意志行使能力和经济活动能力,并且以一种更具竞争性

[①] 转引自[美]青木昌彦等主编:《政府在东亚经济发展中的作用:比较制度分析》,张春霖等译,中国经济出版社 1998 年版,第 18 页。

第一章　经济发展方式转变与制度变迁相关理论

却有序的方式协调其分散的决策,而不是被动地加以指导或使之无序竞争。总之,政府能够为市场机制的发展提供稳固的制度框架,最充分地利用人们的动力和信息。

比较制度分析认为,面对相同的技术知识并联结于相同的市场,不同国家或地区的制度安排也会因内部结构和配置的不同表现出明显的差异性和复杂的多样性。各国各地区所特有的经济体制、制度及其结构,一方面以历史的路径依赖性为基础,以过去的和现存的制度为依据,另一方面又随着技术的变化、外部环境的改变和外国不同体制的相互影响而发生着适应性进化。同时,该学说肯定了经济体制转轨的渐进式道路。由一整套具有互补性的制度所构成的经济体制在进化时,因为各自的历史初期条件不同而有可能形成不同的平衡状态,这是体制对历史的路径依赖。不存在单一的最优经济体制,也不应要求所有经济都向理想化的完全市场模式靠拢。俄罗斯采取一举建立市场经济的大爆炸式(Big-Bang)转变,而中国的渐进主义(Gradualism)改革更安全,降低了社会成本。

我国社会主义市场经济体制的确立与发展,如果以1992年党的十三大第一次明确提出建立社会主义市场经济体制的目标模式算起,仅仅30多年时间。社会主义市场经济体制的目标是通过把社会主义基本制度和市场经济结合起来,解放和发展生产力,发展经济,不断改善人民的生活质量,这对于世界上最大的发展中大国来说,是一个系统的长期而艰巨的任务。在转型期间,制度的构建和变迁大多数源自为了解决社会、经济等发展中的问题和矛盾,变迁的路径通常是自上而下的强制性变迁,尽管这一变迁可能采取的是渐进的方式,尽管这一制度可能来自对现实市场主体的调查而推动,但形式上仍以强制性变迁为主。

小　结

由于我国经济发展方式转变既是经济增长问题,也是经济增长的质量和结构问题,更是一个发展中国家的经济转型问题;同时,当前我国进行的社会主义市场经济制度建设和国家治理体系现代化建设,是为了保证我国经济长期发展和健康发展的制度建设。本书主旨是从分析我国经济发展方式转变的必要性和可能性出发,从制度优化角度提出促进我国经济发展方式转变的路径。因而,本章梳理了经济增长与经济发展,经济转型与经济发展,经济增长理论以及经济增长方式、经济增长与工业化阶段划分的理论,经济发展阶段理论以及制度和制度变迁等方面的基础理论及国内外相关研究成果。

经济增长理论既是经济增长动力的理论,也是研究经济增长方式的理论。人类历史上经济经济增长的类型,按照代表人物进行简单划分的有斯密增长(分工型)、库兹涅茨增长(效率型)和熊彼特增长(技术型)三种类型。西方主流经济学的经济增长理论演进的大致逻辑顺序是,从关注要素投入包括资本(积累)、劳动力和技术等要素形成了古典经济增长理论、凯恩斯增长理论、"哈罗德—多马"增长理论和索洛新增长理论等,因这些理论将这些因素作为外生变量进行研究而被归属于外生经济增长理论;关注技术进步、知识积累以及研究和开发(R&D)等促进要素投入组合效率的经济增长理论,该理论放松了新古典增长理论的假设条件,因将这些因素内生化分析它们对生产率提高的作用以及对长期经济增长的意义,被称为内生增长理论或新增长理论,其中,将制度,特别是将产权制度、意识形态、国家、伦理道德等正式制度和非正式制度作为经济演进和经济发展的变量进行研究,而形成的新制度经济学,极大地发展了制度变迁理论和经济增长理论。经济增长理论的演进过程体现了经济研究从微观变量到宏观变量以及宏微观相结合的趋势,同时,也反映了将现实生活中诸如社会、文化和组织等因素也作为经济发展影响因素进行考量,使其研究更为接近经济社会现实。

根据西方经济学和发展经济学理论,经济增长源于对发达国家的研究,而经济发展主要是针对相对贫穷和脱胎于殖民地民族国家的经济问题研究。现代经济研究中,经济增长和社会、民生发展以及环境协调同等重要,即"经济发展=经济增长数量+经济增长质量+经济和社会结构优化"成为基本的共识。每一次经济增长方式和经济发展方式的转变都是经济转型,或因资源禀赋变化引起,或因技术推动,或来自于制度的力量,更多来自这些因素的综合影响。

经济增长方式转变,反映了人类发展到一定阶段对自身活动的一种反思,并摒弃了对自然的掠夺式野蛮增长,开始考虑环境问题;而经济发展方式转变的提出,则涵盖了经济增长稳定性、发展动力多样化、环境协调性、产业结构和收入分配结构合理性以及民生福利保障性等五个方面的内容为目标,这是本书对学界就经济发展方式转变研究所作的提炼和概括。就经济发展方式转变的动因而言,笔者认为,全球化发展及提升国际价值链分工、资源禀赋供求发生变化和可持续发展等三个方面的原因,是加快我国经济发展方式转变的外在推动力,也是客观要求;而经济发展阶段和方式的历史规律、生产力发展以及技术进步和制度变迁的内在推动力,是加快我国经济发展方式转变的内在动力。

历史上许多国家和地区都是通过经济制度和经济发展体制的改革(制度变迁),来改变经济增长动力机制,从而促进经济转型和经济发展。制度作为一组规则,是调节社会经济生活中人与人之间、人与组织间以及组织与组织之间的关系和行为方式,包括正式制度和非正式制度。从康芒斯和诺思的定义来看,制度注重的是约束和限制作用,强调对行为进行规范,也包括了对人们社会和经济行为的激励作用。根据新制度经济学的理论,制度的供给通过相关规则的约束改变激励结构,即产生不同的动力机制,从而影响经济主体的经济行为,以达到经济发展方式转变的目的。

制度及制度变迁的根本目的是为了减少交易费用,促进资源有效配置,提高经济运行的效率。制度及制度变迁与经济发展之间,存在着相互影响、相互作用的关系。一方面,制度及制度变迁(制度供给)影响经济发展的内在机制,在于改变经济发展的动力机制,即通过约束或激励政策制度,改变经济主体的预期和行为选择集,从而改变经济发展方式,达到降低生产和交易成本以及追求潜在收益的方式来实现。另一方面,经济发展也会引起新的变化,新材料、新能源的发明和发现,技术进步,新的生产工艺、盈利模式,新的贸易环境,消费方式的改变甚至分配制度的改变,甚至文化的影响,可能产生不同的资源稀缺,从而引起对制度变迁的需求(制度需求)。

制度变迁是个复杂的过程,取决于很多因素,政府通常是制度变迁的主体,经济增长一般都发生在强有力的强制的政治制度框架下,而无政府状态或者无序的社会从来无法发展出增长的社会。从制度变迁的发展趋势来看,政府扮演着越来越重要的角色。根据制度变迁的演化方向,有强制性制度变迁和诱致性制度变迁。强制性变迁是自上而下的制度变迁,可以渐进式也可能是激进的方式,后者是由下而上推动的制度变迁,强制性变迁比诱致性变迁的时间短,可以在比较短的时间实现制度结构的大变革,通常在经济转型期运用较多。

日本经济学家青木昌彦研究中国转型经济,将中国特色社会主义市场经济与传统的市场经济进行对比研究,形成了"比较制度分析"学说,并在新制度经济学领域获得了丰硕的成果,这是青木昌彦的理论研究与中国的智慧实践结合的产物。青木昌彦等人的比较制度理论分析提出了"市场增进论",即不应该把政府和市场理解为相互排斥的替代物,政府应是整个经济体系相互作用的一个内在参与者。政府的职能和作用体现在为市场机制的发展提供稳固的制度框架,最充分地利用人们的动力和信息。因此,转轨过程中要正确地发挥政府的作用。1993年世界银行的研究报告《东亚奇迹:经济增长和公共政策》也肯定了政府在东亚经济转型中的作用,改变了只有自由市场经济才能促进经济增长的单一论调。

第二章 我国经济发展历程与经济发展方式目标的演进

经济制度的建立和变迁是一个长期的演化过程,因此,对经济制度的研究需要结合经济发展史进行分析。本部分内容包括我国经济增长的总量及其比较分析、从供给端和需求端的经济增长情况、绿色发展情况和民生发展及人民生活水平相关情况等分析。所用数据,除标注外,全部来自国家统计局公开数据。

1949年,新中国成立之初,我国在经济上一穷二白,各方面百废待兴,全国人民面临着巨大的建设任务。在没有可供借鉴的社会主义发展道路的情况下,我国基本上照搬了苏联的经济和社会发展模式。1953年开始实行第一个五年计划(1953—1957),并开始进行社会主义三大改造;通过社会主义公有制主体下的高度集中的计划经济,举国之力生产最需要的东西;按照国家经济发展战略,优先发展重工业、高积累,实行的是外延型发展;同时进行农业基本建设,如兴修水利等。然而,由于"大跃进"路线、严重的自然灾害和长达十年的"文化大革命",经济工作机构瘫痪,许多政策、规章被废除。

1978年党的十一届三中全会在北京召开,确定以经济建设为中心、提出改革开放和法制建设方针,努力解放生产力。从此,我国在经济增长和经济发展道路上,一方面开始借鉴成熟的经济理论和实践,另一方面进行中国特色的社会主义探索式改革。改革开放40多年来,我国社会生产力得到了极大的解放和发展,按照可比价格计算,中国GDP年均增长约9.5%;以美元计算,中国对外贸易额年均增长 14.5%①。

第一节　我国经济增长与经济发展的历程

一、我国经济增长的总量及比较分析

纵向考察我国的经济增长历程,特别是改革开放 40 多年来,无疑取得了巨大的成就。

根据世界银行数据,从 1960 年到 2019 年,按照 2010 年不变价美元,我国国民生产总值(GDP)从 1280 亿美元增加到 2023 年的 178900 亿美元,增长了 140 倍;我国人均 GDP 由 191.95 美元增加到 1.27 万美元,增长了 66 倍。图 2-1 可以比较直观地反映了这种爆发式增长。2010 年,我国经济总量超过日本,成为世界第二大经济体并保持至今。根据国家统计局的资料,按照当年人民币价,2018 年我国 GDP 总量突破 90 万亿元,2019 年达到 99.09 万亿元,比上年增长 6.1%,约 13.20 万亿美元(2019 年美元价),同时期美国 GDP 总量 19.36 万亿美元,我国 GDP 总量达到美国的 68.18%;排名第三的日本是 4.88 万亿美元,是我国的 37%。2020 年我国保持了 GDP 总量正增长 2.24% 并突破 100 万亿元人民币,成为当年全球唯一经济正增长国家。

2019 年我国人均 GDP 和人均 GNI 都首次突破 1 万美元(2019 年价),人均 GNI 达到 10410 美元。

改革开放 40 多年来,我国以远超过世界平均水平的经济增长率实现了经济的持续增长,见图 2-2。就经济增长速度而言,我国在 2020 年之前的 41 年间远超世界平均水平,2020 年后,差距有所缩小;但值得注意的是,我国经济增长速度比世界平均增速的波动幅度大,2020 年前,呈现出几个波峰,分别是 1984 年的 15.2%、1992 年的 14.3% 和 2007 年的 14.2%,谷底分别是 1989 年

---

① 40 年来中国国内生产总值年均增长约 9.5%[EB/OL],新华网:http://www.xinhuanet.com/politics/ 2018-04/ 10/c_ 1122658858.htm。

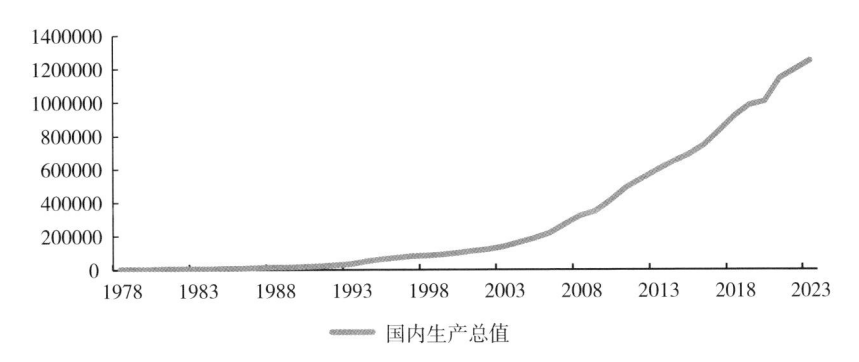

第二章 我国经济发展历程与经济发展方式目标的演进

图 2-1　1978—2023 年中国 GDP 总量（亿元人民币）

数据来源：国家统计局。

和 1990 年的 4.2% 和 3.9%，这也体现了我国经济转型的特点。

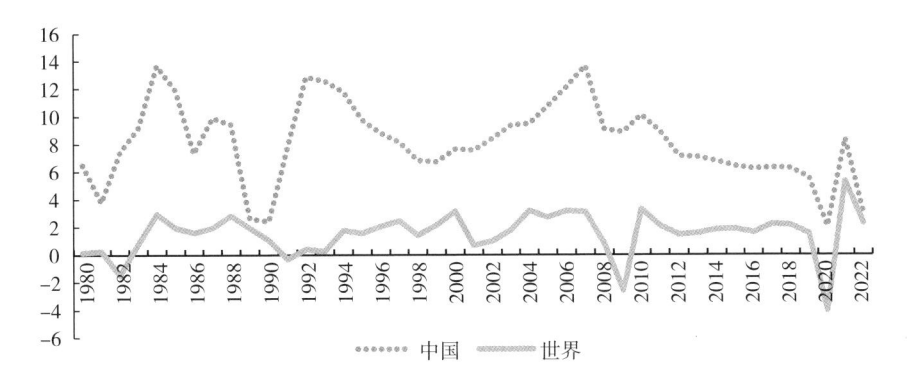

图 2-2　1980—2022 中国 GDP 增长率与世界 GDP 增长率（%）

数据来源：世界银行 WDI 数据库。

此外，在经历了从 1990 年到 2007 年长达 18 年的总体长期增长趋势后，从 2007 年到 2018 年的 10 年间，我国经济增长速度开始呈现整体向下的趋势，其中 2012—2014 年经济增速在 8% 以下运行，处在 7.4%—7.8% 区间左右；2015 年以来，经济增长率在 7% 以下运行，处在 6.1%—6.9% 之间；其间虽然受金融危机的影响，GDP 增速从 2007 年的 14.3% 下降到 2008 年的 9.6% 再至 2009 年的 9.2%，但仍在 9% 以上的区间高速运行，特别是，由于 2008 年政府实施 4 万亿基础设施投资，投资拉动经济增长的成效在 2010 年显现，当

79

年的 GDP 增速达 10.6%,但随后经济增长速度持续下降;从世界平均水平来看,总体呈现向上的缓慢增长趋势,21 世纪以来,谷底出现在 2008 年和 2009 年金融危机爆发后,分别是 1.8% 和 1.7%,随后呈现上升趋势,基本在 2.4%—3.3% 区间运行。

同样,我国人均 GDP 和全国 GDP 增速与上述 GDP 总量增长呈现与自身相同的趋势,见图 2-3。从 1990 年至 2018 年的 19 年间,我国人均国民生产总值平均增速为 13.12%,世界人均国民生产总值平均增速为 2.26%。由于金融危机的影响,世界人均 GDP 增速在 2009 年降为 -2.9%;而我国由于 2008 年实施了 4 万亿元政府基础设施投资,2009 年比 2008 年只下降了 0.4 个百分点,随后在 2010 年又达到 10.1%,其后的运行与 GDP 增速保持一致,呈现缓慢下行的趋势。

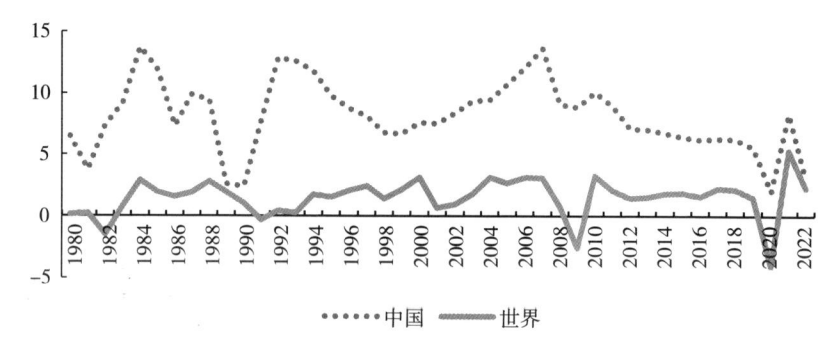

图 2-3 1990—2022 中国与世界人均 GDP 增长率(%)

数据来源:世界银行 WDI 数据库。

由于我国人口基数大,虽然经过 40 多年的快速发展,在经济总量上仅次于美国,但从人均 GDP 的绝对数角度进行横向比较,还是存在较大的差距,到目前为止仍然低于世界平均水平。下图 2-4 比较了我国和世界平均水平、低收入国家、中等收入国家的人均 GDP,可以看到,1990 年,我国人均 GDP 仅为 318 美元,约为世界平均水平(4273 美元)的 7%,属于中低收入国家;2005 年,我国人均 GDP 增长到 1753 美元,约为世界平均水平(7287 美元)的 24%,仍然为中低收入国家;2010 年,我国人均 GDP 增长为 4551 美元,约为世界平均水平(9539 美元)的 48%,步入中高收入国家水平;随着我国人均 GDP 的持续增长,逐渐接近世界平均水平,截至 2018 年中国人均 GDP 为 9771 美元,约为世界平均水平(11297 美元)的 86%,而同期美国是我国的 4.58 倍,即使是作为世界第三大经济体的日本,其 2018 年的人均 GDP 约为 3.91 万美元,约为我国的 4 倍,2022 年,日本人均 GDP 为 3.382 万美元,是我国 1.27 万美元的 2.66 倍。

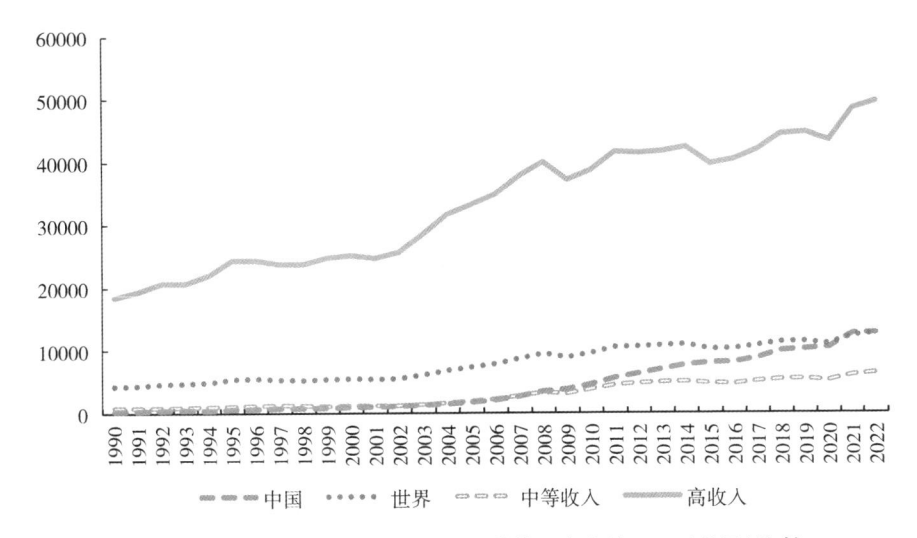

图 2-4　1990—2022 年中国与世界其他国家人均 GDP(美元)比较

数据来源:世界银行 WDI 数据库。

就人均国民收入而言,也呈现了一样的趋势和差距,见图 2-5。1978 年我国的人均 GNI 只有 200 美元,同期世界平均水平为 1929.5,我国仅为其 10.4%;1990 年为 330 美元,为世界平均水平 4208.8 的 7.8%,2000 年的 940 美元是世界平均水平 5491 的 17.12%;其间不断缩小差距,直到 2019 年,我国人均 GNI 突破 10000 美元至 10410 美元,约为世界平均水平(11569 美元)的 89.98%。

二、我国工业化发展阶段分析

各国对国民经济三大产业的划分不尽相同,但基本划为第一、第二和第三产业。本节将从改革开放 40 年多来,我国三大产业结构演变、就业人口分布、人均 GDP 以及城镇化率的变化,根据库兹涅茨和霍利斯·钱纳里(Hollis

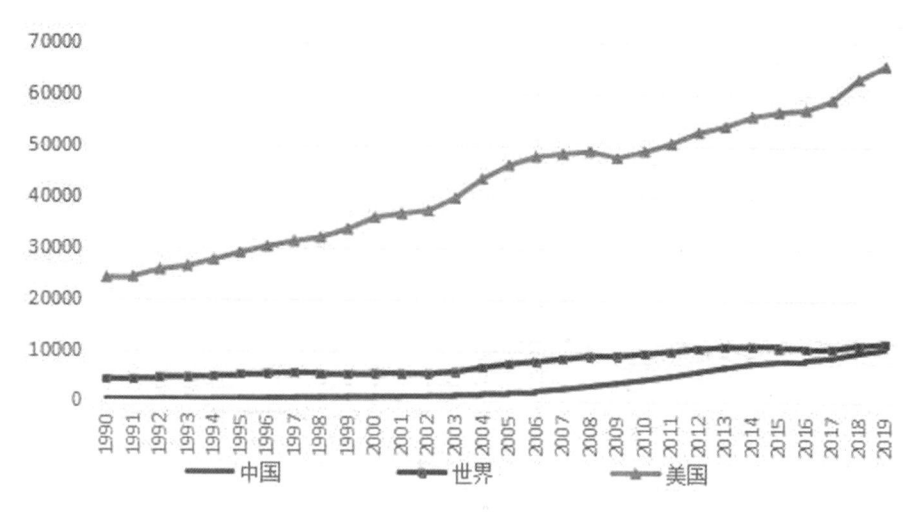

我国经济发展方式转变及其制度优化研究

图 2-5　1990—2019 年中国、美国和世界平均人均国民总收入（GNI，美元）

数据来源：世界银行 WDI 数据库。

B. Chenery，下文简称钱纳里）等的工业化理论，对我国工业化阶段及划分结果进行粗浅的划分，再结合三大产业劳动生产率分析三大产业合理化情况。我国的第一产业主要是指农、林、牧、渔业（不含农、林、牧、渔专业及辅助性活动），因而第一产业可以泛指农业，下文以 A 表示；第二产业包括采矿业（不含开采专业及辅助性活动），制造业（不含金属制品、机械和设备修理业），电力、热力、燃气及水生产和供应业，建筑业，以 I 表示；第三产业是指除第一产业、第二产业以外的其他行业，泛指服务业，以 S 表示。

（一）工业化阶段划分的相关理论

1.产业结构变动及工业化阶段。新中国成立之初，我国是典型的农业国。改革开放以来，我国从优先发展重工业开始，初期通过农业"剪刀差"来补贴发展工业。经过 40 多年的发展，我国形成了门类齐全的产业体系；同时产业结构逐渐趋于合理，并向产业结构合理化、高度化和高效化方向发展（产业结构高度化、合理化和高效化测算将在第四章进行）。图 2-6 是我国 1978—2019 年 42 年间产业结构的变动。纵观这 42 年，总体来看，第二产业始终在第一产业更高的比例上运行,但两者均呈现下降趋势,第一产业的占比下降速率超过第二产业,且两者在比例上的差别不断扩大;第三产业一直呈现最快的上升速率,并于1985年超过第一产业占比,2012年超过第二产业占比。

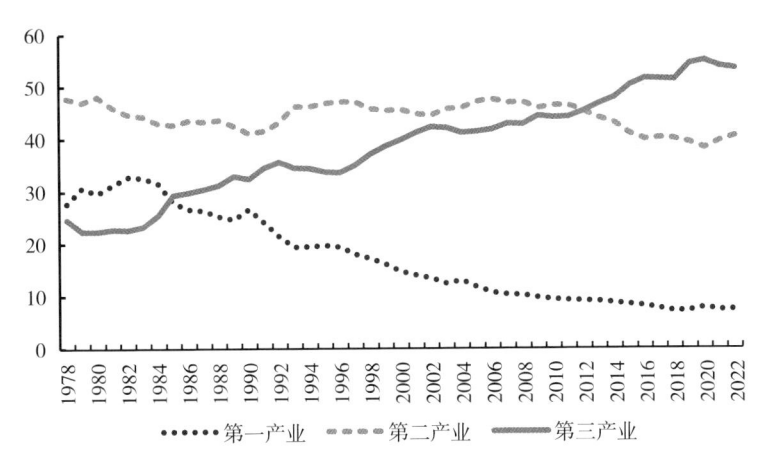

图 2-6 1978—2022 我国三次产业占 GDP 比重(%)

注:三次产业分类依据国家统计局2018年修订的《三次产业划分规定》。第一产业是指农、林、牧、渔业(不含农、林、牧、渔专业及辅助性活动);第二产业是指采矿业(不含开采专业及辅助性活动),制造业(不含金属制品、机械和设备修理业),电力、热力、燃气及水生产和供应业,建筑业;第三产业即服务业,是指除第一产业、第二产业以外的其他行业。下同。

第一产业在1979—1984(31.5%)年五年间占比平均约为31%;1985—1992(平均21.3%)8年间第一产业在30%—20%区间;1993(21.3%)至2008(10.2%)长达16年,第一产业在20%—10%区间;2009年后,第一产业开始降到10%以下;第一产业在1985年开始低于第三产业比重。第二产业自1978—2017年的40年间,比重维持在40%—50%之间;其中于2012年开始低于第三产业至45.4%;2018年第一次降到40%以下为39.7%。第三产业则一直呈上升趋势,于1985年超过第一产业比重,并在1996年后加速上升至2012年超过第二产业比重,并于2015年开始超过50%。

库兹涅茨通过对大量历史经济资料的研究,在其1941年的著作《国民收入及其构成》中,阐述了国民收入与产业结构间的重要联系,并据此对工业化发展阶段进行分类：当 A>20%，即第一产业农业部门的收入在国民收入中占比超过 20%，且 A<I 时，处于工业化初期阶段。如下表 2-1 所示，1978—1992 年，我国产业结构同时符合这两个条件，为工业化初期；1993 年开始，第一产业比例开始小于 20%，1993—2008 年处于工业化中期；2009 年后，满足 A<10%，I>S，2009—2012 年为工业化后期；2012 年后，第三产业才超过第二产业，满足 A<10%，I<S，2012 年以来进入后工业化阶段。

表 2-1 基于产业结构划分的工业化阶段

第一产业 A 比例%	时期	工业化阶段	第二产业 I 比例%	时期	第三产业 S 比例%	时期
>30	1978—1984	工业化初期	40—50	1978—2015	20—30	1978—1986
20—30	1985—1992	工业化初期	39.6—39	2016—2019	30—40	1987—2000
10—20	1993—2008	工业化中期			40—50	2001—2014
10>	2009—2012	工业化后期			>50	2015
10>	2012	后工业化阶段				

2.劳动力就业结构及工业化阶段。威廉·配第（William Petty，1691）与科林·克拉克（Colin G·Clark，1940）两位经济学家先后发现，随着人均国民收入水平的提高，劳动力首先从第一产业向第二产业转移，当人均国民收入水平进一步提高时，劳动力便向第三产业转移，这种劳动力分布结构变化的动因是产业之间相对收入的差异。这一揭示经济发展过程中产业结构变化的演变规律被称为配第—克拉克定理（Petty-Clark Theorem）。劳动力转移的原因之一是需求因素，商品的收入弹性差异导致商品的相对需求发生变化，农产品的相对需求随着人均收入增加而减小，工业品的相对需求先升后降，最后让位于服务业。

根据三大产业就业人口所占比例来分析我国工业化进程，在总体趋势上呈现与配第—克拉克定理一样的趋势，但我国农业从业人口比例上仍偏高。

第二章 我国经济发展历程与经济发展方式目标的演进

改革开放以来,我国第一产业就业人口比例虽然呈现出近似线性下降的趋势,但一直居高不下,见图2-7。1978年高达70.9%,之后长期在50%以上,直到2008年才减少到39.9%,并开始低于第三产业就业人口,2014年降到30%以下至29.9%,但一直在20%以上(2019年最低也达25.1%)。

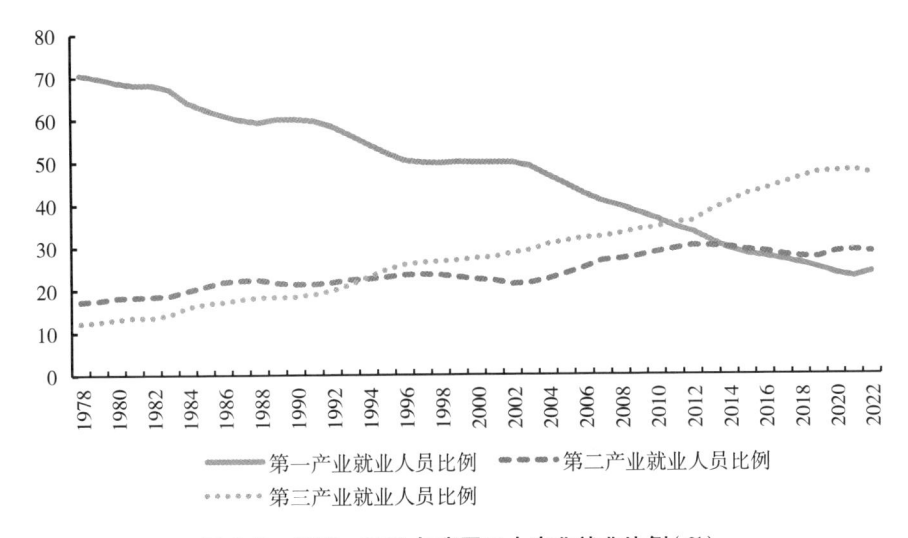

图2-7 1978—2022年我国三大产业就业比例(%)

数据来源:国家统计局。

日本比较制度经济学者青木昌彦认为:"日本和韩国的农业就业人口比率分别在1970年前后和1990年前后下降至20%。比较中日韩三国的库兹涅茨过程,日本和韩国的农业就业人口比率分别在1970年前后和1990年前后下降至20%。同一时期,这两个国家的高度增长期都结束了。因此可以得出一个经验性的规律,今后20%将成为一个重要的阈值。"[①]我国第一产业的就业人口2019年仍高达25.1%,而产值占GDP的比重只有7.1%,如此来看,我国的第一产业劳动生产率不高,仍属于劳动密集型产业。

---

① 青木昌彦:《从比较经济学视角探究中国经济"新常态"》,《21世纪经济报道》,2015年4月15日,http://news.10jqka.com.cn/20150415/c571773254.shtml 青木昌彦所说的库兹涅茨过程指的是就业转移对人均GDP增长的贡献。

85

3.人均GDP与工业化阶段。产业结构演进其中一条主线是人均GDP,相关理论涉及配第—克拉克定理、库兹涅茨的人均收入影响论和钱纳里提出的工业化阶段理论。

根据这一理论的分类,2004年之前,我国还处在工业化前期(见表2-2),2019年虽踏入中等收入阶段,但还处在工业化后期,离后工业化阶段尚有距离。人均GDP与工业化阶段的划分是根据库兹涅茨对配第—克拉克定理的进一步验证,他发现人均收入引起了产业结构变动,其背后的逻辑是:不同收入的人群对不同的产品有着不同的需求弹性,人均收入变化引起需求结构的变化,需求结构的变化会推动产业结构向高级化发展。从这个意义上来说,需求结构影响了产业结构优化。这一道理同劳动力在三大产业间的就业结构变动是一致的。

表2-2 按人均GDP的工业化阶段分类

基本指标	内容指标	工业化前期	工业化实现阶段			后工业化阶段
			工业化初期	工业化中期	工业化后期	
人均GDP	经济发展水平	1996—2004	2004—2008	2008—2014	2014至今	

4.城镇化和工业化阶段。钱纳里(1995)运用投入产出分析方法、一般均衡分析方法以及经济计量模型,以工业化为主线,考察了第二次世界大战以后发展中国家,特别是其中的准工业国家及其发展经历,发现了经济增长、产业结构演变与城市化进程相互联系、彼此促进;人口向城市转移的速度和规模与产业结构演进密切相关,所以城市化就是经济发展的一个内在机制,是世界各国工业化进程中的必然现象和过程。城市化有人口学、地理学、生态学、社会学和经济学等角度的定义,结合我国实际情况,城市化在我国表现为城镇化,通常是指农村人口持续向城镇集聚的过程,对促进产业结构升级和科技进步有着重要的意义。

根据钱纳里的空间结构理论,城镇化率30%以下是前工业化阶段,工业化后期达50%—60%,而后工业化阶段要达到75%以上。从工业革命开始,世界城镇化已经进行了300多年,按照联合国的统计,截止到2011年全球总人口69.74亿,生活在城市的人口36.32亿,城镇化率过半,达到了52.1%。我国20世纪90年代末开始重视城镇化研究,城镇化发展时间仅有30年左右,截止到2022年,城镇化率为65.22%,见图2-8。但与工业化进程相伴,各地的城镇化率不同,且以居住时间作为判断标准的城镇化率,城镇化水平不高,城镇提供的公共服务和社会保障等存在滞后和差别等问题。不考虑城镇化水平,仅从城镇化率这一指标来看,我国目前处于工业化后期。我国的城镇化率虽然不断提高,但总体水平与工业化程度相比偏低,不能支撑工业化和现代化进一步发展;同时,我国城镇化率的质量也令人担忧,如果仅以农村人口在城市居住6个月就认定为城镇人口,这种统计方法确定的城镇化质量难以保证,城镇化水平难以稳定。而城镇化率和水平偏低的状况很大程度上与户籍制度、对农民工的保障制度和住房配套以及子女教育等问题密切相关,城市软环境的建设亟待加强。

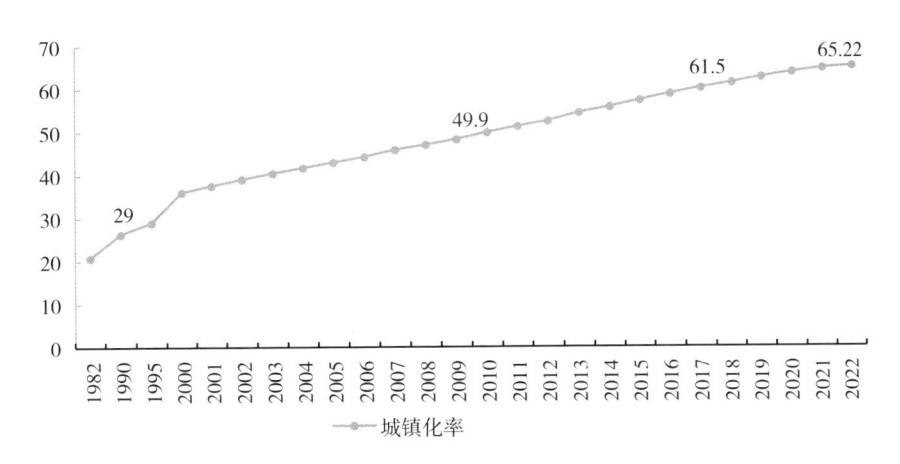

图2-8 1978—2022年我国城镇化率(%)

数据来源:国家统计局。

(二)我国工业化阶段划分结果分析

根据上述几个标准判断我国工业化阶段,是非常粗浅的划分,但得出不同的划分结果,不妨能给我们提供一些参考和思考,见表2-3。根据产业结构的划分,我国1978年就是工业化初期阶段,在经过34年的工业化发展,已经于2012年进入后工业化时期,即2012年就已经实现工业化;根据第一产业就业人口占比,则到1991年才进入工业化初期,2014年进入工业化后期,目前还未实现工业化;而根据人均GDP划分,工业化阶段最为落后,1996年才进入工业化前期阶段,2004年进入工业化初期但用时较短,根据第一产业就业人口占比和人均GDP两个标准,均是在2014年以后进入工业化后期;我国城镇化开始较晚,1996年才进入工业化初期,后期进程放缓,根据城镇化率的标准,60%以上才进入工业化后期,而我国2019年才达到60.6%,后工业化阶段城镇化率要达到75%以上,也许还需要较长的时期。

表2-3 工业化阶段对比分析

基本指标	内容指标	工业化前期	工业化实现阶段			后工业化阶段
			工业化初期	工业化中期	工业化后期	
人均GDP	经济发展水平	1996 2004	2005—2008	2009—2014	2015以后	
三次产业增加值结构	产业结构		1978—1992	1993—2008	2009—2012	2012以后
第一产业就业人员占比	就业结构	1978—1990	1991—2005	2006—2013	2014至今	
城镇化率	空间结构	1978—1995	1996—2010	2011—2018	2019至今	

根据以上比较直观的数字分析,一方面说明我国产业结构与西方国家的发展进程相似;另一方面说明我国人口基数大,加之在2002年已进入老龄化社会,平均劳动生产率不高,导致人均GDP始终难以与GDP总量排名相提并论,经济发展水平也受制于此;此外,我国第一产业就业人口庞大,42年来占

就业人口比例在70%—25%区间,2019年是历年来的最低也达25.1%,某种意义上说明我国第一产业的生产效率较低,仍然是劳动密集型产业集中的部门,结合第一产业在GDP的比重持续降低至2019年为7.1%,说明我国的产业结构中已不再是以劳动密集型产业为主导。

综上,我国根据人均GDP和城镇化率划分的工业化阶段最为落后,说明我国的劳动生产率偏低,在教育、技术等方面有很大的追赶空间;同时,城市化发展也很落后,在城市基础设施、公共服务等领域,农民工生活配套保障,包括住房、子女教育和养老问题,都应该成为社会安定和经济发展的重中之重。

三、基于供给端和需求端的经济发展分析

本节将分别从我国经济发展中的供给端和需求端两个维度进行分析。

(一)基于供给端的经济发展情况

计划经济呈现的特征之一是产品供给上的短缺经济,改革开放40多年来,我国经济体制从计划经济到社会主义市场经济,在资本、劳动力、资源和技术等生产要素方面发生了巨大的变化,遵循经济增长和发展阶段的规律,我国早期经济增长的主要源泉是劳动,以劳动密集型的农业和低端制造业为主;随着经济的发展和战略的变化,资本积累、技术进步、知识和人力资本等先后成为促进我国经济增长的主要要素。其中,根据我国的发展情况和工业化进程,早期主要依靠劳动力和资本投入的粗放型增长,与此相对应的劳动密集型和资本密集型增长是工业化进程中的必经阶段,但长期依赖投资驱动经济增长必然受到资源和环境的约束。随着我国技术水平的提高和经济制度的逐步建立和完善,劳动和资本在推动我国经济增长中的作用还值得进一步研究。卫兴华、侯为民(2007)认为,从1979年到2004年中国GDP年均增长率为9.4%,但是综合要素生产率却一直低于0.02%,远远低于发达资本主义国家的水平。我国的要素禀赋也在发生变化,不再只是劳动丰裕和土地及资本稀缺的经济体,我国现在正在发挥资本和技术密集型部门的比较优势。

1. 劳动力人口优势减少但人力资本素质逐步提高

根据世界银行数据,分别按照劳动力人口(15 周岁以上,符合国际劳工组织对从事经济的人口的定义:所有在特定阶段为货物的生产和服务提供劳力的人员)和根据劳动力参与率(是指 15 岁及 15 岁以上经济上活跃人口的比例)计算的劳动人口进行分析。我国劳动力总量接近 8 亿人口,但 2017 年绝对数开始下降;而占人口的比例在 2006 年达到峰值 58.43%并随后开始下降。随着人口出生人数的下降和老年人口的增多,劳动力的优势正慢慢消失。根据图 2-9,我国劳动力人口占总人口的比例在 2002—2009 年之间都在 58%以上,自 2006 年开始占比下降,至 2019 年占 55.8%。国家统计局数据表明,2012 年我国 15—59 岁劳动年龄人口第一次出现了绝对下降。

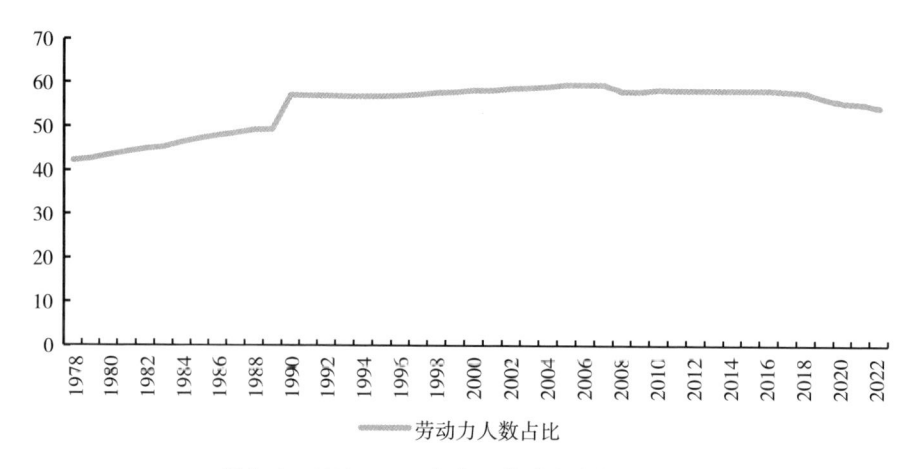

图 2-9　1990—2022 年我国劳动力人数占比(%)

数据来源:国家统计局。

虽然人口老龄化是现代社会发展的必然趋势,也是当今世界各国共同关注的问题。但我国未富先老的状况令我国面临的问题更加严峻。根据 1956 年联合国《人口老龄化及其社会经济后果》确定的划分标准,根据世界银行数据,我国 65 岁及以上人口在 2002 年就占到 7.08%,成为老龄化国家;到 2019 年这个比例达到 11.47%,按照 14 多亿人口计算,达到 1.6 亿人口,见图 2-10。目前,我国是世界上唯一老年人口过亿的国家。

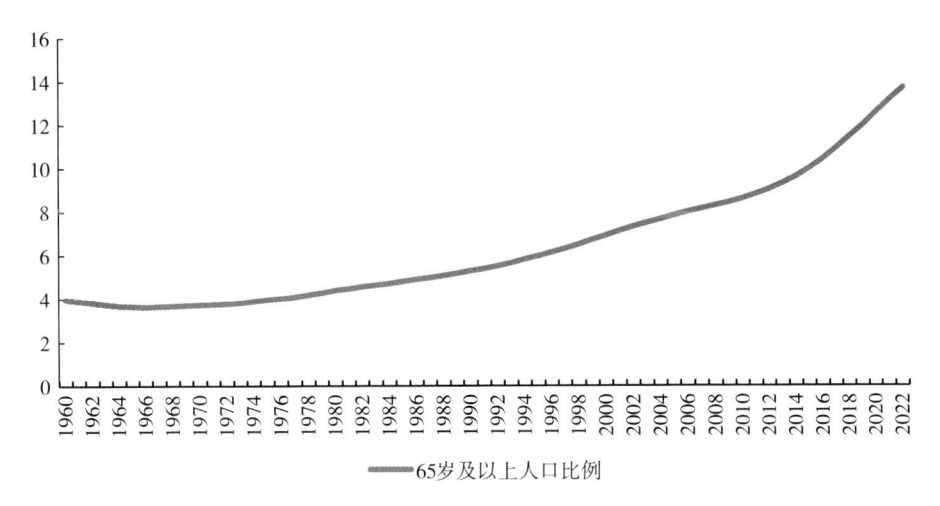

图 2-10　1978—2022 年我国 65 岁和 65 岁以上的人口占总人口比重(%)

数据来源:国家统计局。

在人口红利逐渐减少情况下,我国可以通过提高人力资本这一要素的质量来抵消这种影响,这必须通过提高教育的覆盖面和教育层次来实现。图 2-11 是我国各层次升学率指标,特别是高中升学率增长幅度最大,而高校升学率也达到 50% 左右。小学升学率达到 100%,这意味着教育金字塔的底部正在强化。各层次升学率的提高,表明我国的人类资本要素禀赋正在发生变化。李克强总理 2018 年 10 月 24 日应邀在中国工会第十七次全国代表大会上作经济形势报告时说,中国 40 年改革开放使广大劳动者的素质持续提升,技能水平不断提高。"人口红利"加速向"人才红利"转变,这是中国发展的最大底气。

2005 年以后,劳动生产率加速上升,见图 2-12。2019 年,人均产值 12.7 万元。

2. 技术进步贡献率较快上升

在经济研究中,用科技进步贡献率来衡量科技竞争实力和科技转化为现实生产力的综合性指标。此外,学者们根据经济增长理论,通过测算全要素生产率衡量技术进步、制度等对经济增长的贡献。对我国全要素生产率的研究

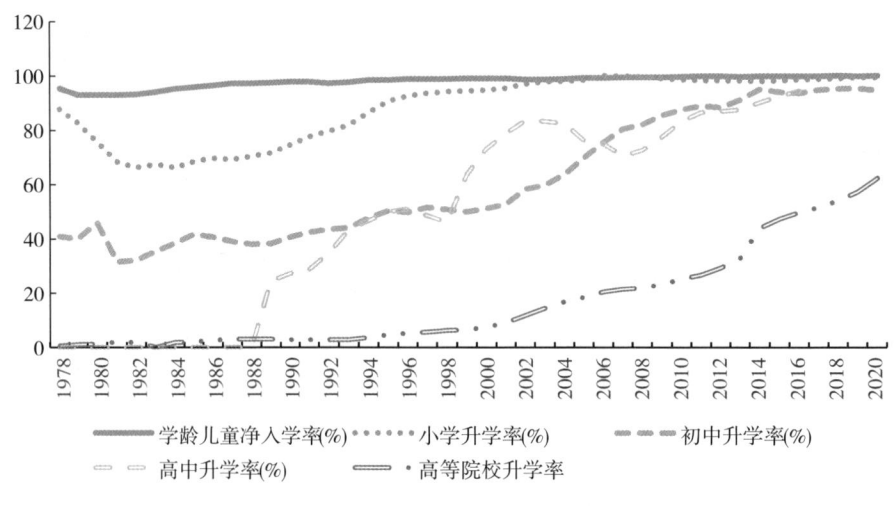

图 2-11　我国 1978—2020 各层次教育升学率(%)

数据来源:中国统计年鉴,其中高等院校数据来自世界银行,缺失的 1982—1983 年的数据用线性插值法补齐。

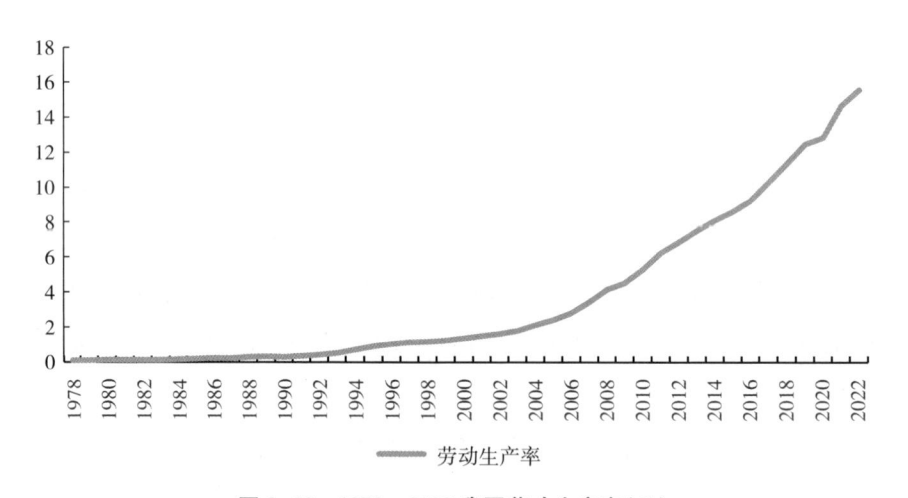

图 2-12　1978—2022 我国劳动生产率(%)

数据来源:国家统计局。

由于采用的方法不同,得出的结论也不尽相同,但大部分研究结论认为全要素生产率早期对我国的经济的贡献较低甚至为负数,改革开放以来才转为正数。根据国家统计局的数据,随着我国科学技术的进步,科技进步对经济的贡献率逐步上升①,见图2-14。

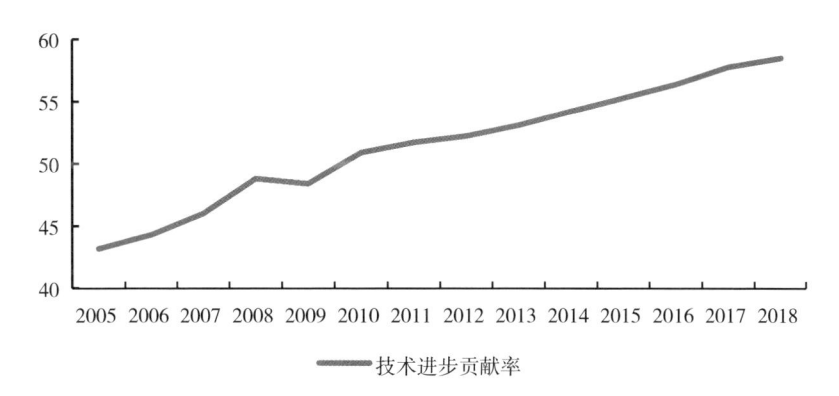

图 2-13　2005—2018 年我国技术进步贡献率(%)

数据来源:国家统计局。

3. 绿色发展取得一定成效,但仍有较大空间

绿色发展是能兼顾保护环境和节约资源的发展,从投入角度来看,单位GDP能源消耗是一个重要的衡量指标。我国单位GDP能源消耗持续减少,同时,人均GDP污染物排放量也在减少。我国单位GDP能耗从2000年每万元1.5吨标准煤降到2019年的0.5吨,20年来下降了3倍之多,见图2-14和2-15。但由于我国人口基数大,污染排放总量大,因此在绿色发展方面还存在很大的改善空间,需要进一步依靠技术进步、制度制约和激励来发展循环经济以促进绿色发展。

降低能耗和绿色发展,需要政府更多关注居民生活质量和环境治理,并通过制度提供约束和激励。正是在这样的约束和激励下,政府对公共污染治理如大气污染处理、市政污水处理、农村污水处理等公共工程持续投资,以及企业对环境污染治理的投资越来越重视,投资规模总体保持上升趋势,但增长率波动较大。环境污染治理投资包括城市环境基础设施建设投资、"三同时"环

---

① 王小鲁(2000)利用生产函数法估算我国1953—1999年间全要素生产率增长率,得到的结论是:1953—1978年间全要素生产率增长率为-0.17%,1979—1999年间全要素生产率增长率为1.46%,对经济增长的贡献率为14.9%。

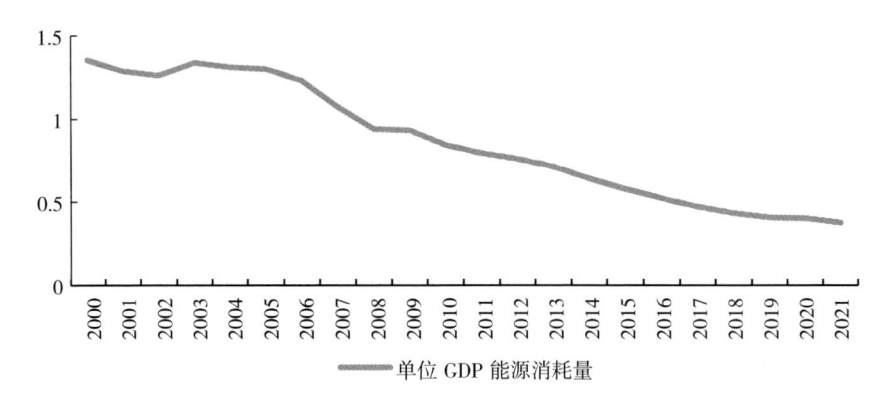

图 2-14　单位 GDP 能源消耗量(千克标准煤/万元)

数据来源:国家统计局。

图 2-15　2011—2022 部分人均污染气体排放量(公斤/人)

数据来源:国家统计局。
注:2010 年前相关数据还未开始统计。

保投资和工业污染源治理投资三大板块。近几年的环境污染治理投资增长率最高的是 2008 年和 2010 年,分别达 31.4% 和 30.9%,但 2011 年和 2015 年则分别减少 7% 和 8.7%,环境污染治理投资增长率在 2000 年到 2017 年 18 年间平均为 10.99%,与我国 GDP 增长率相似。由于我国全社会固定资产投资一直呈现快速增长,环境污染治理投资总体虽不断增长,但其占比一直不高,基本在1.5%和3%之间,而环境污染治理投资占GDP的比重更低,与我国住房和城乡建设部和环境保护部的规划和目标差距较大,见图2-16。

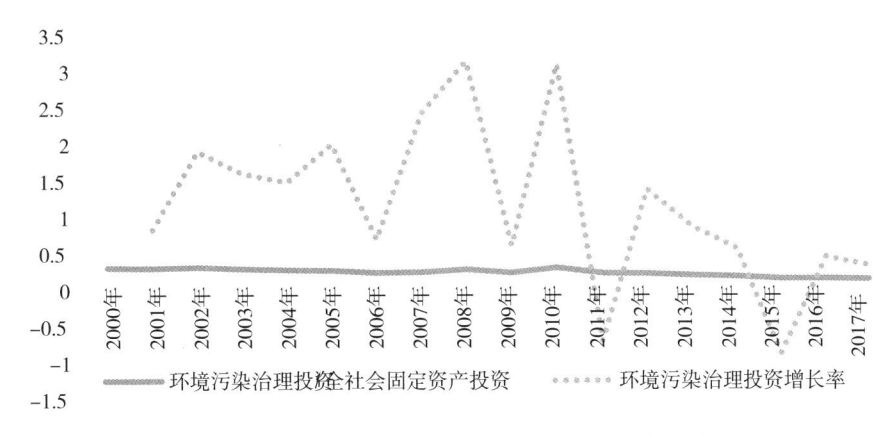

图 2-16　2000—2017 我国环境污染治理投资情况(%)

数据来源:国家统计局,最新数据更新到2017年。

(二)基于需求端的经济发展情况

我国经济经历了从供给约束型向需求约束型经济转化的过程,这一过程在1995年基本完成。

根据凯恩斯经济学理论,从需求角度影响一国经济增长的因素主要是消费、投资和出口,即所谓的"三驾马车",这也是从较短期的需求面进行的简单分析。根据支出法,国内生产总值GDP=总消费+总投资+货物和服务净出口=(居民消费+政府消费)+(固定资本形成总额+存货增加)+(货物和服务出口-货物和服务进口),本书以全社会固定资产投资率、最终消费率和外贸净出口率分别表示投资、消费和出口对经济的拉动作用。其中,全社会固定资产投资率能全面地反映建设规模,同时也能反映固定资产投资对经济增长的贡献;最终消费则包括居民最终消费和政府最终消费。比较两者来观察生产与消费之间的关系。

1. 分析投资和消费的变动及其对比情况

图2-16中,我国全社会固定资产投资率近似以35度角的速度增长。由

于1978年和1979年的数据缺失,1980年最低点是19.9%,随后每年持续上升,最高在2015年,全社会固定资产投资额占到当年GDP的81.89%,随后开始下降,但即使下降到2019年,仍占到56.74%;而最终消费率基本在50%—70%之间波动,最高点是1983年为67.3%,其次是2000年63.9%,从2003年开始降到60%以下,最低点出现在2010年仅有49.3%,此后,开始缓慢上升至2019年为55.4%。通常,发展中国家和地区为了保持经济较快增长,都维持较高的投资率水平,当经济发展到一定水平后,投资率会逐步趋缓,消费率逐步提升。上述分析除了符合这一基本规律外,投资率的下降还与我国经济增长方式转变以及政府宏观调控政策相关,即2007年党的十七大提出要将经济增长方式转变调整到关注经济发展方式转变上来,通过结构调整均衡发展经济;2012年以来,为提高经济增长质量和经济发展水平,顺应"新常态",不再只追求经济增长速度而更加注重经济发展质量,因而通过投资推动经济增长的热度有所降低。

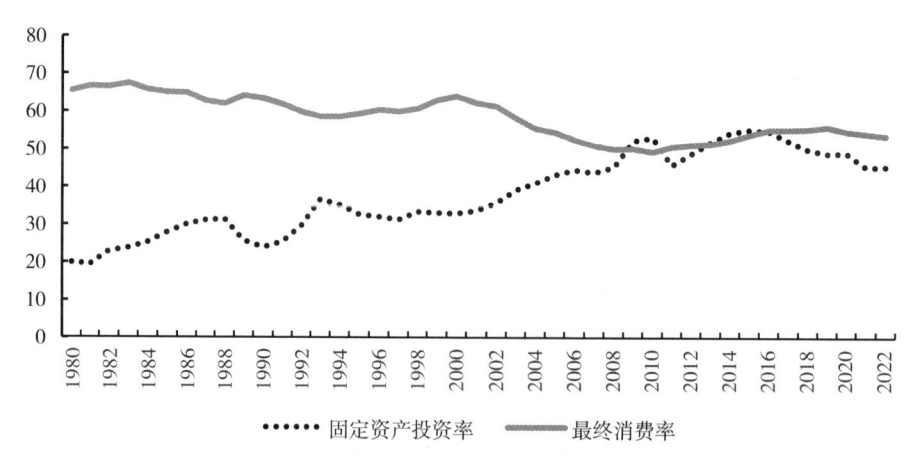

图2-17 1980—2022年全社会固定资产投资率和最终消费率(%)
数据来源:国家统计局。

此外,我国固定资产投资增长率波动较大,见表2-4,最高的年份1993年达到61.8%(未扣除物价因素),最低的1989年为-7.2%,1992—1994平均达到45.53%,这一时期的投资过热带动了消费需求,当时我国正处于从计划经济向市场经济转轨的过程中,两者加剧了商品供给的短缺状况,造成1993年和1994年较为严重的通货膨胀。在国家适度从紧的财政政策和宏观调控之下,1995年固定资产投资增长率由上一年的30.4%下降到17.5%,随后一直将增长率控制在15%以下;然而,从2003年开始,新一轮的投资热开始,2003—2012年,全社会固定资产增长率基本维持在25%左右。如前文指出,要素投入和技术进步(全要素生产率)作为经济增长来源的相对重要性是与经济发展阶段相联系的。大规模要素投入(劳动力要素和资本要素)是经济增长的一个不可逾越的历史阶段。因此,改革开放以来全社会固定资产投资规模及其在中国经济增长中的贡献占比高有其发展阶段的合理性。

表2-4 1981—2018全社会固定资产投资额及增长率

时间	绝对数(亿元)	比上年增长(%)	时间	绝对数(亿元)	比上年增长(%)	时间	绝对数(亿元)	比上年增长(%)
1981	961	5.5	1994	17042	30.4	2007	137324	24.8
1982	1230	28.0	1995	20019	17.5	2008	172828	25.9
1983	1430	16.2	1996	22914	14.8	2009	224599	30.0
1984	1833	28.2	1997	24941	8.8	2010	251684	23.8
1985	2543	38.8	1998	28406	13.9	2011	311485	23.8
1986	3121	22.7	1999	29855	5.1	2012	374695	20.3
1987	3792	21.5	2000	32918	10.3	2013	446294	19.1
1988	4754	25.4	2001	37214	13.0	2014	512021	15.2
1989	4410	-7.2	2002	43500	16.9	2015	562000	9.8
1990	4517	2.4	2003	55567	27.7	2016	606466	7.9
1991	5595	23.9	2004	70477	26.6	2017	641238	7.0
1992	8080	44.4	2005	88774	26.0	2018	645675	5.9
1993	13072	61.8	2006	109998	23.9			

续表

时间	全社会固定资产投资 绝对数（亿元）	比上年增长（%）	时间	全社会固定资产投资 绝对数（亿元）	比上年增长（%）	时间	全社会固定资产投资 绝对数（亿元）	比上年增长（%）
时期	1982—2018		1991—2018		2001—2018			
年均增长率(%)	20.4		21.1		20.4			

注：根据第三次全国经济普查结果,2014 年增速为可比口径。根据第三次全国农业普查、统计执法检查和第四次全国经济普查单位清查结果,2017、2018 年增速为可比口径。

进一步分析最终消费中的居民最终消费情况,见图 2-18。

我国居民消费占 GDP 的比重,自 1978 年以来一直在 35%—53%区间,且整体上从 1978 年至 2010 年之间呈现下降趋势,到 2010 年降到 35%以下至历史最低点 34.24%,此后缓慢上升到 2019 年至 38.89%。20 世纪 80 年代基本处在 50%以上,但即使最高点 1983 年为 53.23%,这一比例仍远远低于诸如美国这类由消费驱动经济发展的国家的数字,21 世纪头 10 年,在这类经济体中,消费占到了国内生产总值 70%的极端水平,而在 1945 年之后的多数时间里,消费在这类国家一直占国内生产总值的 60%以上。

图 2-18　1978—2022 年我国居民消费占 GDP 比重(%)

数据来源:国家统计局。

对于这一比例以及与发达经济体较大的差距的解读,本书认为一方面由于居民可支配收入有限,另一方面也受传统消费观念的影响所致。20世纪80年代至90年代中期,改革开放十多年来,人们的生活从解决温饱到逐步改善过程中,我国的恩格尔系数还在50以上,1990—2010年间,居民消费主体主要是1960—1970年间出生的人群,他们的消费观念整体比较保守,加之20世纪90年代我国住房市场化改革以及教育、医疗等改革,导致这一阶段的居民消费更趋向保守而下降;但当20世纪80年代出生的人们渐渐成为消费群体的主力时,他们的消费观念的影响退居其次,从2010年的消费率有所上升,但上升的速度非常缓慢,居民消费比例仍在40%以下。

最终消费中居民消费与政府消费支出对比见图2-19,居民消费占比在70%—80%之间且呈下降趋势,政府消费占20%—30%且呈现上升趋势。对比投资率和发达国家居民消费率,我国居民消费率偏低的现状,学者们有较多的探讨,在分析影响居民消费的因素中,比较多的是从人口、年龄结构、住房、收入分配、就业变动等方面分析,也有从人口密度、城镇化、工业化和投资等角度进行分析,并从提高居民可支配收入,加快供给侧改革、增加有效供给和改善公共服务等方面提出了提高我国居民最终消费率,从而最终推动我国经济发展方式的转变等建议。

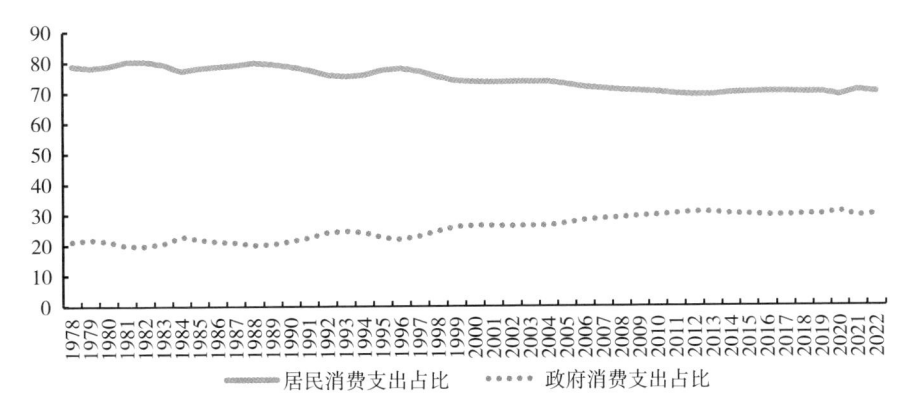

图 2-19　1978—2022 年我国最终消费构成及占比(%)

数据来源:国家统计局。

再次分析对外贸易在国内生产总值中的变化。20世纪90年代以来,我国采取了出口导向型战略并带来了进出口贸易的快速增长,见图2-20。学者们研究了我国贸易与经济增长的关系,代表性的观点有两种不同的结论:如朱文辉(1999)、彭福伟(1999)认为进出口贸易对我国经济的影响并不明显;而林毅夫等(2003)利用乘数分析对他们的核算方法进行了修正,得出的结论认为出口的增长不仅直接推动了经济增长,而且还通过对消费、投资以及政府支出造成的影响从而间接刺激了经济增长。此外,从需求角度分析,林毅夫、李永军(2001)研究认为,外贸出口每增长10%,基本上能够推动GDP增长1%。① 2006年进出口总额达到峰值64%以后,我国进口和出口均出现了下降趋势,自2016年以来,进出口总额占GDP比重保持在32%—35%区间,波动幅度只有3个百分比。

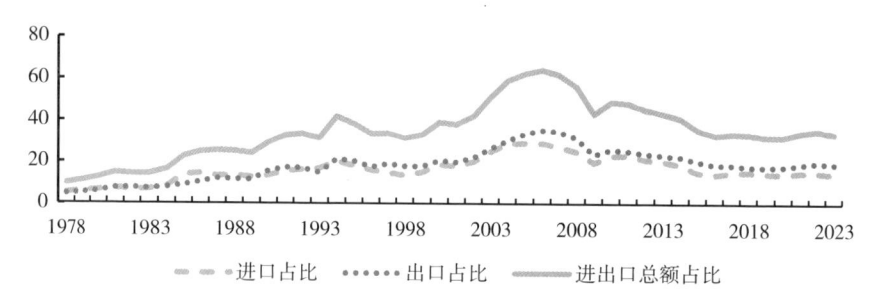

图2-20　1978—2023年我国进出口占GDP比重(%)

数据来源:国家统计局。
注:1.进出口数据来源于海关总署。1978年为外贸业务统计数,1980年起为海关进出口统计数。

2.货物进出口贸易顺差

在我国进出口贸易中,出口占GDP比重大多数年份都高于进口占比,这与我国出口导向型经济和长期存在贸易顺差的状况相符。再将净出口率与全社会固定资产投资率以及最终消费率进行对比,净出口率变化比较平稳,40多年来总体呈现缓慢向上趋势,处于35%—45%区间,见图2-21。

---

① 林毅夫、李永军:《外贸易与经济增长关系的再考察》,北京大学中国经济研究中心讨论稿,2001年。

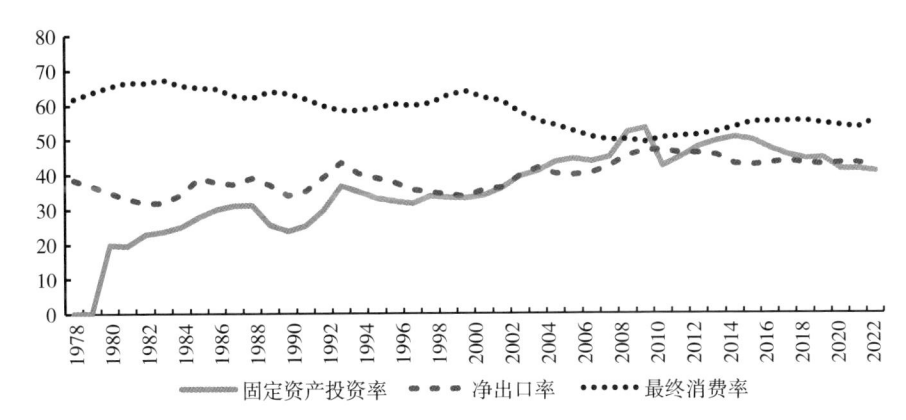

图 2-21　1978—2022 年固定资产投资率、净出口率和最终消费率

数据来源:国家统计局。

在出口制成品中,我国高科技出口占比高于世界平均水平。1990—2024 年间,高科技出口额年均增速达 21.3%,2023 年突破 3.5 万亿美元。我国已成为全球高科技出口的重要力量,在 5G、新能源、量子计量等领域实现了从跟跑到并跑甚至领跑的跨跃,见图 2-22。

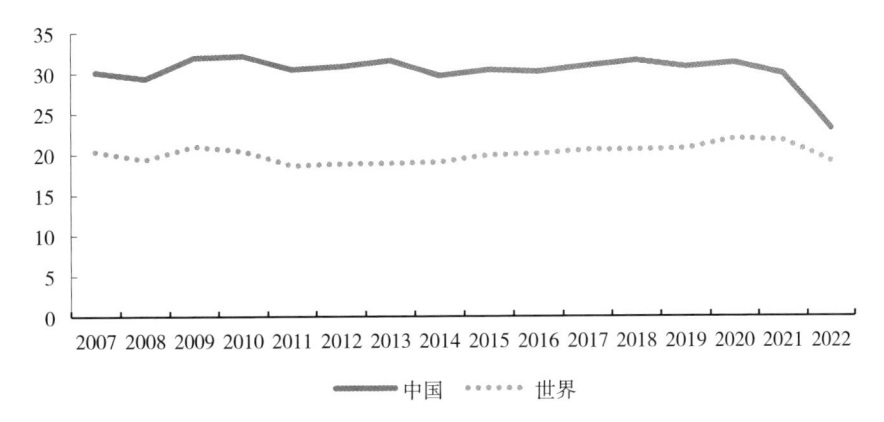

图 2-22　2007—2022 年高科技出口占制成品出口占比(%)

数据来源:世界银行。

从引进外资来看,我国实际利用外资额逐年增加,但近年来增速放缓;而我国也在加快对外直接投资,2016 年最高为 1961 亿美元,随着"一带一路"的

顺利开展,我国对外直接投资额有望继续增长,见图2-23。

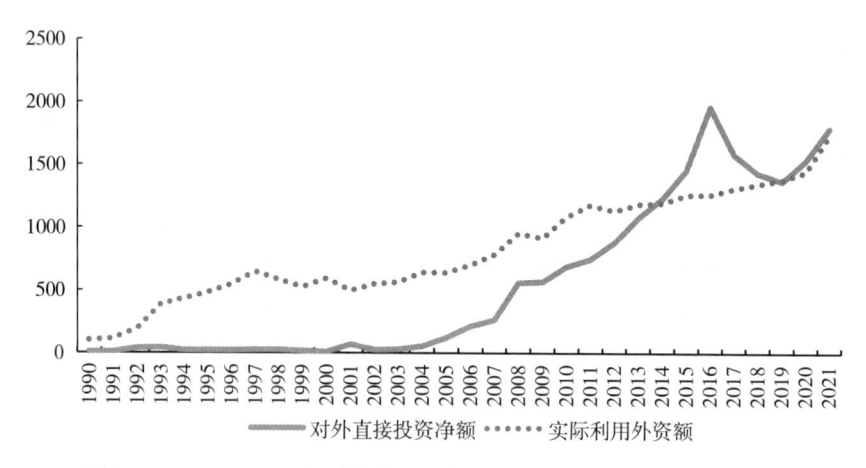

图2-23　1990—2021年对外直接投资净额和实际利用外资额(亿美元)

数据来源:商务部。

注:对外直接投资净额数据来源:1990—2022年来自"商务部(中国对外投资统计公报)"。

3. 综合比较净出口贡献率、固定资产投资贡献率和最终消费贡献率

从固定资产和最终消费的贡献率来看,一方面,固定资产投资贡献率波动较大,最高年份2009年达194%,贡献率超过100%的年份有5年,最低2018年仅5.3%,从1981年到2018年38年间,平均贡献率为54.9%;而最终消费贡献率较为平稳,最高年份1999年为78.8%,超过70%的仅有5个年度,在1978年至2019年的42年间,最终消费贡献率平均为59.3%。由于只有净出口才算作GDP的一部分,本书将净出口贡献率与固定资产投资贡献率和最终消费率进行对比,见图2-24,在大部分年份,最终消费的贡献率高于两者。这说明2020年我国提出构建以国内大循环为主体、国内国际双循环相互促进的新发展格局,是以事实为依据的战略决策。为促进国内消费,必须更关注提高人民收入,缩小收入差距,通过促进居民消费拉动经济可持续发展。

(四)民生发展和生活水平

经济发展的最终目的是提高人民生活质量和生活水平。本部分选择贫困

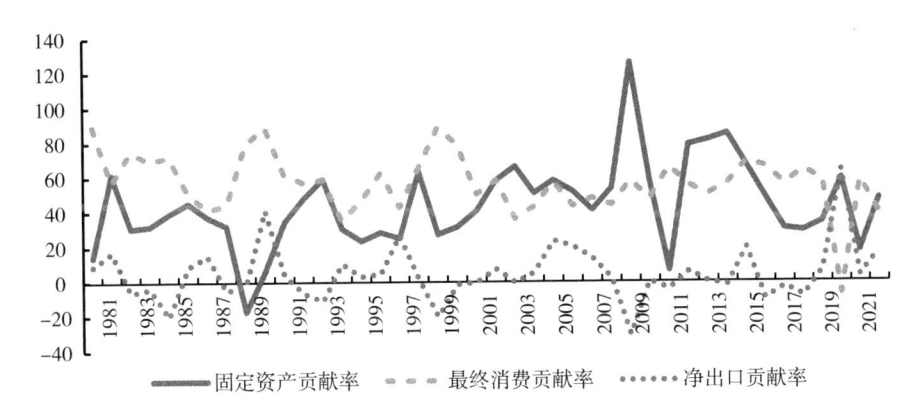

图 2-24　1978—2021 年需求端三大贡献率(%)

数据来源：国家统计局。

发生率、可支配收入、恩格尔系数、预期寿命、教育、医疗、养老保险覆盖率和人类发展指数六大指标说明我国居民生活水平及其变化情况。

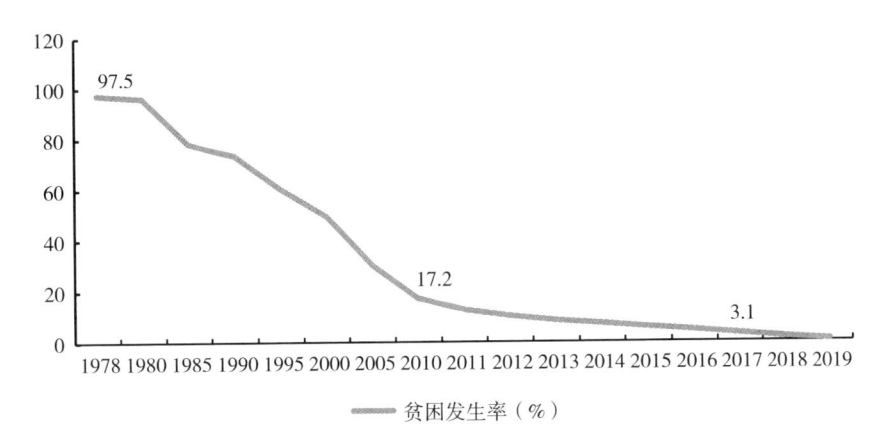

图 2-25　1978—2019 年我国贫困发生率(%)

数据来源：中国农村贫困检测报告。
注：按 2010 年标准：即现行农村贫困标准为每人每年 2300 元(2010 年不变价)。

1. 从普遍贫困到全面建成小康社会

通过改革开放和发展经济，我国从 1978 年贫困人口占 97.5%到 2019 年的 0.6%，见图 2-26。从解决温饱到消除绝对贫困再到全面建成小康社会，

2019年我国人均GNI超过1万美元,迈入中等收入国家。2021年2月,我国宣布全面脱贫,绝对贫困问题得到解决。

2.居民可支配收入持续上升,收入来源多样化;但人均可支配收入占GDP比重偏低,基尼系数偏高,收入分配不平等现象同时存在

通常以人均可支配收入(DPI)来反映人民生活水平。可支配收入是指居民个人获得并且可以用来自由支配的收入,它代表了居民个人可用于最终消费支出和储蓄的总和。显然,人均可支配收入与居民支付能力和生活水平成正比。据国家统计局数据,从1949到2023年,我国居民人均可支配收入由49.7元增长至39218元,是新中国成立初期的789倍,当然,剔除物价上涨因素,增长略低,但从图2-26可见,大概保持了30度角的上升趋势。

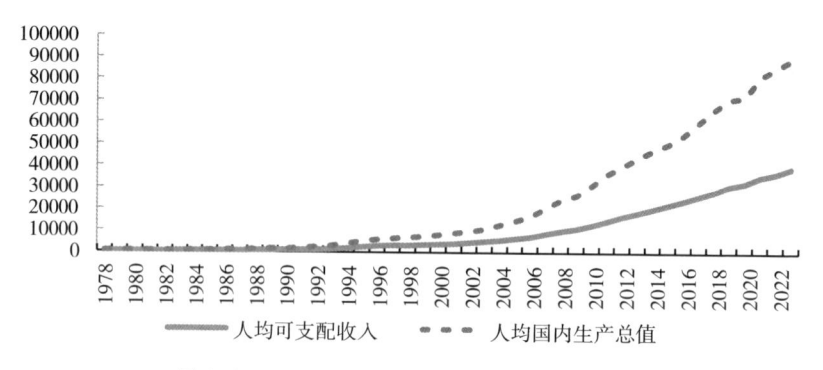

图2-26 1978—2022年人均DPI、人均GDP(元)

然而,图2-27显示,我国居民人均可支配收入占人均GDP比重过低,自1983年历史最高点为62%后持续下降,进入21世纪以来,一直低于50%,在45%上下,2011年最低仅占40.4%,这直接影响到居民消费和生活水平的提高,也影响到经济可持续发展。

从收入构成来看,见图2-28,根据有统计的资料,近7年来,居民收入来源总体呈现出多样化,但工资性收入仍是主要来源,在人均可支配收入中占比基本维持在56%左右;其他如经营性收入为18%左右,财产性收入为8%左右,转移性收入18%左右。

第二章 我国经济发展历程与经济发展方式目标的演进

图 2-27　1978—2022 年居民人均可支配收入占人均 GDP 比重（%）

数据来源：国家统计局。

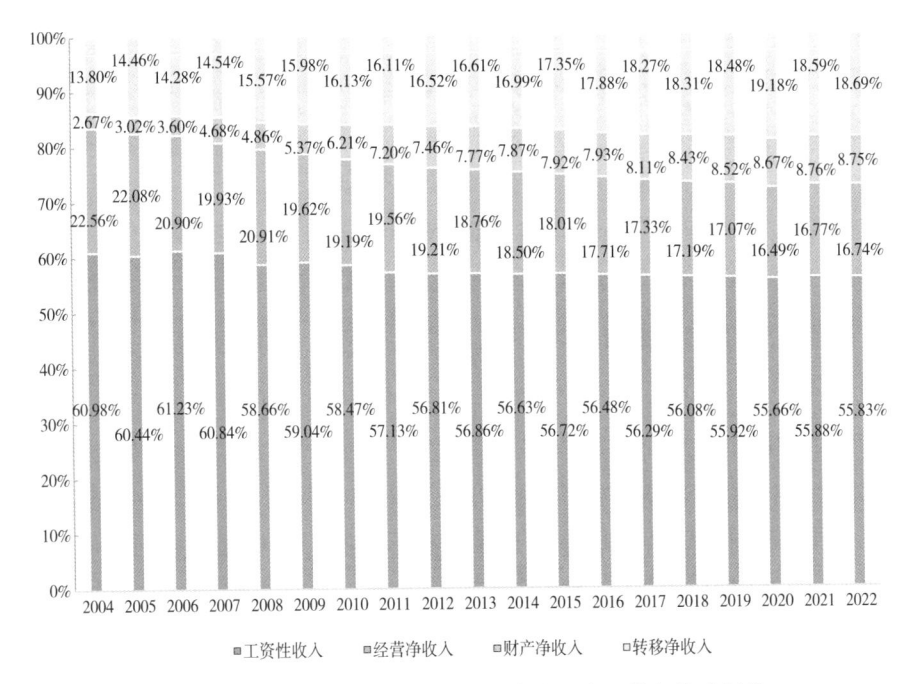

图 2-28　2004—2022 年我国居民人均可支配收入构成（%）

注：从 2013 年起，国家统计局开展了城乡一体化住户收支与生活状况调查，2013 年及以后数据来源于此项调查。与 2013 年前的分城镇和农村住户调查的调查范围、调查方法、指标口径有所不同。
　　上图从下而上依次是工资性收入、经营净收入、财产净收入和转移净收入。
参见张媛、何苗、吴煜鹏：《70 年数据揭开中国人收入增长逻辑：人均可支配收入由 49.7 元涨到 2 万 8》腾讯新闻［EB/OL］https://new.qq.com/omn/20191130/20191130A043Y700.html，2019，11/30。
2019—2022 年数据根据相关数据计算所得。

105

此外，不容忽视的是，我国的收入分配还存在较大的差距。根据联合国标准，基尼系数(0—1)是衡量一个国家或地区居民收入差距的常用指标，基尼系数越大，表示不平等程度越高，其中低于 0.2 表示收入绝对平均；0.2—0.3 意味着收入比较平均；0.3—0.4 是收入相对合理；0.4—0.5 则收入差距较大；0.5 以上表示收入差距悬殊。

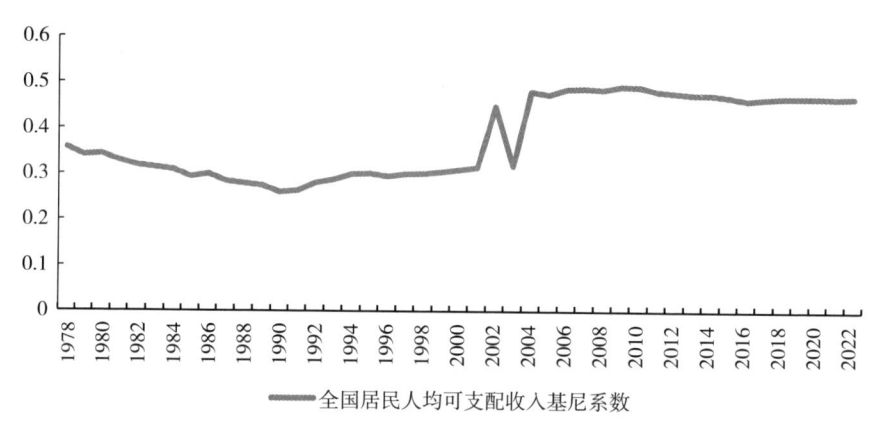

图 2-29　1978—2022 年全国居民人均可支配收入基尼系数

数据来源：国家统计局。

改革开放 40 多年来，我国的基尼系数总体呈现上升的趋势，见图 2-29，特别是 2004 年以后，基尼系数均在 0.46 以上，2009 年最高达 0.491。其中，20 世纪 80 年代至 90 年代，我国基尼系数平均在 0.301，属于收入分配相对合理区间，2000 年到 2019 年 20 年间，平均达 0.451。

世界银行对我国基尼系数的统计是根据初级住户调查数据计算的，整体比国家统计局的基尼系数偏低，见表 2-5。

进一步从城乡居民收入来看，还有较大差距，且差距明显呈现出进一步扩大的趋势。见图 2-30，2023 年，城镇居民人均可支配收入是农村居民的 2.39 倍。

因此，缓解国内居民，特别是城乡居民的收入差距，是当前维护我国经济健康发展需要解决的经济和社会问题。

表 2-5　1990—2019年世界银行和国家统计局有关我国基尼系数统计数据

时间	世界银行	中国统计年鉴	时间	世界银行	中国统计年鉴	时间	世界银行	中国统计年鉴
1990	0.322	0.2595	2000	NA	0.3081	2010	0.437	0.49
1991	NA	0.263	2001	NA	0.3132	2011	0.424	0.481
1992	NA	0.2794	2002	0.42	0.4473	2012	0.422	0.477
1993	NA	0.2864	2003	NA	0.3172	2013	0.397	0.474
1994	NA	0.2994	2004	NA	0.479	2014	0.392	0.473
1995	NA	0.3001	2005	0.409	0.473	2015	0.386	0.469
1996	0.352	0.294	2006	NA	0.485	2016	0.385	0.462
1997	NA	0.2994	2007	NA	0.487	2017	NA	0.465
1998	NA	0.3005	2008	0.43	0.484	2018	NA	0.467
1999	0.387	0.3042	2009	NA	0.491	2019	NA	0.468

注：国家统计局根据居民人均可支配收入计算，世界银行数据根据我国统计局的初级住户调查数据计算。NA表示数据缺失。

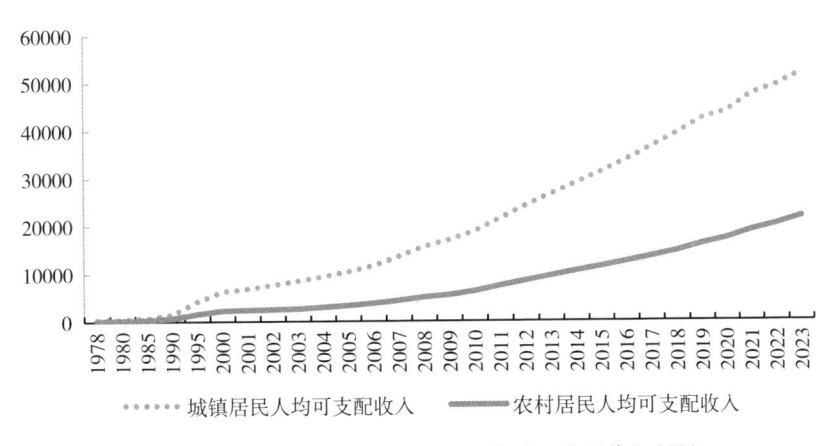

图 2-30　2013—2023年城乡居民人均可支配收入（元）

数据来源：国家统计局。

注：从2013年起，国家统计局开展了城乡一体化住户收支与生活状况调查，2013年及以后数据来源于此项调查。与2013年前的分城镇和农村住户调查的调查范围、调查方法、指标口径有所不同。

3.恩格尔系数持续下降

1978 年以来,城镇居民和农村居民的恩格尔系数均呈现较快下降,见图 2-31。其中农村居民恩格尔系数自 1978 年最高点 67.7 降到 2019 年的 30,进入富裕阶段,但这一过程相对较慢,直到 20 世纪 90 年代中期,居民恩格尔系数还在 50 以上,即家庭一半以上收入都用来购买食品;城镇居民 1996 年以后降到 50 以下,2014 年降到 30 以下。2022 年为 30.5,比 2019 年 28.2 略升。

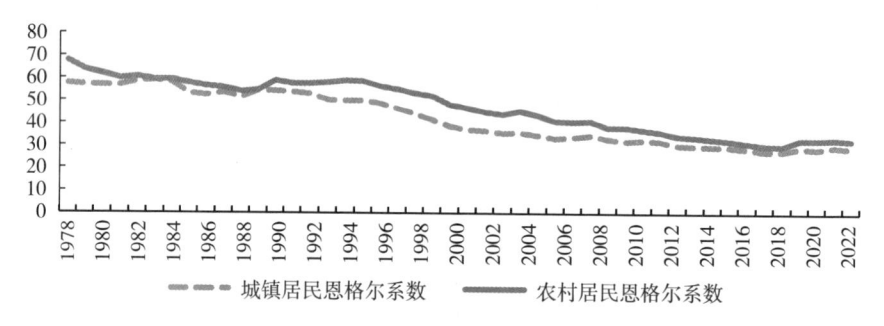

图 2-31 1978—2022 年我国城镇居民和农村居民恩格尔系数(百分比)

数据来源:国家统计局。

4.教育与卫生等公共服务逐步提升和改善

这里选择了人均拥有公共图书馆藏量和每万人医院卫生院床位数、预期寿命和营养不良发生率作为衡量指标。人均拥有公共图书馆藏量从 1978 年的 0.27 上升到 2018 年的 0.74,增长了 2.87 倍,远远低于经济发展速度,同时,各省市差别也很大,2018 年最高人均图书数上海达 3.26 本,而河南只有 0.31 本,差距达 10 倍;每万人医院卫生院床位数从 1978 年 19.3 张增加到 2012 年 39 张(2012 年以后的数据缺失),增长 2 倍左右,见图 2-32。

根据世界粮农组织定义,营养不良发生率是指食物摄入不足,无法持续满足膳食能量要求的人口占总人口的比例,该比例是衡量人口身体素质的逆指标。我国的营养不良率大约于 2010 年才开始低于世界平均水平,2017 年大约 8.6%,还需要进一步降低;新中国成立以来,预期寿命持续上升,1960 年只有 43.7 岁,低于当时的世界水平 52.6 岁,1970 年开始超过世界平均水平,到

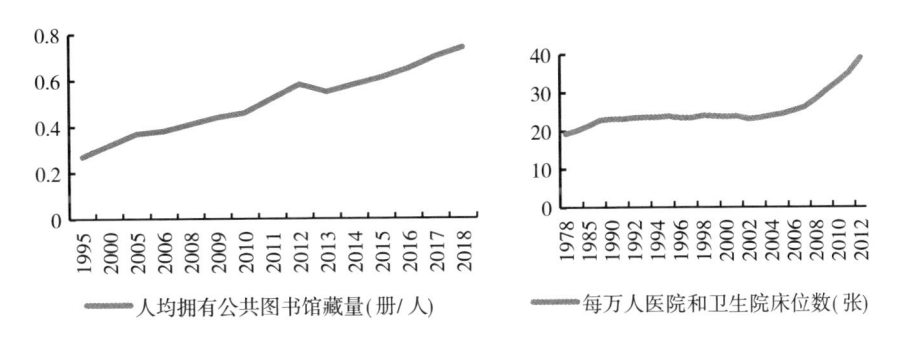

图 2-32 1995—2018 年我国居民公共服务指标

数据来源：国家统计局机关数据。

2018年我国平均预期寿命为76.5岁，世界平均水平是72.4岁，见图2-33。这些指标都是我国经济发展水平提高在人民生活中的体现。

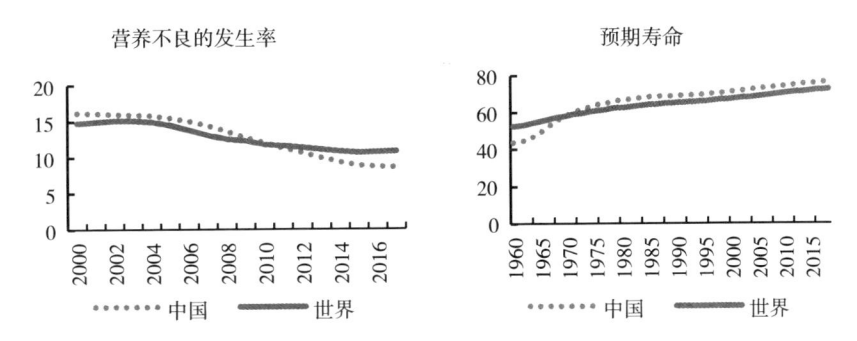

图 2-33 我国与世界平均营养不良发生率（百分比）以及预期寿命（岁）

数据来源：国家统计局、世界银行机关数据。

随着城镇化的发展，城市基础设施建设也不断发展，体现在图2-34中城镇环境基础设施建设投资额年年增长，以及人均拥有的公共交通（辆/万人）、人均道路面积（m^2/人）和人均公园面积（城镇，m^2/人）不断增加，人们的生活水平不断提高。其中2008年后，公共交通在增加了城市轨道交通后，每万人拥有公共交通车辆从1986年到2017年的22年间增长了4.5倍（由2.5辆增加到11.13辆）；20多年的人均道路面积增加了近9倍（1981年1.81m^2/人到2017年16.1m^2/人）；公园绿地面积增加了9倍多（1981年1.51.81/人到

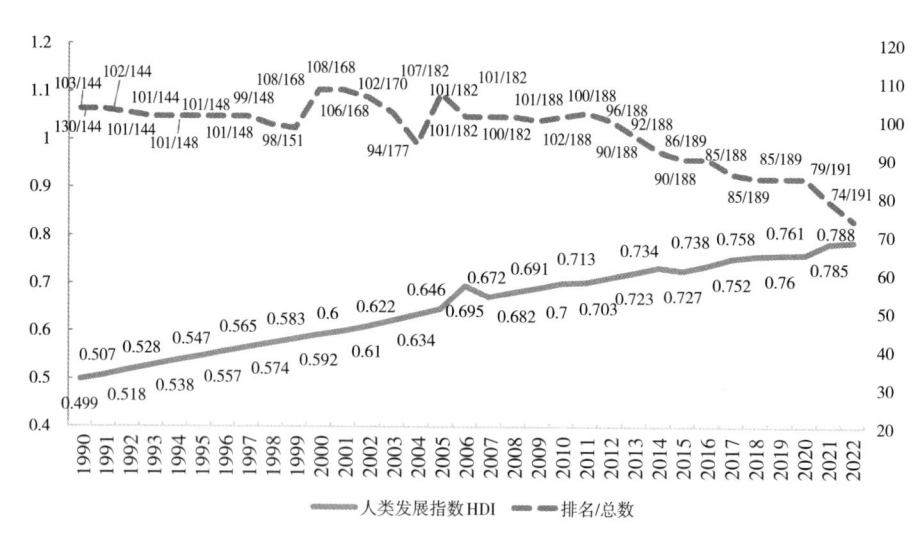

图 2-34　1990—2022 年中国人类发展指数及其排名

数据来源:联合国开发计划署《人类发展报告》。
说明:排名数据下降说明排名上升。

2017 年 14 011.81/人),而建成区绿化率在 2018 年达到 37.11%。

5. 社会保障制度逐步完善

社会保障制度是民生发展以及维护社会公平和社会稳定的重要内容之一。我国在 20 世纪 50 年代建立了传统社会保障制度,主要是面向城镇居民的低福利保障体系;改革开放后逐渐确立了新型社会保障制度,建立了包括养老保险、医疗保险、社会救助(包括失业保险)和住房补贴等为主要内容以及包括城乡居民在内的社会保障体系。就其中最主要的养老保险而言,2007 年党的十七大明确提出,要实现让全体人民"老有所养"的目标。2009 年建立了以保障农村居民年老时基本生活为目的的新型农村社会养老保险(简称新农保);2014 年 2 月,城镇居民养老保险和新型农村社会养老保险合并,建立了全国统一的城乡居民基本养老保险制度。根据统计数据,2012 年城乡居民社会养老保险参保比例为 58.19%,2013 年到 2017 年增速放缓,见表 2-6。截至 2024 年 9 月,参保比例为 76.1%。

表 2-6　1999—2022 年参加基本养老保险人数占总人口比重(%)

年份	参加基本养老保险人数占总人口比重%	年份	参加基本养老保险人数占总人口比重%	年份	参加基本养老保险人数占总人口比重%
1999	9.93			2015	62.44
2000	10.74	2007	15.24	2016	64.20
2001	11.11	2009	17.65	2017	65.86
2002	11.47	2010	26.84	2018	67.58
2003	12.00	2011	45.70	2019	69.11
2004	12.58	2012	58.19	2020	71.36
2005	13.37	2013	60.24	2021	73.48
2006	14.28	2014	61.58	2022	75.22

6. 人类发展指数 HDI 逐步提高但排名相对偏后

人类发展指数(Human Development Index,HDI)是联合国开发计划署(UNDP)1990 年提出的,该指数是针对传统的 GNP 指标只关注经济增长不关注民生发展的情况,选择了"预期寿命、教育水平和生活质量"三项基础变量,赋予不同的权重计算出综合指标,用以衡量联合国各成员国经济社会发展水平,并在当年的《人类发展报告》中发布。该指数发挥了极其重要的作用,自发布以来对指导发展中国家制定相应发展战略指明了方向。长期以来,发达国家都居于前列,20 世纪 90 年代中期以前澳大利亚长期领先,此后挪威长期居于首位,北欧国家和发达国家均属于排名前列的国家,亚洲的中国香港地区、韩国和新加坡也长期排名靠前。就国内而言,排名也呈现相同的特点和趋势,如北京、上海、广州和深圳均排名靠前,社会发展仍然以经济发展为基础。

见图 2-34,1990 年,我国内地 HDI 只有 0.499,在全球 144 个国家中排在第 103 位,处于后 28%的位置;2000 年,在 168 个国家中排名 101,处于后 36%的位置,到 2010 年已达到 0.7,处于世界 46.3%的位置;到 2017 年,我国内地 HDI 达到 0.752，在 189 个国家排名第 86，处在 54.55%位置，2018年，我国人类发展指数上升至 0.758，在公布人类发展指数的 189 个国家和地区中，排名第 85 位，较 2000 年提高 26 位，是同期排名提升幅度最大的国家之一，并成为 1990 年引入该指数以来，世界上唯一一个从"低人类发展水平"跃升到"高人类发展水平"的国家。根据 2022 年的数据，HDI 排名第一的国家是瑞士，为 0.967。中国香港为 0.956，排名第四，中国内地 HDI 上升到 0.788，排名第 75 位。

第二节 我国经济增长方式和经济发展方式目标的演进

新中国成立以来，我国在政治、经济和社会发展等方面，借鉴了苏联的计划经济和重工业优先发展等策略，"我们有些经济制度，特别是企业的管理、企业的组织这些方面，受苏联影响比较大。"[①]脱胎于计划经济的传统模式，我国的社会主义改革是"摸着石头过河"的渐进式改革，在"贫穷不是社会主义"的共识之下，我国以经济建设为中心，同时进行社会主义民主和精神文明等建设。某种意义上，无论是改革开放，还是经济增长，以及一系列发展目标的提升和推进，最终目的都是提高人民生活水平，不断满足人民群众日益增长的生活需要。

正如"五年计划"是根据经济和社会的发展情况进行动态规划一样，我国的经济增长方式和经济发展方式目标也一直在适时调整。新中国成立以来，依次倡导从粗放型增长到集约型增长，从经济增长方式转变到经济发展方式转变再到经济高质量发展；从要素投入型增长到依靠技术进步和制度创新增长；从劳动密集型增长到资本密集型与技术密集型增长齐头并进。用 70 多年的时间完成了从落后的国家到中等收入国家的历程，见表 2-7。

---

① 《邓小平文选》第二卷，人民出版社 1994 年版，第 235 页。

表 2-7　我国经济增长方式和经济发展方式目标演进表

类型	经济增长方式		经济发展方式					经济高质量发展
	粗放型	集约型	经济增长（集约型）	绿色发展	发展动力	结构优化	民生发展	经济、社会、民生、环境
内容	高能耗、高投入等	关注投入产出比	数量和质量并进，稳定增长	兼顾环境保护	三大需求和技术、知识推动	产业结构和收入分配结构	公共服务和社会保障	继续推进经济发展方式转变+协调发展
时间	1949—	1987年以来	2007年以来					2017年至今
背景	经济起步晚，工业化初期追求高速增长，忽视效率和环境民生		2010年成为世界第二大经济体，但人均等其他指标偏低，经济结构问题凸显，环境污染继续整治；2012年经济增速开始放缓，进入"新常态"；2015年开始供给侧结构性改革					低质量发展模式不可持续；社会主要矛盾转化
核心特点	以经济建设为中心		经济、社会、民生、环境全面发展，经济发展动力转向"三驾马车"和技术推动，改革释放制度红利推动全面发展					创新性、可持续性、协调性和共享性

一、经济增长方式转变——从粗放型到集约型增长（1978—1995）

一个国家的经济增长以生产要素的投入为前提，它是一个生产要素的使用和转化过程，经济增长方式的本质内容就是生产要素的分配和使用方式。经济增长方式的形成依从一定的历史条件，在不发达的生产力条件下，一国的经济建设往往是从粗放型开始；再由粗放型向集约型经济增长方式转变，是各国经济增长的普遍规律，也是技术进步的必然结果。

新中国成立后至20世纪90年代，我国的经济增长方式是粗放型。新中国成立初期，我国的经济极为落后，现代工业一穷二白，重工业基础尤其薄弱。为迅速建立起社会主义工业化基础，根据当时的客观条件，不得不走与当时生产力发展水平相适应的"高积累、高投入，以铺摊子、上项目为主"的建设道路，即采用粗放型经济增长方式来推动工业化的起步。这种经济增长方式在其初期，调动了全国人力、物力、财力进行工业骨干企业的建设，收到了明显的效果。虽然效率损失难以避免,但可以集中全国优势,统一配置资源,保证重点建设,通过高速增长解决短缺经济。因此,这段时期我国粗放型经济增长方式带有历史必然性。党的十一届三中全会后,党和国家的工作重心转移到经济建设上来,围绕解放和发展生产力进行社会主义现代化建设。1978—1992年,我国经济发展以计划经济为主,市场调节为辅。1992年10月,中国共产党第十四次全国代表大会确定我国经济体制改革的目标是建立社会主义市场经济体制,为此积极推进市场主体的建设,规范市场秩序,促进公平竞争,同时进行产业结构战略性调整,着力推进民生保障和市政建设。

随着改革开放的推进和经济的发展,粗放型经济增长方式迅速扩大了我国经济规模总量,并于1996年摆脱了短缺经济的束缚。但是带来的问题也显而易见:

1. 效率水平低下。粗放型的经济增长方式在带来经济总量迅速扩张的同时,也造成了效率的巨大损失。据世界银行1985年估计,1982年前我国国营企业的"全要素生产率"处于停滞或负增长状态,与此同时,1981年,日本、联邦德国、美国、法国的社会劳动生产率,分别为其1952年的40倍、11.2倍、10.7倍和4倍,而我国仅为1.8倍,效率较低。

2. 资源浪费严重。粗放型经济增长方式依赖于资源的高消耗,导致资源的利用率很低,其结果是创造同量产值需要消耗更多的资源。

3. 环境污染严重。资源的低利用率使得我国在经济建设中投入的能源、原材料等不能充分转化为产品,而是作为"三废"排入自然环境中,造成严重的环境污染和生态失衡。

4. 经济增长不稳定。粗放型经济增长是一种由外部输入动力推动的增长。这种增长主要由资金和信贷投入增加所决定,一旦控制投资和紧缩信贷,经济增长速度会迅速下滑。

基于以上原因,1987年,党的十三大第一次明确提出,要从粗放经营为主逐步转向集约经营为主的轨道。这一阶段,虽然提出了转变经济增长方式的构思,但在实际的经济生活中,粗放型的经济增长方式根深蒂固,经济增长方式由粗放型向集约型的转变进展缓慢,我国经济发展中效率水平低下、资源浪费严重、环境污染严重等问题几乎没有得到改观;直到1996年,我国短缺型经济得到根本扭转,转变的内外部条件相对成熟,基于这一国情,党的十四届五中全会提出要实现经济增长方式从粗放型向集约型的根本性转变,至此,"转变经济增长方式"的命题正式提出,这也标志着经过近10年的经济增长由粗放型向集约型转变的努力,以及我国的经济增长方式逐步加速从粗放型到集约型的第一个历史性转变,也反映了进一步转变的必要性和紧迫性。

二、由经济增长方式转变到经济发展方式转变(1996—2007)

"转变经济发展方式"的确立是在2007年党的十七大,其根本目的是通过加快建立和完善社会主义市场经济体制,优化资源配置方式,打造合格的市场主体,推进科技创新市场化,创造有利于转变经济发展方式的政策环境,从而在市场竞争中,实现经济增长由主要依靠增加物质资源消耗向主要依靠科技进步、劳动者素质提高、管理创新转变。这一决定距1996年"转变经济增长方式"的正式提出已有12年,表明我国从1996年摆脱短缺经济以后,从重视经济总量的增加、关注经济质量的提升到开始关注经济结构的优化、人民生活水平的提高和环境保护,赋予了经济发展更广更深的内涵,包括了增长和发展,经济和社会等多项内容。而转变经济发展方式的第一项内容仍然是经济增长方式转变(见表2-7),也说明我国的经济增长方式转变仍未完成目标,依然是一个长期和艰巨的任务。

前述"转变经济增长方式"命题的不断成熟对指导我国经济增长方式转变发挥了重要作用。随着我国经济增长方式转变观念的不断拓展,经济体制改革也得到深化推进。经济体制改革的牵引作用得到发挥,为经济增长方式的转变提供了体制条件。

首先,集约型经济增长的微观主体是企业。一方面通过深化国有企业改革,确立了按照"产权清晰、权责明确、政企分开、管理科学"的原则建立现代企业制度的国有企业改革方向,积极推进现代企业制度建立,使企业真正成为市场主体,形成的企业经营机制有利于经济增长方式转变。另一方面通过建立公平竞争的市场环境引导非国有企业有序发展。

其次,集约型经济增长的微观基础是市场竞争。通过建立和完善市场体系,不断增强市场对资源配置的作用,从1992年提出在政府宏观调控下发挥市场对资源配置起基础性作用到2003年在更大程度上发挥市场在资源配置中的基础性作用,健全市场机制,引导市场主体的竞争行为。

再次,通过科技进步这一关键驱动力,提高劳动生产率,实现经济集约增长中的低投入和高产出的核心内容,从而实现经济的高速增长。

此外,劳动者作为重要的生产要素,其素质的提升不容忽视。通过增加教育投入,大力发展教育事业,培养高素质的劳动力;通过科技扶贫和科技下乡以及职业培训,助力实现经济发展方式转变。世界银行研究表明,教育投入与经济增长直接相关,受过良好教育的劳动力对经济增长的贡献显著。

通过从注重原材料的投入转变为主要依靠科技进步,从强调产值和速度的增长转变为主要依靠优化结构和提高效益,从对资源的粗放式开发和利用转变为集约化的利用和减少浪费,通过以上转变,我国经济增长方式转变取得了一定的成效。2004年,"资源节约型"和"环境友好型"的"两型社会"建设的提出,加入了环境保护的因素,可持续发展受到重视。

以我国2000年到2007年的数据为例,见表2-8:GDP能源消耗量、单位GDP硫排放、单位GDP水耗等均呈逐年下降的趋势,说明我国在清洁生产方面已经取得积极成效,能源资源的粗放式利用正稳步向集约化转变。而工业固体废物综合利用率、环境污染治理投资占GDP比重、城市污水处理率也呈逐年上升的趋势,表明我国在环境可持续发展方面作出的努力和成效。

表2-8　2000—2007年我国清洁生产与环境可持续情况

年份	清洁生产			环境可持续		
	单位GDP能源消耗量(千克标准煤/万元)	单位GDP硫排放(吨/万元)	单位GDP水耗(立方米/万元)	工业固体废物综合利用率(%)	环境污染治理投资占GDP比重(%)	城市污水处理率(%)
2000	1.4655	198.9428	0.0548	45.89176	1.02	34.25
2001	1.4031	175.6942	0.0502	53.230527	1.01	40.3
2002	1.3932	158.2847	0.0452	52.969558	1.14	44.6
2003	1.4341	157.0709	0.0387	55.801171	1.2	52.3
2004	1.4229	139.3288	0.0343	56.482546	1.19	55.9
2005	1.3953	136.0995	0.0301	57.26558	1.3	60.2
2006	1.3055	117.9738	0.0264	61.106235	1.22	64.1
2007	1.1531	91.3795	0.0215	62.808435	1.36	67.4

数据来源：中国统计年鉴。

但是，经济增长方式的改变需要诸多调节，是一个渐近的过程，长期的粗放型增长方式仍积累了较多的结构性矛盾和问题。表现为以下几个方面：

1.能源消耗大、资源利用效率低的问题仍然突出。2002年我国经济进入新一轮的高速增长周期，与之相反的是，我国能源强度却反向上升，能源弹性超过1.0，不合理的产业结构导致能源消耗量持续强劲增长，同时，经济发展受到能源瓶颈问题的困扰逐渐不容忽视。以2006年为例，从能源强度来看，我国投入了约占全球总量的15%能耗、30%钢材消耗、54%水泥消耗却只生产了全球5.5%的产值总量。可以看出，我国的经济增长方式仍然以粗放型为主，资源能源利用消耗大，效率低。

2.环境污染严重，生态恶化加速。在推进工业化过程中，我国环境破坏日益严重。以2005年为例，我国化学需氧量、二氧化硫排放量分别超过水和大气环境容量的60%和80%，地表水总体属中度污染，国家控制的744个断面中，有36%和28%处于污染和重污染，流经城市的河段普遍遭到污染，75%的湖泊出现富营养化现象。

3. 投资消费关系不协调。一定时期以来，我国的经济发展主要依靠投资和出口，消费长期不足。据统计，2003年以来，我国每年固定资产投资的增长率都保持在25%左右，而最终消费率却从2000年的62.3%下降到2007年的49.5%，最终消费对GDP的贡献率从2000年的65.1%下降到2007年的39.2%，消费严重不足且呈不断下降的趋势。

4. 一二三产业发展比例不协调。20世纪80年代，我国乡镇企业在改革中迅速崛起，同时，对外开放使大量外资开始进入我国市场并主要集中在加工业；90年代后期，我国更成为发达国家与地区加工产业转移的主要对象，并急剧扩展为世界的"加工车间"。20世纪80年代以来，第二产业的迅猛发展是我国经济持续发展的重要原因，但同时农业相对落后，第三产业发展不足。21世纪初期，服务业占GDP比重不到40%；一二三产业间的不协调，不仅影响整个社会经济健康发展，也影响到第二产业本身的持续发展。

5. 城乡发展和区域发展不协调。在发展过程中城乡发展和区域发展的不协调问题日益突出。据2007年2月国家发改委发布的《2006年中国居民收入分配年度报告》，2005年，我国东部地区与中部地区、西部地区之间的收入差距分别比2004年扩大了462元和545元。同时，各地区内部的"城乡收入差"比上年扩大500元以上：全国农村居民人均收入不及城镇居民人均可支配收入的三分之一。

2002年，党的十六大提出"走新型工业化道路"，为转变经济增长方式指明了方向；2003年，十六届三中全会提出"坚持以人为本，树立全面、协调、可持续的发展观"和"五个统筹"发展要求，全面促进城乡、区域、经济社会等可持续发展；2004年9月，党的十六届四中全会提出"构建社会主义和谐社会"，2005年五中全会提出"建设资源节约型、环境友好型社会"；2006年，中央经济工作会议将"又快又好"发展改为"又好又快"发展，这体现了经济工作重点从"速度"转变到"效率"；2007年6月，"转变经济发展方式"命题正式提出。

从转变经济增长方式到转变经济发展方式，几个重要变化在于：由关注数量到关注质量，由关注总量到关注结构，由关注经济到关注民生改善和环境保护。

第二章　我国经济发展历程与经济发展方式目标的演进

三、新常态与经济高质量发展(2012—2017)

2010年我国经济增长率重新回到10%以上,GDP总量首次超过日本,成为世界第二大经济体;但是从2012年开始,我国经济增长连续三年下滑,2012—2014年均增长率在8%以下;2015年以来,经济增速进一步降到6%—7%之间,表示我国经济增长从多年来的高速增长开始下行,不仅是一种新的现象且将成为一种常态,即"新常态"。党中央在2017年提出我国经济发展目标是高质量经济发展,则蕴含着在经济新常态运行下,不再追求经济高速增长,而是以质量换速度,通过供给侧结构性改革,优化供给质量和结构,促进消费升级,从高质量供给和需求方面最终实现经济的高质量发展。

经济新常态意味着经济增速从高速转为中高速、经济增长动力从投资要素驱动转为创新驱动和经济结构优化升级,在这一过程中出现的消费升级、需求结构变化、劳动力缺乏、收入分配不均、资源环境压力等,都表明我国经济发展已不具备高速增长的客观条件,而经济增长动力的转换、经济结构的优化升级即是经济发展方式的转换。经济新常态下,我国的经济发展以供给侧结构性改革为主线,通过放慢速度来进行结构调整和优化,归根到底,需要通过转变经济发展方式来实现,这是一个长期且艰巨的工作。

2017年党的十九大报告指出,我国经济已由高速增长阶段转向高质量发展阶段。这是通过创新、绿色和协调等实现经济可持续增长和发展的阶段。

从经济高质量发展的内涵来看,它强调了五大发展理念,分别是"创新""协调""绿色""开放"和"共享"。第一,"创新"发展理念强调创新尤其是科技创新是驱动人类社会发展的根本动力;第二,"协调"包括人与自然、经济与环境、经济与社会、国内与国际的协调问题,产业、城乡、区域结构协调问题,以及劳动、资本、技术、制度的协调问题;第三,"绿色"发展强调环境保护和绿色发展问题;第四,"开放"是指要继续坚持更高层次的改革开放,提升在世界市场的价值链分工;第五,"共享"发展理念实质是要让发展成果惠及全体民众,更加公平地分享发展成果,最终实现共同富裕,则与缩小社会差距,全面实施社会保障息息相关。

四、新发展格局与统一大市场建设(2017年以来)

2017年12月,党的十九大报告中明确提出,当今世界正经历着前所未有的大变局,中国特色社会主义进入了新时代,2020年初暴发的新冠疫情更是产生了较大的冲击和影响。从2020年1月30日开始,世界卫生组织宣布新冠疫情构成"国际关注的突发公共卫生事件",直到2023年5月5日,世界卫生组织宣布新冠疫情结束,这场疫情持续三年多,全球用于防疫支出达到数万亿美元,对世界经济乃至人们的生活方式都产生了深远影响:人们的危机意识增强,消费更为谨慎;旅游业、餐饮业等服务业受到重创;对未来的不确定性导致工业生产和消费一定程度的收缩;线上交易使得线下实体经济受到冲击,失业增加;甚至人与人之间的交往和交流等生活习惯也被线上交流部分替代,心理问题增加。

为应对国内外形势的变化,2020年4月10日,在中央财经委员会第七次会议上,"构建以国内大循环为主体、国内国际双循环相互促进的新发展格局"被提出;同年5月14日,中共中央政治局常务委员会会议进一步提出"深化供给侧结构性改革,充分发挥我国超大规模市场优势和内需潜力,构建国内国际双循环相互促进的新发展格局",并于当年10月,将"加快构建以国内大循环为主体、国内国际双循环相互促进的新发展格局"纳入《中华人民共和国国民经济和社会发展第十四个五年规划和2035年远景目标纲要》(下文简称《纲要》),之后新发展格局在多次重要会议中被提及。显然,新发展格局是在"百年未有之大变局"的国内外环境下,面向国内,通过强化国内大循环的主导作用,以国际循环提升国内大循环效率和水平,实现国内国际双循环互促共进,也是新形势下促进市场经济制度建设的举措,其最本质的特征是实现高水平的自立自强。

2022年10月,党的二十大报告指出,加快构建新发展格局,着力推动高质量发展,并将高质量发展作为全面建设社会主义现代化国家的首要任务。

可见,以双循环为主要目标的新发展格局是将国内和国际市场都作为经济增长动力,最终实现经济高质量发展。

为推动国内大循环,需要进一步促进社会主义市场经济建设,降低交易费用。为此,2022年4月发布的《中共中央、国务院关于加快建设全国统一大市场的意见》明确了强化市场基础制度和规则统一、推进市场设施高标准联通等重点任务;同年10月,党的二十大报告提出构建全国统一大市场,深化要素市场化改革,建设高标准市场体系;2024年7月,党的二十届三中全会提出"高水平社会主义市场经济体制是中国式现代化的重要保障",明确要"要构建全国统一大市场,完善市场经济基础制度"。这既是完善社会主义市场经济体制的内在要求,也是构建新发展格局的坚强支撑。加快构建全国统一大市场涉及市场规模、结构、质量、影响力等多个方面,包括商品、服务、要素资源和制度规则等多个维度。

经济发展方式转变、"双循环"新发展格局和经济高质量发展的目标是一致,三者的关系见图2-35所示。

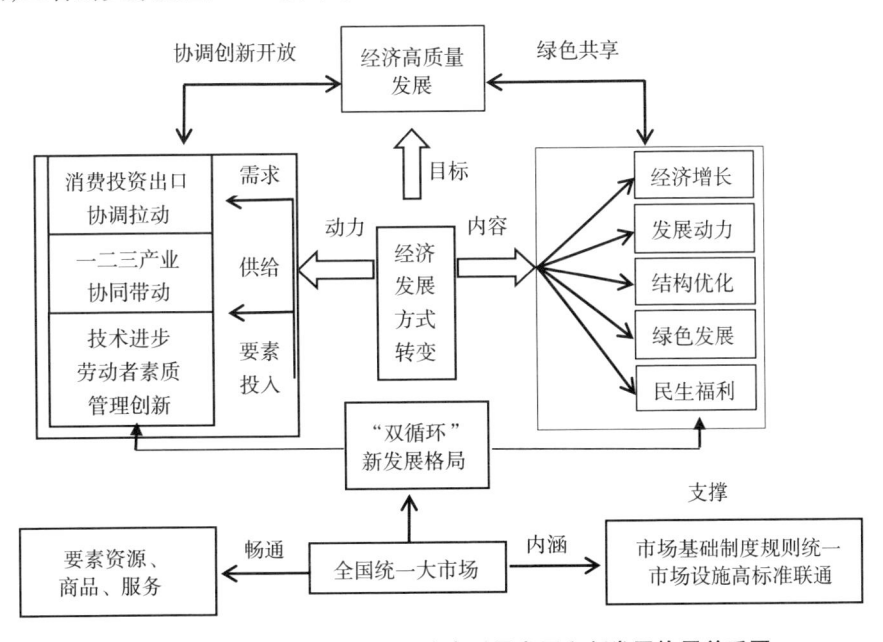

图2-35 经济发展方式转变、经济高质量发展和新发展格局关系图

小　　结

经济制度的建立和变迁是一个长期的演化过程,因此,对经济制度的研究需要结合经济发展史进行分析。本章全面回顾改革开放40多年来我国的经济发展情况:包括我国经济增长数量及其比较分析、从供给端和需求端的经济增长分析、绿色发展情况和民生发展及人民生活水平情况分析。利用国家统计年鉴、中国环境统计年鉴、中国工业经济统计年鉴、住户调查统计数据和世界银行相关数据,对我国经济总量指标和有关结构指标运用了直观的图表进行呈现,包括7个表和36张图。其中,我国经济增长的总量和速度的衡量指标主要是国内生产总值GDP、国民生产总值GNP、人均GDP、人均GNI指标及其增长速度,同时对比世界平均水平相关指标,说明纵向比较的成就和横向比较的差距;同时还选取了全社会固定资产投资、最终消费、进出口和劳动力人口、人口老龄化、教育、技术进步贡献率、城镇化率等指标,分别从供给端和需求端分析我国经济增长的动力;从单位GDP能源消耗、人均二氧化硫、氮氧化物和烟(粉)排放量以及环境污染治理投资等指标分析我国的绿色发展情况;最后选取返贫发生率、可支配收入、恩格尔系数、预期寿命、养老保险覆盖率和人类发展指数等指标说明我国的民生发展及其变化,其中的教育与卫生等公共服务则选择了人均拥有公共图书馆藏量、每万人医院卫生院床位数、预期寿命和营养不良发生率作为衡量指标。

根据对改革开放40多年来我国经济发展历史的梳理,经过了长期的经济持续增长,2019年我国人均GDP突破1万美元,这也意味着我国中等收入群体规模进一步扩大,有助于培育新的经济增长点,推动中国经济走向内需拉动型增长模式,增强抵御外部冲击的能力;此外,包括绿色发展、公共服务等环境保护和社会民生等方面的水平都得到了较大的提高;但是,经济转型期还存在经济发展质量不高、经济结构不合理、人力资本素质有待提高、收入分配差距较大和城镇化水平不高等问题。

第二章　我国经济发展历程与经济发展方式目标的演进

　　此外,工业化阶段根据库兹涅茨、钱德勒和钱纳里不同的划分标准,我国的工业化历程呈现出不同的结果。显示的最大问题是根据人均 GDP 和城镇化率划分的工业化阶段最为落后,说明我国的劳动生产率偏低,在教育、技术等方面有很大的追赶空间;同时,城镇化发展的质量也有待提高,在城市基础设施、公共服务等领域,一定要做好农民工的生活配套保障,包括农民工的住房、子女教育和养老问题,都应该成为社会安定和经济发展的重中之重。从供给端和需求端两个维度分析我国的经济增长情况表明,首先从供给端来看,我国的资源禀赋和比较优势发生了较大的变化。随着生活水平的提高、医疗条件的改善,人均寿命的延长,老龄化程度的提高,出生率未有较大改善,我国一方面人口基数短期内不会有大的变化,同时,人口红利逐渐减少,对产业结构展和经济发展都会产生较大的影响。其次从需求端来看,我国经济发展动力来源于投资拉动的根本状况有待改变,全社会固定资产投资额占当年 GDP 最高比例出现在 2015 年达 81.89%,随着我国经济发展方式转变以及相应的宏观调控,投资率逐步下降,到 2019 年为 56.74%;居民消费率 2019 年为 55.4%,离发达国家 70%—80%的水平仍有差距。最后从民生来看,我国减贫的成绩是巨大的,居民可支配收入持续上升,收入来源多样化,但人均可支配收入占 GDP 比重偏低,特别是城乡收入差距较大、基尼系数偏高,收入分配不平等现象有待进一步改善,这是关系到社会发展和推进国内大循环的根本问题;以"预期寿命、教育水平和生活质量"为指标测算的人类发展指数在全球排名中虽然提高较快,但仍偏低,还未达到中等水平;教育、民生发展等方面是我国经济发展方式转变的重要方向。

　　我国经济发展目标的推进是有着鲜明特色的,在总量增长中解决了我国短缺经济问题。1984 年以来,从推进经济增长方式由粗放型向集约型转变开始,我国朝着技术进步和提高效率的方向发展;2004 年,"两型社会""环境友好型"建设的提出,加入了环境保护的因素,更加注重经济和社会的可持续发展;2007 年,从转变经济增长方式到加快转变经济发展方式,又加入了经济结构的调整和民生福利的改善等内容;2017 年,经济高质量发展,在经济发展方式所涵盖的内容中强调了创新、协调、共享;而 2020 年提出的构建以国内大循环为主体、国内国际双循环相互促进的新发展格局,则是在新的国际国内环境下,更为重视国内市场和国内消费,降低对外环境和经济发展的依赖;在此基础上,为进一步促进国内经济发展和社会主义市场经济体系建设,2022 年 4 月,提出加快推进国内统一大市场的建设。这些目标的推进,与我国当时的社会经济发展阶段联系在一起,既有历史的必然性,也有紧迫性。只有在转型的困难时期抓住问题的本质,锐意改革,去沉除疴,才能化危机为动力。

第三章　我国社会主义市场经济制度供给及其变迁

第一节　我国社会主义市场经济制度及其变迁

社会主义市场经济是与社会主义基本制度结合在一起的市场经济,体现社会主义根本性质。这一制度下,经济活动遵循价值规律的要求,适应供求关系的变化;通过价格杠杆和竞争机制,把资源配置到效益最好的环节中去,并使企业实行优胜劣汰;运用市场对各种经济信号反应灵敏的特点,促进生产和需求的及时协调;并发挥政府对市场宏观调控作用,以弥补市场缺陷或市场失灵。

市场经济的基础性制度主要包括产权制度、价格机制、竞争机制和信用制度。1978年12月,党的十一届三中全会做出了对内改革、对外开放的基本国策后,我国开始了社会主义市场经济的艰难探索。其后,我们党逐步形成了我国处于并将长期处于社会主义初级阶段的科学判断。1987年11月发布的《中国共产党第十三次全国代表大会关于十二届中央委员会报告的决议》中,提出把社会主义初级阶段基本路线的核心内容,概括为"一个中心、两个基本点":即"以经济建设为中心","坚持四项基本原则"和"坚持改革开放"。2017年,党的十九大对其内容作了进一步表述:领导和团结全国各族人民,以经济建设为中心,坚持四项基本原则,坚持改革开放,自力更生,艰苦创业,为把我国建设成为富强民主文明和谐美丽的社会主义现代化强国而奋斗。

我国社会主义市场经济制度在不断探索和创新中逐步发展,形成了具有中国特色的社会主义市场经济制度。学者们对我国40多年社会主义基本经济制度形成及改革阶段的总结和经验研究，主要集中在2020年，如程恩富、王朝科（2020）；荣兆梓（2020）；高永、丁堡骏（2020）；张晖明（2020）；周泽红（2020）；杨虎涛（2020）；葛扬（2020）；陆立军和王祖强（2020）；刘伟（2020）；龚三乐、王胤奎（2020），其他如于树一、李木子（2019）；戚聿东（2019）；胡怀国（2018）等，划分的依据基本是党的经济工作会议和相关决定；较早的研究主要就研究某一方面的制度如周叔莲（1998）；萧灼基（1998）；农村基本经济制度如温铁军（1999）等。由于政府是制度供给和制度变迁的主体，其经济工作和相关制度文件是划分制度转型的重要依据。因而，本节在研究我国市场经济制度供给和变迁时，也采用相同的依据，同时参考了学者们的研究成果。

从1978年12月党的十一届三中全会开始，我国社会主义市场经济制度建设中制度供给的探索和构建的总体原则是逐步减少计划经济，增加市场经济的规制，其中比较关键的节点有四个：1992年，党的十四大第一次提出"把社会主义基本制度和市场经济结合起来，建立社会主义市场经济体制"；1999年3月，宪法修正案规定，"以公有制为主体，多种所有制经济共同发展，是我国社会主义初级阶段的基本经济制度"，由此正式写入宪法；经过20年的制度建设，2019年，党的十九届四中全会明确指出："公有制为主体、多种所有制经济共同发展，按劳分配为主体、多种分配方式并存，社会主义市场经济体制等社会主义基本经济制度"，2019年10月，在《中共中央关于坚持和完善中国特色社会主义制度、推进国家治理体系和治理能力现代化若干重大问题的决定》中进一步指出，"要求必须坚持社会主义基本经济制度，同时提出了一个目标：加快建设现代化经济体系，而这个体系强调，充分发挥市场在资源配置中的决定性作用，更好地发挥政府作用"；2024年7月，党的二十届三中全会明确提出，到2035年，全面建成高水平社会主义市场经济体制。

本节对我国现行的社会主义基本经济制度解读见表3-1。

表 3-1　我国基本经济制度——社会主义市场经济制度

制度		内容	具体体现	作用
所有制		公有制为主体,多种所有制并存	国有经济、集体经济、个体经济、私营经济、中外合资企业、外商独资企业、混合所有制	促进市场竞争和经济发展
分配制度		按劳分配为主体,多种分配方式并存	工资、经营收入为主、财产性收入等	初次分配/效率
市场体系	产权制度居中	保护财产的所有权、占有权、支配权、使用权、收益权和处置权	宪法、民法典、知识产权相关法律等	保护市场主体合法权益、促进公平正义
	企业制度	以现代企业制度为目标	产权明晰、权责明确、政企分开、管理科学	培育现代市场经济主体
	要素价格形成机制	真实的土地、劳动力和资本价格	土地价格、工资、利率与汇率等形成机制	自由流动、提高配置效率
	宏观调控	财政、税收和区域政策等	各类财政、税收制度和区域政策制度	解决外部性弥补市场缺陷
社会保障		扶贫政策制度;基本社会保障制度	转移收入;养老、医疗、失业、社会救助等	再分配/公平
绿色发展		环境保护制度	污染控制、处理,干部考核制度	可持续发展

注:传统的宏观经济调控主要指财政政策和货币政策,而我国的区域政策从改革开放以来一直贯穿始终,对国家经济发展的空间布局具有重要的调控作用,因而本文将其置于宏观调控范畴,这也是我国社会主义市场经济特色之一;社会保障制度中,扶贫政策制度也是具有中国特色的社会保障制度之一。

本部分主要从社会主义基本经济制度,以及其中的产权制度、企业制度(主要是国有企业改革以及非国有企业多种现代组织形式的发展)、要素价格形成机制、宏观调控制度、社会保障制度和绿色发展制度等方面进行分析,通过这些制度的形成、变迁等历程了解我国市场经济制度的建立和制度变迁。

一、社会主义基本经济制度的构建及其变迁

我国的社会主义基本经济制度主要围绕着所有制改革展开,而所有制改革主要又围绕着国有企业(公有制)和非国有企业(非公有制)改革两类市场主体的地位和作用变化为主线。一方面,我国始终坚持公有制的主体地位,另一方面逐步放开对非公有制经济(民营企业、个体工商户等)的限制和约束,非公有制经济的地位不断上升。公有制与非公有制的关系,在近20年的时间中经历了从"对立"到"必要补充",再到"共同发展"直到"重要组成部分"的变化。从形式上来看,新中国成立初期借鉴苏联模式形成单一公有制,20世纪90年代形成以公有制为主体,多种所有制经济共同发展的基本经济制度;从公有制改革到分配制度改革;再到市场体系建设共三方面逐步进行探索和改革,其领域和内容不断丰富。大致可以分为三个阶段。

(一)借鉴苏联模式的单一公有制阶段(1949—1978)

从新中国成立到改革开放前,我国借鉴苏联模式形成了社会主义公有制经济、按劳分配制度和计划经济体制为特征的基本经济制度。1953年到1956年,我国进行社会主义三大改造,初步建立起了单一公有制的基本经济制度,并开始实行与之相配套的计划经济体制和单一的按劳分配制度。这一制度符合当时我国的基本国情,在新中国成立初期发挥了积极的作用。据《中国统计年鉴》统计资料,1949年我国工业总产值为140.0亿元,到1977年增长到3725.0亿元,增长了25.61倍;GDP从1952年的679.1亿元,提高到1978年的3221.1亿元,增长了3.74倍[1],改变了一穷二白的基本局面。尽管如此,这一制度由于其固有的制度性弊端,在现实经济生活中也导致了平均主义、资源错配、打击劳动者积极性等问题。

---

[1] 龚三乐、王胤奎:《新中国成立以来社会主义基本经济制度的结构性变迁》,《上海经济研究》2020年第9期,第19—33页。

(二)社会主义基本经济制度初步形成阶段(1978—1999)

1978年党的十一届三中全会拉开了改革开放的序幕,也拉开了基本经济制度改革的序幕;1992年党的十四大第一次提出建立社会主义市场经济制度;1997年提出"坚持社会主义市场经济的改革方向","建立比较完善的社会主义市场经济体制";1999年,我国社会主义初级阶段基本经济制度写入宪法。

1.所有制改革。所有制改革主要体现了对非国有经济地位的不断认同和逐步重视的过程。在坚持公有制(国有经济)为主导的前提下,对非国有经济在国民经济中的作用和地位逐步肯定:从1981年"一定范围的个体经济是必要补充",到1984年"个体经济是社会主义经济的必要的、有益的补充";再到1992年"公有和非公有的多种经济成分可以长期共同发展";1997年"非公有制经济是我国社会主义市场经济的重要组成部分",正式确立了"公有制为主体、多种所有制经济共同发展的基本经济制度"。

2.市场主体的改革。国有企业改革和逐步发展非国有企业是市场主体改革的主要内容。国有企业改革起步于放权让利,再到建立现代企业制度;非国有企业主要是在市场经济中不断获得机会并发展壮大。

(1)国有企业改革。1979年,《关于扩大国营工业企业经营自主权的若干规定》等五个文件相继颁布,赋予企业更多的自主经营权力,使企业成为自负盈亏的利益主体,企业和职工的积极性都有所提高。1982年中央推广实行工业经济责任制;1983—1984年通过两步利改税,将国企上交利润改成上缴税收,1983年税后利润留存一部分到1984年全部留给企业,但由于最根本的经营制度没有改变,企业经营利润仍然连连下滑;1984年,国企开始实行政企分开,即所有权与经营权相分离,成为自主经营、自负盈亏的社会主义商品生产者和经营者,改革的形式是实行承包经营责任制。到1987年底,全国国有大中型企业普遍实行了承包制,承包制在当时取得了一定的成功。但是承包制并没有改变固有的政企不分的企业制度,仍存在内部人控制和非理性的市场行为;国企改革的第二阶段是建立现代企业制度阶段,1993年明确了国有企业改革的方向是建立"产权清晰、权责明确、政企分开、管理科学"的现代企业制度。1995年党的十五届四中全会决定对国有企业进行战略性改组,抓大放小,实行股份制以发展混合所有制经济。

(2)非国有经济的发展。1982年,五届全国人大五次会议在宪法中赋予了个体经济合法地位,并指出个体经济是公有制经济的补充;1988年,七届全国人大一次会议在宪法修正案中提出了国家允许私营经济在法律规定的范围内存在和发展,确立了民营企业的地位;1992年党的十四大提出"在所有制结构上,以公有制包括全民所有制和集体所有制经济为主体,个体经济、私营经济、外资经济为补充,多种经济成分长期共同存在和发展",这为我国非国有经济的发展提供了法律依据;1997年,党的十五大提出混合所有制概念,明确指出非公有制经济是我国社会主义市场经济的重要组成部分。

3.分配制度改革。我国的分配制度改革与国有企业改革紧密联系在一起,从国有企业职工的工资分配改革开始,1985年《国务院关于国营企业工资改革问题的通知》提出职工工资总额同企业经济效益按比例浮动的办法;党的十三大、十四大提出"以按劳分配为主体,其他分配方式为补充";党的十五大提出"允许和鼓励资本、技术等生产要素参与收益分配",正式明确了"坚持按劳分配为主体、多种分配方式并存"的分配制度。这一分配制度主要涉及初次分配,重在解决效率问题;此外,通过再分配,如扶贫政策、转移支付和个人所得税改革等手段进行收入调节,缩小收入差距。

4.市场体系改革。与此同时,以所有制关系为前提和基础,体现所有制关系、交换方式和资源配置方式的经济体制也开启了从社会主义计划经济体制向社会主义市场经济体制的转型,并基本构建了具有中国特色的社会主义市场经济体制。1982年党的十二大正式提出"计划经济为主,市场调节为辅"的原则及发展模式,开始大胆尝试市场机制的作用;1992年正式提出建立社会主义市场经济体制的改革目标——使市场在国家宏观调控下对资源配置起基础性作用,这是第一次在经济体制中加入了"市场";1997年党的十五大提出

"使市场在国家宏观调控下对资源配置起基础性作用",进一步明确和提升了市场在经济体制中的地位和作用。

(三)基本经济制度发展完善阶段(1999—2019)

1999年,将社会主义基本经济制度写入宪法。1999年到2019年党的十九届四中全会前,是我国基本经济制度在内容上认识深化、改革深入和理论健全阶段。

1. 所有制改革方面,公有制经济和非公有制经济的关系有了新的发展。从"共同发展"到"两个毫不动摇""两个平等"和"两个都是"。2002年,党的十六大提出"两个毫不动摇":"必须毫不动摇地巩固和发展公有制经济,必须毫不动摇地鼓励、支持、引导非公有制经济发展";2007年,党的十七大进一步提出"两个平等",即"坚持平等保护物权,形成各种所有制经济平等竞争、相互促进新格局",标志着我国对两种所有制经济关系认识的进一步深化,有利于消除对非公有制经济的歧视,促进两种所有制经济共同发展;2013年,党的十八届三中全会又进一步提出"两个都是",即"公有制经济和非公有制经济都是社会主义市场经济的重要组成部分,公有制经济和非公有制经济都是我国经济社会发展的基础"。这标志着我国将非公有制经济与公有制经济置于同等重要的位置,二者皆是我国社会主义市场经济的重要部分和发展基础,这是我国对基本经济制度认识的重大突破。2017年,党的十九大将"两个毫不动摇"纳入习近平新时代中国特色社会主义思想,成为我国的一项大政方针。

2. 国有企业公司治理改革。从以所有权为主体的制度性改革,开始转向以内部治理为主要目标的体制机制改革,培育符合市场经济的市场主体。2003年3月成立了国有资产管理委员会,依照《中华人民共和国公司法》等法律和行政法规履行出资人职责,按照现代企业制度推进国有企业改革和重组,完善国有企业公司治理;2003年11月,在党的十六届三中全会《关于完善社会主义市场经济体制若干问题决定》中,进一步强调现代企业制度的重要基础是建立归属清晰、权责明确、保护严格、流转顺畅的现代产权制度;2007年党的十七大进一步提出,深化国有企业公司制股份制改革,以此健全国有企业的现代企业制度,同时优化国有经济布局和结构;新的时期随着我国经济发展进入新常态,2015年9月,国务院在《关于深化国有企业改革的指导意见》中,对国有企业实行分类管理和职能划分,从以更加公平和清晰的视角提出对国有企业进行分层化科学管理;2015年11月,党中央首次提出"供给侧改革"的概念,将国有企业作为供给主体,通过去产能、重新整合资源配置来进行改革。另外,近年来,国资央企积极稳妥推动混合所有制改革,不断拓宽混改领域和范围,着力"以混促改"转换经营机制。

3.非国有经济主体方面,随着非公有制经济地位的进一步上升,我国于2005年和2010年分别颁布了《关于鼓励支持和引导个体私营等非公有制经济发展的政策性文件》(旧36条)和《关于鼓励和引导民间投资健康发展的若干意见》(新36条)。新、旧36条通过制度和政策放宽了非公有制经济的市场准入,非公有制经济迎来了一个全新的发展环境,开始向以前被垄断的不能涉足的更广阔经济领域进军。但是在实际发展过程中,非公有制经济仍然面临一些"无形的"障碍。2013年党的十八届三中全会通过《中共中央关于全面深化改革若干重大问题的决定》,提出坚持权利平等、机会平等和规则平等,废除对非公有制经济各种形式的不合理规定,消除各种隐性壁垒,制定非公有制企业进入特许经营领域的具体办法。2017年党的十九大提出实施市场准入负面清单制度,废除妨碍市场统一和市场公平竞争的障碍,放宽市场准入,真正实现"非禁即入",激发非公有制经济发展活力,支持民营企业发展。

4.分配制度方面,在"坚持按劳分配为主体、多种分配方式并存的制度"的基础上,逐步扩大要素分配范围:2002年党的十六大提出"劳动、资本、技术和管理等生产要素按贡献参与分配的原则",并阐述了分配的效率与公平问题;2007年党的十七大进一步阐明分配效率与公平的关系及其处理原则;2012年党的十八大进一步提出完善初次分配机制和再分配调节机制。

5.市场经济体制方面,党的十六大、十七大、十八大分别提出"在更大程度上""从制度上""更大程度更广范围"发挥市场在资源配置中的基础性作用;2013年党的十八届三中全会提出"使市场在资源配置中起决定性作用和更好发挥政府作用",从"基础性作用"到"决定性作用",这是对政府与市场关系认识的重大制度创新;2017年党的十九大,又做出了"使市场在资源配置中起决定作用,更好发挥政府作用"的细微调整。

(四)"三位一体"的社会主义基本经济制度(2019年以来)

2019年党的十九届四中全会对社会主义基本经济制度做出了新的概括,将"公有制为主体、多种所有制经济共同发展"、"按劳分配为主体、多种分配方式并存"和"社会主义市场经济体制"三项制度一并纳入社会主义基本经济制度,形成了"三位一体"的社会主义基本经济制度,这标志着我国社会主义基本经济制度内涵更丰富,目标更明确。

就所有制而言,40多年的实践充分证明,公有制经济和非公有制经济两者相得益彰、相互促进。必须充分激发各类市场主体的内生动力和创新活力,为各种所有制经济创造公平竞争、竞相发展的环境。2024年7月,党的二十届三中全会继续强调,毫不动摇巩固和发展公有制经济,毫不动摇鼓励、支持、引导非公有制经济发展,保证各种所有制经济依法平等使用生产要素、公平参与市场竞争、同等受到法律保护,促进各种所有制经济优势互补和共同发展。

当前,我国国有企业主要在能源、化工、通信、电力、交通、钢铁、国防、邮政和市政等行业,以社会稳定和经济发展为主要目标,在公共产品提供等领域发挥宏观调控作用;非国有经济也得到极大发展,存在股份制公司、合伙企业、个体工商户以及网络经营等各种形式。据国家市场监督管理总局发布统计数据,2020年,即使在疫情影响下,前三季度全国新设市场主体1845.0万户,同比增长3.3%;截至9月末,全国登记在册市场主体1.34亿户;同时,混合所有制步伐也在加快。2013年以来,中央企业累计实施混改4000多项,引入各类社会资本超过1.5万亿元。在积极推动充分竞争行业和领域的企业混合所有制改革的同时,有序探索电力、电信、民航等重要领域的混合所有制改革。到

2020年,我国混合所有制企业户数在央企法人单位中的占比提高到超过70%,上市公司已经成为混改的主要载体。

从1992年党的十四大提出建立社会主义市场经济体制,到2002年党的十六大提出完善社会主义市场经济体制,到2022年党的二十大提出构建高水平社会主义市场经济体制,过去30多年来我国一直在探索建立和完善社会主义市场经济体制。当前提出的高水平社会主义市场经济体制是中国式现代化的重要保障。

二、产权法律制度

产权制度是市场经济最根本的制度之一,是由一系列维护财产权的法律制度组成的。对于财产所有者而言,保障私有财产权不仅是对过去的认可,而且是对未来的激励。市场经济制度建立在公民个人创造力的基础之上,法律完善私有财产权的保障可以促进市场经济的健康发展。可见,私有财产权在宪法基本权利体系中具有核心意义。我国保护产权的法律制度包括国家的根本大法《宪法》和各类民法。2004年3月,十届全国人大二次会议通过了第四次宪法修正案,指出"公民的合法的私有财产不受侵犯";集我国长期实践形成的民事法律规范《中华人民共和国民法典》,从起草到颁布历时5年多,于2020年5月28日由十三届全国人大三次会议通过,自2021年1月1日起施行。由于《民法典》包括了物权、合同、人格权、继承、侵权责任等,因此废止了原有的相关法律,如物权法(2007)、合同法(1999)、继承法(1985)、民法通则(2009)、担保法(1995)、民法总则(2017)和侵权责任法(2010)等,这是一部与每个人息息相关的法律制度,在我国立法史上具有里程碑的意义。其他保护产权的法律制度还有中国知识产权法,包括相关的系列制度及执法体系。从1980年加入世界知识产权组织以后,我国相继制定了《中华人民共和国商标法》(1982年制定,2001年修订)、《中华人民共和国专利法》(1984年制定,2008年修订)、《中华人民共和国技术合同法》、《中华人民共和国著作权法》(1990年制定,2010年修订)、《计算机软件保护条例》(2001年)和《信息网络传播权保护条例》(2006年)等法律法规,形成了较为完整的知识产权法律保护体系。但是,知识产权法在惩罚性赔偿制度方面存在不少执行层面的问题,比如适用条件不够明确,对于恶意的侵权行为认定不明确,适用的范围比较窄,没有有机结合补偿性和惩罚性赔偿,从而降低了违法成本,减少了执法效果,由此也导致了赔偿额度标准不够科学,被侵权人受到的损失能够得到有效的填补等问题。此外,在实施监督、保障各项知识产权法制度执行方面还有许多问题,有关法律及法规仅在中国大陆生效。

目前,保护市场公平竞争环境和防止垄断的基本法律有《反不正当竞争法》和《反垄断法》,前者是1993年颁布,2017年修订的,后者是2008年8月1日施行的,也是我国制定的第一部反垄断法律;此外,与此相关的法律《关于审理因垄断行为引发的民事纠纷案件应用法律若干问题的规定》由最高人民法院出台,于2012年6月1日起实行。作为市场经济国家基本的法律制度,反垄断和维护市场公平竞争的法律条文还有待进一步完善。

三、生产要素价格形成制度

竞争形成市场价格是市场经济的表象,价格机制的完善与否是判断市场经济是否成熟最重要的标志,特别是对于生产资料的要素市场价格而言,其价格是发挥市场在资源配置中作用的起点。基本的生产要素包括劳动力、资金和土地,与此相对应的价格是工资、利率和汇率以及土地价格;此外,现代市场经济中,资源、技术和信息成为重要的生产资料。改革开放以来,我国逐步建立了要素市场体系,在劳动力、土地、资本和技术市场开展价格市场化改革,并取得了一些成效,但是在这个过程中,要素价格扭曲和"双轨制"仍然存在,技术和数据等市场价格仍未形成。总体来说,我国生产要素价格形成制度的构建可以分为以下几个阶段。

(一)改革高度集中的计划价格体制(1978—1991)

改革开放之初,国家开始改革高度集中的要素计划价格体制,主要是对工资、土地价格和利率进行改革。在劳动力市场,1985年我国实行工资制度改革,废除了等级工资制度,企业工资以经济效益为准,内部自主分配;机关事业单位则建立了以职工工资为主的结构性工资,其他还有职务工资、工龄津贴和奖励工资。这些改革细化了工资性收入的来源,有利于激发劳动者的生产积极性,但随着企业自主权的扩大,部分企业采取压低劳动者工资的方法来达到企业利润最大化的目标,极大损害了劳动者的合法权益,这种不合理现象促使了我国最低工资制度的建立。土地市场上,1988年宪法修正案规定"土地的使用权可以依照法律的规定转让",不再规定"不得出租土地",从而确立了土地使用权的商品属性。1990年国务院第55号令进一步规定了土地使用权出让、转让、出租、抵押的具体办法,国家有偿、有限期土地出让使用权政策开始实施。在资本市场上,我国规范了利率管理,适当扩大了金融机构存贷款利率浮动范围,下放了利率波动管理权。汇率制度已经从单一汇率制度转变为双轨制,在这种制度中,官方汇率与贸易外汇的内部结算价格共存,而官方汇率与外汇调整价格并存。

(二)建立要素价格市场化形成机制(1992—2012)

1993年党的十四届三中全会后,中央强调要"加快要素价格市场化改革,完善要素价格形成机制,更大程度地发挥市场在资源配置中的基础性作用"。

在劳动力市场价格上,企业方面,1993年和2010年分别颁布了《国有企业工资总额与经济效益挂钩的规定》和《中央政府企业工资总额预算管理暂行办法》。机关事业单位方面,通过改革工资制度,简化基本工资结构,建立健全完善的增资办法,从而实现工资调整的制度化和规范化。同时,为避免人为压低工资,1993年,劳动部发布《企业最低工资规定》,这是我国关于最低工资制度的第一部规章制度,规定了最低工资的调整办法,管理制度和监督机制等内容;1994年,八届全国人大第八次会议通过的《劳动法》将国家实行最低工资保障制度纳入,最低工资的具体标准由省、自治区、直辖市人民政府规定,报国务院备案;用人单位支付劳动者的工资不得低于当地最低工资标准。这标志着我国开始实施最低工资保障制度。1995年,我国大部分地区都建立了适合本地区经济社会发展的最低工资标准。2003年,再次修改的《最低工资规定》(2004年3月1日开始施行),要求各省市要根据当地实际情况,至少在两年内调整一次最低工资标准。随着我国居民收入水平不断上升,各地依据《最低工资规定》调整的最低工资标准呈现逐年上升的趋势。

在土地要素市场上,公开土地出让制度不断得到完善,土地有偿出让的形式已逐渐转变为招标、拍卖、挂牌等方式,制度上也已经形成了较为规范的工业用地出让价格标准和土地基准价格制度。同时,为了建设城乡土地大市场,城乡土地一体化开始推进。2008年,《中共中央关于推进农村改革发展若干重大问题的决定》要求逐步建立城乡统一的建设用地市场。2012年,原国土资源部发布了相关土地市场配套政策,建立起了较为完整的城乡土地制度框架。

资本市场方面的改革,按照"外币先,本币后;先贷款,后存款";"存款先大额长期、后小额短期"的基本步骤,逐步放宽了对利率的控制。1994年,我国进行了外汇管理体制改革,废除了"双轨制"汇率制,将人民币官方汇率与市场汇率合并,实行了单一的、有管理的浮动汇率制度。2005年,实施了以市场供求为基础,同时参考一篮子货币进行调节的、有管理的浮动汇率制度。

(三)健全完善要素市场化价格体制(2013年以来)

2013年以来,在此前要素价格市场化改革的基础上,中央提出要"完善主要由市场决定价格的机制。凡是能由市场形成价格的都交给市场,政府不进行不当干预"。这一阶段的改革着力破除限制资源要素自由流动的价格机制障碍,积极推进要素价格市场化改革,促进要素公平交易和自由流动,加快完善由市场决定的价格形成机制,促进要素自由流动、价格反应灵活、竞争公平有序的市场价格环境的基本形成。

劳动力市场方面,至2013年,历经30余年的改革,初步形成了较为完善的劳动力市场价格机制,与我国市场经济相适应,并能够灵活反应市场的供需关系。土地市场方面,通过实行"有偿、有期限、可流转"的土地制度,土地的经济价值得以体现,2015年1月,中央办公厅、国务院办公厅联合印发《关于农村土地征收、集体经营性建设用地入市、宅基地制度改革试点工作的意见》,俗称"三块地"改革,在全国33个县(市、区)部署农村土地制度改革试点工作。这次改革的主要目的是缩小征地范围,规范征地程序,完善对被征地农民的保障机制,确保农民的合法权益;2014年,首次把人口落户城镇作为政府工作目标,之后开始改革户籍制度,逐步取消了农业户口与非农业户口的差别,建立了城乡统一的"居民户口"登记制度,并逐步按照常住人口(而非户籍人口)规模来规划公共服务供给,包括义务教育、就业服务、基本养老、基本医疗卫生、住房保障等。

2019年8月26日,全国人大常务委员会第十六次会议通过了对《土地管理法》的修订,在农村"三块地"改革、土地规划和土地监察等方面做出了多项创新性规定,特别是集体经营性建设用地直接入市和土地征收制度改革,对促进城乡土地流转和完善土地价格形成机制具有重大意义。资本市场方面,随着资本市场不断成熟,利率市场化改革继续以"以市场资金供求为基础,以中央银行基准利率为调控核心,由市场资金供求决定各种利率水平的市场利率体系"为目标。2019年8月17日,中国人民银行对贷款市场报价利率(以下简称"LPR")定价机制进行改革,通过改变LPR报价方式,扩大报价行范围,改变报价频率等手段进行改革,促进利率"两轨合一轨",深化利率市场化改革。疏通利率传导渠道,提高利率传导效率。引导实际贷款利率下行,降低实体经济融资成本。

生产要素能自主有序流动,是提高要素配置效率最根本的保障,因此,扫清障碍,畅通和保障要素和资源的自由、低成本流动,构建更加完善的要素市场价格形成机制是发挥市场对资源配置决定性作用的重要一环。

（四）建立全国统一大市场（2022年以来）

2022年10月，党的二十大报告提出构建全国统一大市场，其中包括深化要素市场化改革，畅通生产要素和资源的自由流动；破除制约经济循环的制度障碍，推动生产要素循环流转和生产、分配、流通、消费各环节有机衔接，建设高标准市场体系。这将有利于生产要素价格形成机制，反映其真正的市场价值。

四、宏观调控制度及其演进——以税收和区域经济政策为例

现代市场经济是市场和政府共同起作用的经济制度。2017年党的十九大对市场和政府关系的最新表述为"使市场在资源配置中起决定作用，更好发挥政府作用"。宏观调控制度是政府弥补市场缺陷的有效途径，包括经济手段、法律手段和行政手段，其中，经济手段是主要手段，而经济手段中，税收又是最常用的手段，在各国宏观调控中发挥着极为重要的作用；我国的区域经济政策一直贯穿改革开放始终，国家层面的区域经济政策已渐渐成为宏观调控体系中新的有效手段。

（一）税收政策制度

1. 以流通税和所得税为主体的财政和税收体系（1978—1993）

（1）构建涉外税收体系。改革开放初期，为了适应吸引外资和多种所有制并存的格局，我国开始建立涉外税收体系和改革国内税制。1980年9月至1981年12月，先后颁布了《中华人民共和国中外合资经营企业所得税法》《中华人民共和国外国企业所得税法》《中华人民共和国个人所得税法》，优先确立了涉外企业和个人的税制法规体系，为我国改革开放之初引进外资和中外经济、技术合作保驾护航。

（2）国有企业利改税。为规范国家和国营企业的分配关系，我国于1983—1984年实施了两步"利改税"，即1983年将国营企业上缴利润由部分

地改为缴纳企业所得税到1984年以税收完全取代企业上缴的利润。通过两步"利改税",税收收入占国家财政收入的比重由1979年的46.9%上升到1982年的57.7%,1985年该比重上升为95%以上,并在以后的很长一段时间内都维持在这一比例之上;相应地,利润上缴占国家财政收入的比重直线下降。税收收入成为国家财政收入的最主要来源。

(3)1980年我国通过第一部《中华人民共和国个人所得税法》;1986年规定对本国公民的个人收入统一征收个人收入调节税;1993年统一个人所得税,规定所有中国居民和有来源于中国所得的非居民,均应依法缴纳个人所得税。随后,个人所得税主要围绕着提高免征额展开。

这一阶段,我国的税收制度进行了全面改革,体制上采取复合税制,结构上逐步建立了以流通税和所得税为主的税收体系,总体上与我国的经济体制相适应。但在对内对外税制和城乡上还有区别,且仍然有一些"非中性"特征和有待完善的地方。

2. 分税制改革及其完善(1994—2012)

1994年的"分税制"改革是我国税收制度的分水岭,将税种分为中央、地方和中央与地方共享税三种,并形成了国税和地税两套班子。此后,中央财力大大增强,中央和地方财政收入占比由1978年的15.5%和84.5%到1994年的55.7%和44.3%,甚至1993年中央和地方占比还存在22%和78%之差;此外,1994年税制改革特别强调了统一税制和公平税负的要求。其中,统一税制主要是将改革开放初期的涉外税制与内资企业和国内居民个人所得税进行统一,还包括统一规范税收优惠政策等内容。这些措施使企业税负大致公平,进而为企业平等竞争创造条件。1994年的税制改革是新中国成立以来规模最大、范围最广泛、内容最深刻的一次税制改革。1994年分税制改革后,直到2008年全部实现了内外资税制的并轨,其间统一了内外资企业所得税、车船税和房产税等;同时,2006年,除烟叶税外,我国全面取消了农业税;为了避免重复征税,体现税收的公平性,2004年开始,在东北地区部分行业开始试点将当时实施的生产型增值税改为消费型增值税,到2009年在全国所有地区、所有行业推行了增值税转型改革。

3.完善税收收入制度探索建立现代财政制度(2012年以来)

2012年,税收制度改革向纵深方向推进,设定以建立现代税收制度为目标,实现税收治理现代化。2013年11月,党的十八届三中全会通过了《中共中央关于全面深化改革若干重大问题的决定》,明确指出:财政是国家治理的基础和重要支柱,并提出了建设现代财政制度的要求。2017年党的十九大报告指出中国特色社会主义进入新时代,提出了"加快建立现代财政制度"的要求,即以科学的税收收入制度为主要特征。具体从以下几个方面进行了改革和规范:

流转税方面的重大改革是营业税改征增值税(营改增),目的是进一步优化税收来源,减少重复征税和减轻企业负担。2012年开始了营改增试点,试点从区域到行业逐步全面推开,2015年增值税完全取代了营业税,增值税也由以前中央与地方各占75%和25%的分成改成五五分成。此后,通过简并税率、下调税率以及留抵退税制度改革的实施,我国增值税制度不断优化,增值税的不断改革既规范了税收,也进一步激发了市场主体活力,推进了供给侧结构性改革,为我国经济转型升级增添了新动能。

个人所得税是直接税,是世界各国的主要税种,也是收入分配调节的重要工具。个人所得税主要围绕提高起征点(免征额)展开,此前于2006年第一次规定免征额为1600元,2008年提高到2000元,2011年为3500元,2018年10月提高到5000元。其中,2018年8月31日,我国通过了《关于修改〈中华人民共和国个人所得税法〉的决定》,继续提高免税额,在税制模式上初步采用了"综合和分类相结合"的方式,并在专项附加扣除制度上引入了"差别化"概念,该制度于2019年1月1日起生效。从而建立了政府与自然人纳税人之间的税收联系,建立了现代个人所得税的基本制度框架,对于中国税制改革具有里程碑式的重要意义。

为提高资源利用率和环境保护,在资源税方面进行了改革:从2014年到2016年,资源税征收方式实现了由"从量计征"改为"从价计征"。2019年8

月 26 日,《中华人民共和国资源税法》通过,标志着资源税征收方式改为"从价计征"及征收范围扩大至水资源的试点改革取得成功,并正式写入法律条文。同时,2016 年通过《中华人民共和国环境保护税法》,自 2018 年 1 月 1 日起施行,将大气污染物、水污染物、固体废物和噪声一并纳入应税污染物的范畴。这部法律的实施,推动了我国环境保护用税收取代一些具有税收特征的收费,从法律层面约束和规范了绿色行为。

此外,从行政层面对征收行为进行规范,2018 年 3 月我国进行国税地税征管体制改革,将国税与地税征管机构进行合并,这是继 1994 年我国将国税地税机构进行分离后,我国对税收机构的第二次重大调整。这有利于优化我国税收管理体制,提高税收征收能力,更好地发挥税收在国家财政中的基础性、保障性、支柱性作用,对我国的税收治理具有重大而深远的意义。

(二)区域经济发展政策制度

由于我国各地经济发展、自然资源禀赋、地理位置和人力资源等条件不同,我国各地经济发展水平存在较大差别,改革开放初期,"鼓励一部分人和一部分地区先富起来"以及随后实施的区域经济政策,向国有企业减政放权,搞活民营企业,多种所有制共同发展等政策制度,在相当程度上促进了部分沿海地区快速发展。

改革开放之初,区域不平衡政策是在经济总体落后的情况下,通过探索性实验促进自然条件较好的地区先行发展,以带动其他地区;随着整体经济实力的增强,区域差异的扩大不利于地区和全国经济的发展,政策制度转向减少这种差距。开始于 20 世纪 80 年代的沿海和港口城市或地区如 1985 年长江三角洲、珠江三角洲、闽南厦漳泉三角区再到沿边、沿江城市再到内地分片区,如西部大开发、振兴东北老工业基地、中部崛起,随后到服务功能分区的京津冀协同发展再到以保护区域生态环境为前提的长江经济带发展规划、以高精尖技术为发展特色的粤港澳大湾区等,见下表 3-2。

表 3-2 我国区域政策汇总

实施时间	政策名称	实施区域	优惠政策制度	目的	特点
1980—1990	沿海、沿边14个城市和深圳经济特区	长江沿岸港口开放、14个沿海城市开放、上海浦东开发	设经济技术开发区，对"三资"企业和银行减免税，生产性内资企业减免税	引进外资和管理经验、技术	减免税
20世纪90年代	东部沿海开放地区	长三角、珠三角、环渤海经济区	财政、税收、基础设施、投资、土地、外贸、资源等方面政策优惠和改革试点支持	基础设施和外贸的发展	全方位供给优惠政策
1999年提出2001年实施	西部大开发	12个省市。面积约占全国的71.4%；2002年末人口占全国的25%；约占国内生产总值的15%	资金、金融信贷支持、改善投资软环境、税收优惠、土地使用优惠、矿产资源优惠、价格和收费机制进行调节、扩大外商投资领域	基础设施改善和生态环境	
2003年	振兴东北等老工业基地	东北三省	社会保障试点、增值税转型、豁免企业历史欠税、国有企业政策性破产、中央企业分离办社会职能、厂办大集体改革	重新振兴老工业基地，发展经济	减少重复征税；减负；分离企业社会功能
2003年提出2006年实施	中部崛起	中部六省	豁免历史欠税、税收优惠等	促进中部六省发展	减负
2001年提出2014年实施	京津冀地区协同发展	北京市、天津市、河北省	交通建设、公共服务建设；推进要素市场一体化	分离非首都功能、调整结构	管理协调
2013年提出2016年实施	长江经济带	长江沿线11个省、市	水资源管理制度和生态环境保护制度	生态保护和绿色发展	管理协调
2013年提出2015年实施	一带一路	古代丝绸之路沿线国家和地区	对沿线国家提供资金贷款支持，为国内企业提供工程和服务创造条件	国际区域合作	信贷
2016年提出2019年实施	粤港澳大湾区	广东省、香港和澳门特别行政区	差异性政策；企业减税降费、人才政策	国际化、高精尖技术、创新创业	现代制度探索、管理协调

续表

实施时间	政策名称	实施区域	优惠政策制度	目的	特点
2019年实施	中国特色社会主义先行示范区	深圳市	以清单式批量申请授权方式,在要素市场化配置、营商环境优化、城市空间统筹利用等重点领域深化改革、先行先试	高质量经济、法治、文明、民生、可持续发展	指导协调

资料来源:根据中央政策文件汇总。

非均衡的区域政策在早期为带动我国经济发展方面作出了巨大的贡献,也为改革提供了实验田和成功样本。总览这些政策,几乎涉及全国所有地区,既有一定的地区特色,又有一定的交叉实施,政策优惠各有特点。

其他还有支持革命老区、民族地区和边疆地区发展的区域战略、自由贸易区政策;省级层面如环杭州湾地区、环北海等,以及城市圈、都市区、开发区政策等。截至2015年9月,共有219个国家级经济技术开发区,其2017年末的地区生产总值占国内生产总值的11%,支撑了地区经济的发展;截至2018年6月,全国共有19个国家级新区。总体来说,国家新一轮区域政策并没有改变分权、差异化、效率优先和激励竞争的基本原则。

五、社会保障制度——扶贫和基本社会保障制度

社会保障制度是通过再分配手段弥补市场在分配领域失灵的重要手段,在维护社会公平正义方面发挥着极为重要的作用。我国的社会保障制度首先是扶贫政策及制度,其次是西方经济学传统意义上的基本社会保障制度。

(一)扶贫制度演进及成效

我国的扶贫制度属于社会救济,是国家通过国民收入的再分配对无法维持最低生活水平的社会成员给予救助,以保障其最低生活水平。我国的扶贫

工作始于改革开放,随着扶贫进展和贫困形式的变化进行了变革,从扶贫对象、扶贫方式、扶贫组织到扶贫模式都经历了体系化和制度化变迁。改革开放之初以贫困县为主要对象,国家提供专项资金和专项政策进行"救济式"扶贫,主要方式是单方面财政转移,以资金补贴贫困县;1994年后,扶贫工作重心转向偏远的中西部贫困区,同时加大资金投入,扶贫方式向"输血式"转变,推动"区域互助"的扶贫体系建立;2001年至2012年,扶贫对象进一步缩小,扶贫重点转以村域为单位,进行"造血式"扶贫,增强其脱贫能力的培育,同时将扶贫工作统筹于国家发展战略之中,加快完善农村基础设施建设;2013年至2021年,则是"扶贫到户,精准到人"的精准扶贫阶段;此后,对农村的扶贫工作转为乡村全面振兴,通过发展经济防止因病或其他原因返贫。

改革开放以来,我国农村绝对贫困人口累计减少8亿多人,其中,1978年到1985年,我国农村的贫困人口总数由2.5亿减少到了1.25亿,贫困人口占农村总人口的比例从30.7%降至14.8%[①]。截至2018年底,全国农村绝对贫困人口减少到1660万人,贫困发生率降至1.7%;党的十八大以来,我国组织实施了人类历史上规模最大、力度最强、惠及人口最多的脱贫攻坚战。2021年,现行标准下9899万农村贫困人口全部脱贫,平均每年脱贫1000多万,相当于一个中等国家的人口。改革开放40多年来,中国累计7.7亿人脱贫,对全球减贫贡献率超过70%[②],提前10年实现联合国2030年可持续发展议程减贫目标。2021年2月25日,我国宣布全面脱贫,成为首个完成联合国千年发展目标中减贫目标的发展中国家。

(二)基本社会保障制度变迁

改革开放以来,我国社会保险制度从早期主要面向城镇居民的"专利"发

[①] 中国农村扶贫开发的新进展白皮书[EB/OL].(2011-11-16).http://www.gov.cn/zhengce/2011-11/16/content_2618564.htm。

[②] 龚鸣等:《"中国扶贫措施与时俱进、行之有效"——外国媒体积极评价中国脱贫攻坚成就》,《人民日报》2020年10月29日。

展到现在成为全体人民共享国家发展成果的基本制度保障,发展历程可以概括为以下几个阶段:

1. 恢复传统并改革国有企业社会保险制度(1978—1992)

1978年以前,我国的社会保障制度呈现出"企业保险"的典型特征,1978年到1992年的社会保障制度主要是维持、巩固和完善这种传统制度模式。与此同时,这一时期的改革主要是开始探索由"企业保险"向"社会保险"的转变,涉及养老保险、失业保险和医疗保险。在养老保险方面,1984年我国在进行试点后,于1991年发布了《关于企业职工养老保险制度改革的决定》,将养老保险的缴费方式由之前的企业缴费改为由国家、企业和个人三者共同承担,这在很大程度上减轻了企业的负担;失业保险方面,我国于1986年颁布了《国营企业职工待业保险暂行规定》,经过八年的试行,1993年,我国颁布了《国有企业职工待业保险规定》,规定企业应交纳一定的待业保险金,以满足符合要求待业职工的基本生活需求。这对保障待业职工权益,维护社会稳定等方面具有积极作用;医疗保险方面,1989年我国在部分省市进行医疗保险制度改革试点和社会保险制度综合配套改革试点,核心是创立社会统筹和个人账户相结合的医疗保险制度,这是我国首次对医疗保险制度改革进行的有效探索,走出了实质性的第一步。

从这一阶段社会保障制度的发展来看,我国社会保障改革主要是针对国有企业改革的需要提出来的,国家从养老保险改革开始入手,过渡到失业保险,随后再逐步建立其他保障制度目的是为了减轻企业负担。

2. 新型社会保障制度框架初步形成和新旧制度并存阶段(1993—1997)

这一阶段是我国社会保障制度的探索性改革阶段,同时也是我国新型社会保障制度的框架初步形成和新旧社会保障制度并存的阶段。

在养老保险方面,1995年国务院发布了《关于深化企业职工养老保险制度改革的通知》,为养老保险提供了一种新模式,分别设立企业补充养老保险和个人储蓄性养老保险;在医疗保险方面,1994年,我国分别在江苏省镇江市和江西省九江市开展试点工作,以探求建立社会统筹和个人账户相结合的医疗保险制度。尽管试点进程曲折,难度超乎想象,但是为医保制度的改革积累了丰富的经验和教训;在工伤保险方面,我国在1996年试行了《企业职工工伤保险试行办法》,建议设立工伤保险基金,用于支付在工作中受伤或因工而病的工人的医疗费和经济补偿,首次将工伤保险作为单独的社会保险制度实施。

这一阶段,社会保障仍属于经济领域范畴。开始提倡将社会统筹和个人账户结合起来,不仅可以减轻财政压力,还有助于个人养老意识的培养。

3. 新型社会保障制度推进改革阶段(1998—2006)

在医疗保险方面,1998年,国务院发布了《关于建立城镇职工基本医疗保险制度的决定》,强调城镇所有用人单位都必须参加基本医疗保险,为城镇职工基本医疗保险制度的基本原则和管理方式指明了方向。2005年,国务院发布了《关于完善企业职工基本养老保险制度的决定》,养老保险的覆盖范围得到扩大,养老金水平更加趋于合理,被保险人的激励约束机制开始建立,养老基金的监管力度得到加强。在失业保险方面,我国1999年发布了《失业保险条例》、《城市居民最低生活保障条例》和《社会保险费征缴暂行条例》,对失业保险、最低生活保障等方面的社会保障工作的具体事项做出详细规定。截至1999年9月,最低生活保障制度在我国所有城市建立,到2000年12月底,我国城市居民有超过400万人获得最低生活保障。

农村地区社会保障第一次被纳入社会保障体系中。2002年,农村地区的医疗卫生工作成为国家重点关注的问题,国家寻求在农村地区建立以大病统筹为基础的新型医疗保险制度。2002年12月,《中华人民共和国农业法(修订草案)》出台,农村合作医疗制度被正式写入法律。2003年《关于建立新型农村合作医疗制度的意见》出台,对农村医疗工作和制度进行重新规划,并同样采取试点方法,为日后农村医疗卫生工作积累了宝贵经验。2006年,国务院颁布了《国务院关于解决农民工问题的若干意见》,对出现拖欠工资、安全问题、缺乏社会保障等农民工问题进行了总结,并给出解决方案,很大程度上保障了农民工合法权益。

这一阶段我国社会保障制度的重大变化是将农村居民纳入社会保障体系

中;同时开始关注城市的农民工流动人口等经济发展进程中出现的新群体的社会保障问题。

4.新型社会保障制度逐步完善阶段(2007年以来)

2006年党的十六届六中全会从构建社会主义和谐社会的战略高度,明确提出到2020年建立覆盖全民的社会保障体系。2007年党的十七大报告再次提出加快建立覆盖城乡居民的社会保障体系。这标志着我国社会保障制度建设进入了一个新的历史阶段,社会保障制度不再仅仅为经济发展服务,而是独立地成为社会主义制度的一部分。

2009年,民政部发布了《关于制定福利机构儿童最低养育标准的指导意见》,2010年,民政部发布了《关于建立高龄津、补贴制度先行地区的通报》,对社会特殊群体的社会保障做出了具体规定,为推动普惠型社会福利体系的进程提供了有益的探索。

2012年党的十八大以来是社会保障制度发展速度最快、政府投入最大、改革力度最强、惠及民生最广的时期,我国社会保障制度进入了全面建设层面,制度体系逐渐趋于稳定。具体围绕城镇居民社会养老保险、《社会保险法》实施、建立中国境内就业外国人社会保险、军人保险立法、完善老年人权益保障立法、发展养老服务业、建立城乡居民基本养老保险、社会救助立法、发展现代保险服务业、建立机关事业单位工作人员养老保险和职业年金、开展城乡居民大病保险、基本养老保险基金投资管理、建立城乡居民基本医疗保险、全国社会保障基金管理、慈善事业立法、开展长期护理保险试点等方面,进行了制度制定、完善与实施工作。

社会福利方面,国务院于2011年底发布《社会养老服务体系建设规划(2011—2015)》,强调建立一个与经济快速发展相适应、与国家建设相同步的养老体系,规划将我国的社会养老服务体系进行分类,明确了各种养老方式的具体服务内容和预期的建设目标,开始为养老服务补短板。2014年5月,《社会救助暂行办法》的实施标志着我国尝试整合多种社会救助制度,正式开始构建完整的社会救助制度体系框架。2015年1月,《机关事业单位工作人员养老保险制度改革的决定》发布,机关事业单位养老保险制度不再与企业职工养老保险制度独立运行,而是与企业职工养老保险制度开始衔接,包括原则、框架和基本内容,这标志着我国机关事业单位与企业养老保险制度的"双轨制"终结,我国的养老保险制度正式统一起来,普适性养老金制度全面建立。2015年8月,《关于全面实施城乡居民大病保险的意见》明确:2015年底,大病保险应覆盖所有城乡居民基本医疗保险参保人;2017年前,建立一个较为完善的大病保险制度,彰显医疗保障的公平性并保证了政府的托底作用。

由于这一时期党和政府对社会保障制度的认识已逐步深化,同时有能力将社会保障制度建设得更加完善,因而社会保障制度的目标是增进人民福祉而非服务其他建设,因而社会保障已经成为全民参与分享国家发展成果的基本制度安排。

2017年党的十九大报告指出,中国特色社会主义进入新时代,我国社会主要矛盾已经转化为人民日益增长的美好生活需要和不平衡不充分的发展之间的矛盾,同时,强调"不断促进社会公平正义","全面建成覆盖全民、城乡统筹、权责明晰、保障适度、可持续的多层次社会保障体系"。报告对社会保障制度提出了更全面的新要求。首先,将新时代民生事业的具体内容概括为"幼有所育、学有所教、劳有所得、病有所医、老有所养、住有所居、弱有所扶",展现了一个全方位的人民生活保障体系。其次,强调了民生事业在全党的重要位置,将"带领人民创造更美好的生活"作为党坚定不移的奋斗目标;将处理养老、就业、教育、住房等民生难题看作社会保障的主要着力点;将人民幸福作为衡量社会保障发展的基准之一。最后,明确社会保障体系建设的新原则和新目标,即"按照兜底线、织密网、建机制的要求,全面建成覆盖全民、城乡统筹、权责清晰、保障适度、可持续的多层次社会保障体系"。通过以往的努力,"兜底线"和"织密网"的政府工作已经取得了显著成效,社会保障内容不断丰富,保障人群不断全面,工作力度不断加强。但是,就"建机制"而言,仍然存在部分不足,特别是长效机制部分还需要进一步研究。

经过40多年的制度变革,我国社会保障已经在整体上实现了从与计划经济体制相适应的"国家—单位保障制"到与市场经济体制相适应的"国家—社会保障制"的转型。以养老保险、医疗保险、最低生活保障、住房保障等为骨架的新型社会保障体系基本成型,社会成员不再依赖国家和单位或集体,而是接受了责任分担,单一责任主体被多元责任主体取代;社会保障项目不再由单位或集体组织实施,而是交由社会化的专门机构经办,过去由各单位或集体封闭运行的局面彻底改变,劳动力获得了自由流动并且不会导致福利受损的权利,户籍制度的福利叠加效应显著弱化。

作为一个人口巨大、各地自然条件、经济发展乃至人文环境差异很大的发展中国家,这些深刻的制度变革无疑是人类社会保障史上伟大的改革实践。

六、其他政策制度

就可持续发展而言,如生态环境保护和绿色发展制度,也是随着我国经济增长方式转变和经济发展方式转变逐步推进和深入。1979年《中华人民共和国环境保护法(试行)》通过;1982年,我国将环境保护纳入"六五"计划,第一次将环境保护纳入国家发展计划;1992年我国参加联合国环境与发展大会,同年,党中央、国务院发布了《中国关于环境与发展问题的十大对策》,把实施可持续发展确立为国家战略;2014年《环境保护法》颁布施行;2016年《环境保护税法》获得通过;《大气污染防治法》、《海洋环境保护法》、《水污染防治法》分别于2015年、2016年和2017年修订。新修订的一系列法律明确了监管部门的责任,强化了问责机制,加大了企业违法处罚力度,改变了以前主要依靠政府部门单打独斗的传统监管方式。2015年审议通过了《党政领导干部生态环境损害责任追究办法((试行)》(以下简称《办法》),这是生态文明建设领域的又一重大制度安排,为实施生态环境损害责任追究提供了依据。2018年我国将生态文明写入宪法,生态文明主张成为国家意志。

第二节　我国社会主义市场经济发展案例及经验

我国社会主义市场经济制度探索离不开安徽省滁州市凤阳县小岗村率先开启的农村家庭联产承包责任制。1978年党的十一届三中全会做出了改革开放的基本国策,同年冬天,小岗村严金昌等18户农民按下了"大包干"的红手印,实行的"分田到户,自负盈亏"的家庭联产承包责任制,也定格了中国农村改革的起点。家庭联产承包责任制明晰了农民的承包经营权,释放了农村生产力。"大包干"第二年,小岗生产队粮食总产相当于1955年到1977年产量总和,人均收入是1978年的18倍。这一制度保留了农村土地集体所有权,确立了家庭的承包经营权,农民可以自主经营,是我国农村改革的重大成果。

以此为起点,从安徽到全国,从农村到城市,中国开启了改革开放的时代。改革开放以来,得益于我国沿海和东部地区经济基础、政策条件和人文环境,长三角和珠三角得到了较快发展,长三角目前是中国经济发展最活跃、开放程度最高、创新能力最强的区域之一。2018年以来,三省一市以4%的国土面积,创造了全国近25%的经济总量,2023年,长三角地区生产总值达305045亿元,占全国25%的经济总量和33%的进出口总额。珠三角在全国经济社会发展和改革开放的大局中,同样也具有举足轻重的战略地位。珠三角是全国最具经济活力的区域之一,是全球重要制造业基地,有"世界工厂"之称。本部分即以长三角和珠三角典型城市的发展模式为例,探析这些地方在经济发展中的制度探索和创新。

一、长三角和珠三角典型城镇发展模式及其特点

长三角包括安徽省、浙江省、江苏省和上海市,其中,江苏省在20世纪80年代初即以社会学家费孝通先生提出的"苏南模式"而出名,其后20世纪80年代中期费孝通先生通过在浙江省温州市三次考察提出了"温州模式","义乌模式"则与"温州模式"有相似的发展背景和历史,而上海浦东的开放和国

际化则始于20世纪90年代的国家政策;珠三角早在20世纪80年代探索外向型经济,在引进外资、发展对外加工和出口贸易方面走在全国前列,归纳见表3-3。

表3-3 长三角、珠三角典型发展模式及其对比

模式	时间	内容	特点	政府角色	发展变化	制度创新
江苏苏南经验	20世纪80年代至今	集体工业乡镇企业区际贸易	政府介入,集体经济的乡镇企业为载体	地方政府强有力介入,制定和执行政策,引导企业创新,推动产业升级,营造营商环境	20世纪90年代外资、外贸、外经,1995年产权制度改革,乡镇企业改为私有企业;"三为主、两协调、一共同"(下注释)	地方政府自上而下制度变迁:各级地方政府主导乡镇企业发展
浙江温州经验	20世纪80年代至今	民间创业和资本、个体工商户:家庭工业+批发市场+小城镇,非农工业化,劳动密集型小商品(实体经济)	自发性内生性自组织市场化民营化	尊重创新,从"无为"到"有限有为有效"政府	20世纪90年代"私营企业+产业集群+中小城市";积极鼓励、支持、引导民营经济发展;适时退出	民间推动的诱致性制度变迁+政府规范、引导、调控
浙江义乌经验	20世纪80年代至今	民间创业和资本、个体工商户:小商品的商贸业+专业市场+农村工业化	自发性内生性自组织市场化民营化	"兴商建县"修建交易市场(1982、1984、1986、1992),提供基础设施服务再到规范、引导作用	以商促工、贸工联动(1993),小商品贸易及相关第三产业(1998),国际化(2003至今):小商品+世界超市+物流系统+展会经济	民间推动的诱致性制度变迁+政府调控、引导、规范
上海浦东经验	20世纪90年代至今	金融业+商业等第三产业,重点吸收高端外资,中外企业合作合资	政府和市场相结合金融服务业国际化	税收优惠(1990)功能性开发优惠政策(1995)综合改革试点政策(2005)	金融为核心的现代服务业、以高科技为主导的先进制造业、以自主知识产权为特征的创新创意产业,国际影响力	中央政府自上而下制度变迁:"功能性优惠政策"和其他开发、开放政策

152

续表

模式	时间	内容	特点	政府角色	发展变化	制度创新
广东深圳速度	20世纪80年代至今	市场经济和改革开放实验,国际贸易分工体系、劳动密集型、出口创汇型;劳动用工制度、奖金制度激发效率	市场在资源配置中起基础作用,尊重产权、市场,外向型	中央政府予以市场经济体制改革、开放政策,地方政府分配制度改革、科技产权制度改革创新	高科技产业、产业集聚、强大的产业配套能力	中央政府自上而下市场经济制度变迁+地方政府分配制度、保护科技创新等制度探索
广东佛山经验	20世纪80年代至今	从发展乡镇企业起步:"工业立市、强市、富市"发展战略;土地经营权入股的土地制度改革,建立起土地经营权的合理有序流转机制;1992年公有企业产权制度改革	政府支持多种市场主体共同发展,创造发展调节,简政放权等	地方政府以发展战略定位、制度探索创新来引领发展	多种所有制共同发展,公有企业多领域市场化改革,简政放权,国际化	地方政府以发展战略、土地制度改革以及将公有企业推向市场的产权制度改革,自上而下进行制度变迁探索和创新

注:苏南模式"三为主、两协调、一共同"指:工业为主、市场调节为主、集体经济为主;农业与工业协调发展、经济与社会协调发展;"一共同",即社区农民共同富裕。

二、长三角和珠三角在经济发展中的制度供给探索和创新

长三角和珠三角各经济发展模式各具特色,而地方政府乃至中央政府或因时制宜、或因地制宜地进行制度探索和改革,有自上而下的政府主导或引导型制度供给和变迁,但更多地体现了不同层次的自下而上的诱致性制度变迁。在制度变迁过程中,共性体现在比全国其他地方更早或更多地遵循市场规律,为完善市场机制提供制度服务,让市场在经济发展中发挥作用,同时政府的职能主要是服务市场,弥补市场缺陷。

（一）地方政府主导型基本经济制度变迁

1.市场主体——所有制形式多样化改革。计划经济时期只有公有制企业形式,为提高企业经营效率,各地探索不同所有制企业的经营和改革

(1)佛山经验的多样化市场主体改革。改革开放之初,佛山市南海县从发展乡镇企业起步,以"六个轮子一起转"——县、镇、管理区、经济社、联合体和个体共同发展的方式为发展战略,充分调动民间经济活力和乡镇企业草根精神,调动了不同市场主体的积极性也成就了区域"中国民营经济发展样本"。此外,佛山还确立"工业立市""工业强市""工业富市"的发展战略,拉开了改革开放现代工业大发展的序幕。

2002年,五区合一的"大佛山"成立后,佛山大幅度向基层简政放权,扩大基层的管理权限和发展空间,进一步激发基层市场主体的积极性和发展动力。同时佛山经济发展国际化进程提速,以一批世界500强企业为代表的外资企业布局华南落户佛山,佛山产业、企业加速"走出去"进程。多种市场主体竞争有利于市场机制的完善。

(2)温州政府积极助力个体工商户和私营企业主体合法化经营,支持、规范引导股份制、合作制等企业发展,引导企业进行产权明晰的股份制改造。

温州经济的本质是自发和民本,以个体工商户和私营企业为主体,政府不干预其发展,但为争取这些经营主体的合法性,温州市政府支持个体工商户、私营企业采取挂户经营,以集体所有制企业的"外壳"合法出现。1986年8月温州市委市政府利用建立温州改革试验区的机会,向中央提交《关于建立温州试验区有关问题的报告》,其中特别提出应承认挂户经营的合法地位,并承诺温州市将规范挂户经营行为。在得到省和中央的授权之后,温州市政府在1987年8月颁布《温州市挂户经营管理暂行规定》。党的十三大以后,对个体私营经济发展的政策放宽,温州企业纷纷创建股份合作制。温州市政府明确鼓励农民联合办企业,为此,温州市政府在1987年11月颁布了《关于农村股份合作企业若干问题的暂行规定》:股份合作企业的出资方式和经营方式采用股份制,但在收益分配上采用按股分配与按劳分配相结合的原则,温州市以地方法规的形式将这类企业进行规范和引导,冠以"股份合作企业"之名,定性为"新型的合作经济组织",1989年又定性为"集体所有制(合作)企业"。1992年邓小平南方谈话后,大部分私营企业进行了优化股权配置的制度创新,成立有限责任公司。温州市政府开始关注股份合作企业的产权明晰化问题,有意识地指导这些企业进行股份制改造。

2. 土地制度改革——以小岗村、佛山和深圳为例

(1)作为农村家庭联产承包制改革的先行者,40多年来,小岗村的土地制度也本着提高效率的原则进行了相应的制度改革。2004年,小岗村开始了第二次"三步走"战略改革:发展现代农业,搞科学种植;发展旅游,打特色旅游的小岗牌;招商引资办工业,搞工业园区,其中,最引人注目的是土地流转,小岗村民在2015年7月领到了安徽省承包地确权"第一证"并随后全面完成1.36万亩土地的确权登记工作,为实现土地的适度规模经营作产权准备。2016年,小岗村在安徽省率先开展集体资产股份合作制改革,经过清产核资、成员界定、配置股权,使得资源变资产、资金变股金、农民变股民。土地流转制度改革明确了土地产权、提高了土地利用效率。

(2)佛山南海于改革开放之初率先推行了以土地经营权入股为主要内容的土地制度改革,建立起土地经营权的合理有序流转机制,成为全国农村土地制度改革的先行者,其经验被推广到全国。南海政府从1992年开始,利用本地和外地资金在当地投资设厂的机遇,认可集体经济组织在不改变土地所有权性质的前提下,将集体土地进行统一规划,以土地或厂房出租给企业使用,打破了国家统一征地垄断农地非农化的格局,为农民利用自己的土地推进工业化留下了一定的空间,地方政府通过国有征地建设城市,配套工业发展的整体环境,吸引大量投资,带来了土地的升值和财富效应。佛山市全市范围内的土地制度改革快速推开,为工业化和城市化建设创造了条件。

(3)深圳经济特区以香港的土地租赁制度为蓝本,在全国范围内率先开展了以土地所有权与使用权分离、土地有偿使用转让为主要特征的土地产权制度改革。

改革主要可以分为以下3个阶段：

①1982—1986年，土地有偿使用，土地使用权不能转让。1981年11月，广东省五届人大常委会通过了《深圳经济特区土地管理暂行规定》。这一时期内，土地使用权可以通过无偿和有偿两种形式提供给土地使用者，使用权流转仅限于特区政府和土地使用者之间，方式仅有划拨一种。

②1987—1993年，国有土地实行有偿使用和有偿转让制度。1987年，深圳市政府颁布了《深圳经济特区土地管理条例》，规定：特区国有土地使用权，由市政府垄断经营，统一进行有偿出让；市政府有偿出让土地使用权可采取协议、招标和公开拍卖三种形式，用地单位和个人取得的国有土地使用权可以有偿转让、抵押；出让国有土地使用权的年限，根据生产行业和经营项目的实际需要确定，最长为50年。自此，特区土地有偿使用、转让制度正式确立，特区的土地市场逐渐形成。

③1994年至今，特区土地产权制度不断完善的阶段。自1994年起，特区取消了土地行政划拨的方案，所有用地均必须签订土地出让合同。2001年，深圳市政府正式取消了协议地价，所有协议出让的土地必须以市场地价为标准。2002年，国土资源部颁布了《招标拍卖挂牌出让国有土地使用权规定》。这一时期内，土地物权结构特征是：国家拥有土地使用权并可以出让土地使用权、土地的其他权利包括地役权、空中权、地下权、抵押权和租赁权。土地使用权全部通过出让形式提供给土地使用者，土地使用权出让的方式增加了挂牌形式。

其他如温州苍南县龙港镇靠农民集资，有偿使用土地的办法，从1985年起仅用2年多的时间建起一座3万多人的现代化城镇。1989年，义乌采用土地有偿使用，拍卖转让的办法筹集城市建设资金，效果极佳，这一做法后来为许多市县所采用。

3. 企业产权制度改革——以佛山、苏南和深圳为例

(1)1992年初，邓小平同志南方谈话，要求广东继续大胆地试、大胆地闯背景下,佛山加快改革创新公有企业产权制度,顺德率先开始产权改革,通过"租"(租赁)、"股"(股份合作)、"卖"(产权出售)等方式,把公有企业推向市场,成为全省乃至全国公有企业产权制度改革先行者。佛山大力支持、鼓励和保护顺德的改革精神和改革举措,在全市大力宣扬、推广改革经验,推动了包括企业分配制度、企业经营管理制度、企业干部任用制度、企业职工管理制度、企业社会保障制度等在内的公有企业改革,为市场经济发展奠定了制度基础。

此外,1987年,深圳在国内率先出台《关于鼓励科技人员兴办民间科技企业的暂行规定》,提出科技人员可以以现金、实物、个人专利、专有技术、商标权等投资入股创办民营企业,获得对其智力产品的红利收益;1998年,颁布《深圳经济特区技术成果入股管理办法》,成为国内最早制定技术成果可以出资入股的城市之一。深圳给予科技企业发展和科技人才利益以制度保障,提高了科学技术对生产力的贡献率。

(2)20世纪90年代中期后,随着制度环境和经济环境的变迁,如银行制度的改革、卖方市场向买方市场的转变等,苏南社区政府掌握乡镇企业控制权和剩余索取权的产权安排的内在缺陷不断暴露出来。1995年后,苏南的乡镇企业开始了大规模的产权制度改革,乡村两级企业改制,集体资产的比重下降,一大批产权明晰的私有企业、有限责任公司和股份有限公司建立。这标志着传统的以乡镇集体企业为核心的苏南经验已基本终结,苏南经验进入了一个新的发展时期。从改革方案的酝酿、提出到实施,苏南各级地方政府始终扮演着主体的角色。同时,各级地方政府也在加大科技创新,引进外资等方面扮演着主要角色。

4.分配制度改革。分配制度改革始于深圳特区,是基于其劳动密集型产业的飞速发展以及市场化改革背景

1979年深圳成为中国对外开放的第一个窗口和改革的试验田,来自香港和世界各国纺织、电子装配等劳动密集型企业纷纷投资深圳,为深圳的发展注入了原始动力。地理位置的优越、政策的优惠、廉价劳动力近乎无限供给,为深圳吸引了大量外资。当国内绝大部分地区还在吃"大锅饭"的时候,深圳开始鼓励按劳分配、多劳多得,劳动者可以通过自己的劳动付出实现致富——1979年10月到1980年3月,深圳市蛇口工业区修建时即实行定额超产奖金制度,蛇口人"时间就是金钱,效率就是生命"的口号应运而生。此外,深圳市自1992年开始在中国最早实施最低工资制度,且几乎每年(2009年除外)调整最低工资标准。深圳主要以第二、三产业为主,是最低工资标准执行比较集中的地区,这样促进了劳动力流入的积极性,吸引了大量各种人才。

在制度层面上,深圳政府不断发布保障劳动者合法权益的规范文件,1983年8月26日,颁布《深圳市实行劳动合同制暂行办法》,以政府规章的形式打破固定工制,实行劳资双方双向选择,劳动用工制度改革,优化了劳动者的收益结构,极大地调动了劳动者的生产积极性。"深圳速度"也闻名世界。

5. 生产要素价格形成制度——金融政策制度

(1)深圳特区金融政策。1980年5月深圳经济特区创立并开始实施特区金融政策,中央政府赋予特区金融四个特权:一是信贷资金"切块"管理权,即各专业银行深圳分行现有信贷资金和以后吸收的存款除中央国库款和向人民银行总行缴纳的存款准备金外,全部留给深圳特区,由中国人民银行总行直接给人民银行深圳分行下达信贷规模,并由它统一调配使用,同时允许深圳市各银行向国内外拆借资金。二是利率调控权。在利率方面,人行深圳分行可以参照全国的利率水平,结合深圳经济发展、资金供求与汇率变化等方面的情况,自行设立利率档次与利率水平。三是存款准备金率调节权。即在存款准备金率方面批准中国人民银行深圳分行制定特区内各专业银行人民币存款准备金率的自主权,并允许在5%—10%的幅度内自定外资银行各项外币存款准备金率。四是机构准入审批权。在机构设置方面,下放部分金融机构审批权,并赋予了一系列机构监管的灵活政策。

深圳证券交易所于1991年7月3日正式营业。由于特区金融政策的实施,到1996年,特区就已构建了门类最齐全、服务网点最密集、从业人员比例最高的多种类、多功能、市场化与国际化的新型社会主义市场金融机构体系,办理种类齐全的金融业务,提供最新的金融工具,特区金融业成为深圳经济的支柱和第三产业的"龙头"。截至2022年,为深圳提供了占整个基建投资1/3以上的流动资金,累计发行股票筹资300多亿元,金融创造的增加值占全市国内生产总值的11%,自身也形成了3500亿元的金融资产总规模。金融对经济的第一推动力得到了充分体现。

(2)上海浦东新区金融政策。在浦东的开发开放中,先后制定了《上海外资机构、中外合资金融机构管理办法》《上海市鼓励外地投资浦东新区的暂行办法》《上海证券交易市场暂行管理办法》以及《在华外资银行设立分支机构暂行办法》等有利于吸引资本要素流入的优惠政策。浦东新区的这些政策优势体现在金融方面的主要内容有:可以在中央核定的额度范围内自己发行股票和债券;浦东内的金融系统实行信贷资金的切块管理;允许外商兴办金融业,包括在浦东新区增设外资银行;一旦中央政府同意外资银行经营人民币业务,将允许首先在浦东试点,进入浦东的个别外资银行将获得优先权;浦东新区的外商可在海内外发行债券、股票,进行证券交易。浦东开发开放以来,凭借得天独厚的地域优势、先试先行的政策优势、综合配套的经济优势与人才优势,浦东成功地吸引了大量中外金融机构的投资,并取得了显著的成绩,某种意义上讲,浦东的经济发展也是一部投资的变迁史。

上海证券交易所是全国第一家证券交易所,于1990年12月19日正式营业。

6. 转变政府职能,向服务型政府和有限政府转变

(1)20世纪80年代,深圳即探索实行行政管理扁平化,通过减少中间层次、增加管理幅度、扩大信息沟通的范围,实现调动基层的创造性、降低管理成本、提高管理效率的目标。

(2)2005年6月21日,国务院正式批准了上海浦东新区率先进行综合改革试点,要求浦东综合配套改革要着力转变政府职能、着力转变经济运行方式,着力改变城乡二元经济与社会结构。上海浦东遵循"小政府、大社会"的管理思路,依据《行政许可法》,不断推进政府管理体制改革和创新,在国内率先进行了行政审批制度综合改革,推行行政审批"告知承诺制"和"并联审批制",试行企业年检备案、注册资本认缴制和提高人力资本入股比例等改革;实施财税体制改革,积极推动部门预算、国库直拨、政府采购三项支出改革,逐步推进建立公共财政体制:实施企业"属地化"管理。努力吸引和培育集成电路协会、生物医药行业协会等行业协会,发挥各类中介组织在经济建设和社会发展中的服务功能。2005年6月21日,上海浦东正式列为国内首个国家级综合配套改革试点城区,其管理的高效、先进、国际化得到了广泛的好评。上海营商环境居全国前列,政府服务效率高。

(3)2012年至今,佛山地方政府"一门式一网式"政务服务模式改革、减证便民行动、探索建立一把手权责清单和负面清单、无职党员设岗定责等一系列新的改革措施,体现了地方政府转变职能,进行市场化引导和服务理念。

(二)政府调控与市场调节相结合的制度供给

1.浦东经验的特点是政府和市场的结合。浦东建设现代市场经济体制探索,是实现政府和市场功能的有效结合。浦东经验以重点吸收高端外资、中外企业合作为特色,它的形成和完善离不开制度创新——金融开放、税收优惠、功能性优惠政策等。

1990年,中央宣布了10条浦东开发优惠政策,除了5个经济特区的特殊政策以外,还提出了在金融和商业等第三产业上的开放,包括试点自由贸易区和保税区。首先在上海外高桥封关运作,然后设证券交易所,最后发行人民币股票和外汇股票。同时,允许外资搞金融并涉及保险业。1996年,浦东开发开放进入了形态开发和功能开发并举的阶段。当时国务院给了浦东新区一系列加快功能开发的新政策,与以往的着重于税收优惠的政策相比,这些政策可以称为"功能性优惠政策"。为此,上海市政府明确提出浦东要成为现代化国际大都市的经济、金融、贸易、航运4个中心的核心区。

同时,依托上海的市场化和国际化基础,经济体制发挥政府政策和市场的共同作用。

2005年8月10日,上海市政府为浦东争取到了设立中国人民银行上海总部,为上海浦东金融业的快速发展提供了重要支持。得益于新政策的支持,以金融为核心的现代服务业、以高科技为主导的先进制造业、以自主知识产权为特征的创新创意产业成了浦东经济的新主角,浦东的服务辐射能力、国际影响力也大幅度上升。

2. 苏南经验——以集体经济乡镇企业为载体,地方政府介入乡镇企业发展。苏南经验是指江苏南部的苏州、无锡、常州、南通等地农民依靠自己的力量,发展乡镇企业,实现非农化发展的方式。这一概念最早由社会学家费孝通在20世纪80年代初提出,主要特征包括:农民依靠自己的力量发展乡镇企业;乡镇企业的所有制结构以集体经济为主;乡镇政府主导乡镇企业的发展;市场调节为主要手段。它是中国县域经济发展的主要经验模式之一。苏南经验强调地方政府的推动作用,注重发展本地企业和产业。地方政府通过制定和执行一系列政策,引导企业创新,推动产业升级,营造良好的营商环境。同时,地方政府还积极推动产学研一体化,加强科技创新,为苏南经验的创新演进提供强大的动力。

苏南经验以乡镇和村级组织为载体的地方工业化,地方政府对乡镇企业的强力介入,使其迅速成为中国乡镇企业发展最为快速的地区,构筑了"三为主、两协调、一共同"的苏南经验。这一时期的苏南经验在产权结构上以乡镇集体企业为主,坚持以区际贸易为特征的内缘型发展道路。从20世纪90年代初开始,苏南的经济开始转向外向型发展,政府以开发区、乡镇工业小区和交通设施的建设为重点,大力吸引外商投资,实现外资、外贸、外经"三外"齐上,为乡镇企业的二次创业营造了突破口。外向型的乡镇企业不断增加,乡镇企业整体在区域经济总量中的比重也不断提高。

3. 税收优惠吸引外资、管理经验——深圳特区、浦东新区。

1980年开始深圳特区的开发开放,优惠政策主要是促进第二产业的发展,如对外资工业企业实行15%的所得税,可以二免三减半。

1990年浦东开放标志着我国进入开发开放的第二个阶段,开放战略从经济基础比较薄弱的地区转移到经济繁荣地方,带动了我国经济的整体开放。

就税收优惠而言,制定了《关于上海浦东新区鼓励外商投资减征、免征企业所得税和工商统一税的规定》等有利于吸引资本要素流入的优惠政策,浦东新区内从事金融行业的外资企业,所得税按15%计征,并从盈利年度起,一年免征,二年减半。

(三)市场化优先和服务型政府的诱致性制度变迁探索

这一类制度探索主要在广东省的经济特区如深圳经验以及浙江省以温州和义乌两种发展经验为代表。

1.广东作为中国改革开放的先行示范区,充分发挥了中央给广东的"特殊政策、灵活措施"的原则以及广东邻近港澳这两大优势,由一个经济文化比较落后的农业省份,一跃成为全国最发达的省份之一。其开放发展历程,主要通过经济特区、沿海开放城市和沿海经济开放区三种层次的探索和实践。

深圳经济特区是改革开放试验田,是在全国计划经济大格局下进行的局部市场经济试验,主要是围绕建立市场经济体制而开展的。深圳的发展,既得益于得天独厚的地理位置,也得益于制度创新和宽松的政策环境。深圳最基本的经验在于尊重产权,尊重市场,让市场在资源配置中起基础作用。上述深圳市分配制度改革、最低工资制度等保护劳动者合法权益等相关政策制度的出台,在很大意义上是地方政府基于尊重市场规律所作的制度探索和创新,目的是通过制度规范和激发市场主体的内在动力。

2.改革开放以来,浙江不仅赢得了"市场大省"、"经济大省"和"民营经济大省"的美誉,还在制度创新、社会发展、基层民主、文化精神等方面创造了诸多经验,形成了经济和社会共同发展的浙江经验。浙江经验具有极强的内生性和原发性特征:一是民间创业为主,不依赖国有投资和外资,群众广泛参与、普遍受益;二是产业层次较低,以劳动密集型的小商品、纺织品、日用工业品为主;三是新兴产业区和市场的形成,与当地的历史文化传统、商业技巧、手工业的工艺技术、社会资本网络密切相关,结合当地经济社会发展,并发展成为当地的主导产业,引领区域经济发展。温州经验和义乌经验是其典型代表。

(1)温州经验——以家庭工业和专业化市场的方式发展非农产业,形成"小商品、大市场"的发展格局。温州经验本质特征在于市场化和民营化,政府在其发展过程中扮演了"无为"者的角色,通过充分尊重和发挥民众的首创精神,将经济体制改革与经济发展有机地结合起来,并形成了相互促进的动态过程。

20世纪70年代末至80年代中期。温州经验以"家庭工业+专业市场+小城镇"为主要特征,民营经济迅速超前发展起来,民营经济带来了希望也引起质疑,地方政府一方面在实践中放任民间自发的改革,另一方面又迫于传统体制、传统观念的压力,极力回避温州经验的提法。同时也为这些企业主体合法化向省级和中央政府寻求到支持和允许。20世纪80年代中期至90年代初,这一时期是以"股份合作制"企业为载体的过渡发展时期。由于这一时期温州民营经济的发展受到了广泛争议,引发了各方对于它是否属于公有制一部分的争论,最终在各方面对公有制主体概念的积极拓展和重新定义下,温州民企在改革中的正当性得到了确认,也为后一阶段实现跨越式发展奠定了基础。

1992年后温州经验以"私营企业+产业集群+中小城市"为主要特征,温州民营企业以公司制为代表形式迅速成长,实现了从非正规制约向正规制约的跨越和创新。温州民企的股份合作制形式很快向股份有限公司或有限责任公司甚至企业集团演变,解决了分散持股使得经营权分散,对经营者的有效约束较弱,不利于企业发展等问题,温州的民营企业迎来了迅速自由成长的黄金时期。区域经济的快速发展,使温州成为"全球最具活力城市"之一,温州城镇居民平均收入位居长江三角洲经济区主要城市第一位。

由于缺乏必要的监管和引导,温州经验导致了假冒伪劣横行,并一度等同于劣质假冒货的代名词。地方政府积极加强市场调控,规范市场行为,同时也对粗放的发展模式造成的环境污染进行了治理。

(2)义乌经验。作为一个缺乏经典经济学理论所要求的发展条件的后发地区,义乌依靠个体工商的市场主体有为和地方政府开明进行市场化创业。在资源匮乏和交通不便的条件下,通过发展以小商品流通为主的商贸业,并逐步扩展到制造业和城市基础设施建设等领域,实现市场与产业、城市的联动发展。因此义乌被称为"建在市场上的城市"。小商品市场带动了产业发展、培育了大批企业家、富裕了当地百姓、推进了城市化和城乡一体化,也提升了对外开放和跨区域协作,义乌的发展见证了中国从计划经济走向市场经济的转型过程。

1978年底,义乌城、廿三里两镇农民自发地在马路两侧摆地摊,个体工商户逐渐发展。1982年和1984年,义乌地方政府分别建设了两代小商品市场,通过交易市场的建设,使商贸业成为主导产业;在"兴商建县"总体发展战略下,1986年和1992年继续建成第三代和第四代市场。这一阶段,义乌经验的形成和发展主要围绕小商品市场的培育、建设、管理、提升而展开,农村经济商品化、市场化成为改革与发展的主要动力源泉;最大限度地释放了义乌群众埋藏于"鸡毛换糖"经商传统之中的商品经济意识,涌现出了大量经商务工的人才;农村经济专业化和农村工业化大步推进,各行各业专业户大量涌现,专业村、专业镇逐渐兴起,具有较大聚集、示范效应的工业小区开始兴办;以农业为主封闭式自然型的产业结构逐步转变为以工商业为主的开放式商品经济型产业结构。在此过程中,义乌完成了由一个传统农业小县向作为全国最大的小商品批发市场所在地的商贸城市的转型。小商品市场也经历了从"马路市场"到"草帽市场",再到"室内市场"的演变。

1993年到1997年,以工业化为主要特征促进工贸结合。商贸业的持久繁荣,离不开产业的坚强支撑。义乌小商品市场之所以能够长盛不衰,一个重要原因就是没有孤立地搞专业市场建设。经过多年的发展和积累,义乌的商业资本利用所掌握的市场信息和销售网络向制造业扩张,政府则因势利导,在推进"兴商建市"总体发展战略的同时,自1993年开始实施"以商促工、贸工联动"的举措,充分发挥在市场发展中业已形成的人才、资金、信息、机制等优势,引导商业资本向工业扩展,启动工业园区建设,以园区开发建设为载体,形成了袜业、饰品、拉链、服装玩具、文化用品、五金等众多优势产业集群,并分享全国性销售网络和地域专业化生产这两种集聚效应。推进工业的规模扩张和

第三章　我国社会主义市场经济制度供给及其变迁

产业升级,构建了与专业市场紧联动的工业产业体系,推动义乌从小商品集散地向小商品流通中心、制造中心、研发中心方向发展。这一阶段,义乌经验的主要特点是通过以商促工、贸工联动,推动全市工业体系不断完善,经济实现新的跨越。

1998—2002年,以城市化为主要特征。小商品贸易及相关第三产业的迅猛发展,工业化的快速推进,吸引了大量农村和外地人口向义乌城区集聚,使城市步伐不断加快。为此,义乌政府将推进城市化和城乡一体化作为经济社会发展的主要动力,相继提出建设基本实现现代化的中等城市、现代化商贸名城等目标,通过大力推进城市化带动全市经济社会发展。自1997年开始,通过产权交易所向社会公开出让部分基础设施的使用权、经营权、受益权,吸引社会资金投入,使交通、电力通信、供水等条件得到极大改善。在加快城市化进程的同时,依托市场国际化、产业集群化、城市现代化的基础和趋势,把握城乡一体化发展的要求和规律,坚持工商反哺农业和城市支持农村的方针,积极推进农业产业化。这一阶段义乌经验的主要特点是依托城市化和城乡一体化的快速推进,促进全市由农村市场化、工业化主导向城市、城区经济主导转变。

2003年至今,以国际化为主要特征。2003年义乌政府在2002年出台《关于建设国际性商贸城市的决定》的基础上进一步明确了建设国际性商贸城市的总体思路,提出成为在国际上有较大影响的商贸城市。义乌开始由原先以国内市场为主的区际开放格局向全方位、多层次、多样化的对外开放格局转变,逐步成为浙江乃至全国的日用工业品和针织品等接轨国际市场、融入国际经济、参与国际分工的重要平台,以及浙江以劳动密集型企业为主体的地方产业融入全球生产网络的重要通道,被誉为"世界超市"。

根据义乌市政府网站介绍:义乌市场经历了六次易址、十次扩建、五代跃迁,经营面积达到640多万平方米,从业人员超过21万人,在册市场主体数已突破90万户,占全省的十一分之一,位居全省县级区域第一。已从曾经的马路市场,成为被联合国、世界银行与摩根士丹利等权威机构认定的"全球最大的小商品批发市场"。

小　结

我国经济发展目标的推进有着鲜明特色,最初关注总量增长,并于 1996 年结束了我国短缺经济。与此同时,1984 年以来,从推进经济增长方式由粗放型向集约型转变开始,我国经济朝着技术进步和提高效率推进;2004 年,"资源节约型"和"环境友好型"建设的提出,加入了环境保护的因素,是为可持续发展;2007 年,从转变经济增长方式到加快转变经济发展方式,又加入了经济结构的调整和民生福利的改善等内容;2017 年,提出经济的高质量发展,在经济发展方式所涵盖的内容中强调了创新、绿色和协调共享。这些目标的推进,与我国当时的社会经济发展阶段联系在一起,既有历史的必然性,也有紧迫性。作为发展中国家,已经失去了与发达国家相同的发展先机,但依然还要在资源环境等方面承担起在快速发展中的大国担当,这也加剧了我国经济转型的难度。只有在转型的困难时期抓住问题的本质,锐意改革,去除沉疴,才能化危机为动力。当前我国自上而下的制度改革决心前所未有,意识形态的共识减少了制度变迁的障碍。

我国市场经济制度的建立经历了曲折的过程,脱胎于计划经济的体制向市场经济过渡,没有先验的经验可循,"摸着石头过河"的探索式改革有其历史必然性,我国用 40 多年的时间走过了西方国家 300 多年完成的工业化过程和市场经济制度建设,其间积累的基础问题、结构问题和差距一方面有历史必然性,另一方面必须正视这些问题,在当前的关键时期要改变"碎片化"的修补,而要从整体上加以研究和改革。在我国的市场经济建立和变迁过程中,根本目标是建立社会主义市场经济体制,这是我国的基本经济制度,也是探索多年后的经验总结,1992 年,党的十四大第一次提出"把社会主义基本制度和市场经济结合起来,建立社会主义市场经济体制"。2019 年,党的十九届四中全会进一步明确指出:"公有制为主体、多种所有制经济共同发展,按劳分配为主体、多种分配方式并存,社会主义市场经济体制等社会主义基本经济制度,既体现了社会主义制度优越性,又同我国社会主义初级阶段社会生产力发展水平相适应,是党和人民的伟大创造。"当前,在国际环境充满不确定的情况下,2021年我国开始关注国内循环和国际双循环相互促进的新发展格局,并于2022年4月提出统一全国大市场,降低交易费用,加速国内资源、产品等流动;同年10月,党的二十大提出构建高水平社会主义市场经济体制:坚持和完善基本经济制度;毫不动摇巩固和发展公有制经济,毫不动摇鼓励、支持、引导非公有制经济发展,充分发挥市场在资源配置中的决定性作用,更好发挥政府作用。

计划经济下的市场主体是国有企业,因此我国的市场经济制度建立从改革国有企业和促进民营经济发展开始并贯穿始终;市场的培育、要素价格形成机制、市场主体合法权益的保护,产权的界定是市场经济的基础,而政府宏观调整制度和社会保障制度是我国的社会主义特色市场经济制度不可或缺的部分,同时为担当大国对气候问题的责任,我国在降低能源消耗和碳排放以及污染物治理方面,也进行了建章立制。特别需要指出的是,我国在宏观调控政策制度方面,除了传统的财政税收外,还有国家经济空间布局的区域政策,这是我国宏观调控的特色;在社会保障政策方面,我国有对贫困人口坚持不懈的扶贫政策和制度,解决了8亿人的绝对贫困问题,为世界减贫事业作出了杰出的贡献,也提供了中国经验。

第四章 我国经济发展方式转变进程综合测度及评价

本章目的在于通过实证分析我国经济发展方式转变的进程,判断影响其转变的可能存在的问题,据此为分析相关的制度障碍提供现实依据。由于技术进步和产业结构优化指标是经济发展方式转变中重要的指标,本章第一节以 1998 年为基础,测算 1999—2022 年全国和四大区域的全要素生产率增长率(简称 TFP 指数即 tfp,反映技术进步情况);第二节测算 1999—2022 年全国和四大区域的产业结构高度化、合理化和高效化指标变化情况,全面了解我国产业结构优化进程;第三节将 tfp 和产业结构"三化"指标纳入经济发展方式转变的指标体系,构建了包括经济增长(稳定)、发展动力、结构优化、绿色发展和民生福利 5 个一级指标、15 个二级指标和 47 个三级指标体系,对 1999—2022 年全国和四大区域的经济发展方式转变进程进行了测度和综合评价。

第一节 全要素生产率、制度变迁与经济增长

一、全要素生产率的测算与分析

2012 年我国经济增速为 7.7%,与 2011 年的 9.5% 相比,经济增速有所下滑,此后连续 3 年的经济增速都降到了 8% 以下,2015 年后,经济增速进一步下降到 7% 以下。2013 年我国经济进入中高速的"新常态"发展时期,说明长期依赖资本、劳动力等要素投入的增长方式难以为继,只能寻求经济结构和经

济质量进一步优化和提升。一方面资源要素禀赋存在自身约束,无法无限制供给,另一方面由于要素投入的边际报酬递减规律,依赖要素投入的增长本身不可持续,同时,依靠要素投入带来的污染给环境带来了巨大的压力。为此,党的十九大进一步指出:"推动经济发展质量变革、效率变革、动力变革,提高全要素生产率。"其核心是将不可持续的旧动能(要素投入)转变为依靠全要素生产率(技术进步等)新动能。因此,对我国全要素生产率(TFP)的发展走势及其对经济增长的影响进行深入研究,对于了解我国技术在经济增长的作用及趋势非常重要。

本节将探究全国以及各区域[①]的全要素生产率发展现状,并试图从制度变迁和全要素生产率的角度出发,分析目前制约我国经济增长的因素,为推动我国经济发展方式转变和经济高质量发展提供现实依据。

(一)全要素生产率测算模型构建

全要素生产率也叫作技术进步率,用以衡量纯技术进步在生产中的作用,最早由新古典学派经济增长理论提出。20世纪50年代,罗伯特·M.索洛(Robert Merton Solow)提出了特性为规模报酬不变的总量生产函数和增长方程,形成了通常意义上的全要素生产率含义,定义它是总产量与全部要素投入量的比值,由技术进步产生。作为衡量生产效率的指标,全要素生产率不仅是宏观经济学的重要概念、剖析经济增长源泉的重要工具,更是政府制定长期可持续增长政策的重要依据。学者们不单拓展了对其的研究,且将其分解为三个来源:技术进步、技术效率和规模效应。

保罗·克鲁格曼(Paul Krugnan,1994)曾运用全要素生产率研究了"亚洲四小龙"的经济增长,认为东亚的经济增长主要依靠要素投入拉动,而几乎无

---

① 样本地区包括东部(北京、天津、河北、上海、江苏、浙江、福建、山东、广东、海南)10个地区,中部(山西、安徽、江西、河南、湖北、湖南)6个地区,西部(内蒙古、广西、重庆、四川、贵州、云南、西藏、陕西、甘肃、青海、宁夏、新疆)12个地区、东北(辽宁、吉林、黑龙江)3个地区,共31个省(市)。本文实证部分关于地区的划分皆如此,下文不再赘述。

全要素生产率的贡献。Young(2000)研究了中国1978—1998年间的全要生产率,测算出此期间中国全要素生产率的年均增速为1.4%,其对总产出增长的贡献率为15%,得出转型时期中国的技术进步对总产出增长的贡献率并不显著的结论。Chow(2002)也估算了中国1979—1998年间的全要素生产率,估算出其增长率为2.68%。本节重点选取全要素生产率测算领域被引用频率高的经典研究文献进行梳理:舒元(1993)利用索洛余值法估算得我国1952—1990年间的全要素生产率增长率为0.02%,对产出增长的贡献率为0.3%。王小鲁(2000)同样利用索洛余值法估算出我国1953—1999年间全要素生产率增长率为-0.17%,而1979—1999年间全要素生产率增长率为1.46%。郭庆旺、贾俊雪(2005)则是分别利用索洛余值法、隐形变量法和潜在产出法来测算我国1979—2004年间全要素生产率的增长,得到三种方法估算的全要素生产率增长率大小和波动幅度虽存在较大差异,但总体变化趋势较为一致的结论。颜鹏飞、王兵(2004)利用数据包络分析方法测度了1978—2001年我国30个省、直辖市的全要素生产率指数及其分解指数(技术效率、技术进步),结果显示1978—2001年间我国全要素生产率大体上是增长的,主要依靠技术效率提高,而技术进步并不能作为我国经济长期持续增长的判断。赵伟、马瑞永(2005)利用随机前沿分析估计了1978—2002年的我国各地区全要素生产率,结论认为1978—1989年期间我国各地区全要素生产率存在着收敛性,而1989—2002年间全要素生产率存在着统计意义上不显著的发散现象。

综上可见,研究我国全要素生产率的学者们由于采用的测算方法、使用的数据及其处理方法的不同,得到了不同的结论。但大多数的研究结论认为,随着我国经济持续发展,全要素生产率在我国经济增长中的贡献总体呈上升趋势,虽然有些年份也有所下降。学者们对TFP测算的方法按是否需要假设具体的生产函数形式可大致划分为三类:参数方法、非参数方法和半参数方法。其中,参数方法主要有索洛余值法、拓展的索洛余值法、随机前沿生产函数(SFA)法等;非参数方法主要有指数法、数据包络分析(DEA)法等;半参数方法主要包括 OP 方法、LP 法、ACF 方法等。

本节试图运用参数测算方法中的随机前沿生产函数(SFA)法和非参数测算方法中的基于 DEA 的 malmaquist 生产率指数法,来测算我国的全要素生产率,并通过对测算结果进行比较,综合各自模型的优缺点,对我国全要素生产率的发展现状进行较为全面的考察。在数据选取方面,本节选择以 1998 年为基期,根据全国统计年鉴以及各省际统计年鉴①中 1998—2022 年的数据测算出 1999—2022 年全国、各区域和各省市的全要素生产率的增长速度。

1. 参数测算方法—SFA 模型(随机前沿生产函数)

(1)SFA 模型的理论基础

参照 Kumbhakar(2000)测算 TFP 增长率的模型及其分解方法。

关于生产函数,设置形式如下

$$y_{it} = f(x_{it}, t) \exp(-u_{it}) \tag{1}$$

其中,y_{it} 表示地区 i 第 t 年的产出,x_{it} 表示地区 i 第 t 年的 j 个要素中的一个要素的投入,t 是时间变量,u 指的是以产出为导向的技术无效率,衡量了实际产出值与理论最大产出值(前沿产出值 $f(x_{it}, t)$)的差距比例,间接反映出当前技效率水平,且 $u \geq 0$。故,定义技术效率(Technology Efficiency,TE)为 $TE = \exp(-u_{it})$,$TE \leq 1$。

式(1)中的变量和参数都假定随时间变化。这可从中捕获生产率的变化趋势——通常称为外生技术变化(Technology Change,tc),并通过生产前沿的时间对数导数来度量。

$$tc_{it} = \frac{\partial \ln f(x_{it}, t)}{\partial t} \tag{2}$$

在要素投入量给定的情况下,如果 $tc_{it} \geq 0$,意味着技术进步能使生产前沿曲线向上移动,反之,则使得生产函数向下移动。

由于技术效率是时变的,对时间 t 求导可得技术效率进步(Technology Ef-

---

① 本小节数据如无特别说明均来自《中国统计年鉴》以及各省统计年鉴,时间跨度为 1999—2022 年,缺失数据采用五年期滚动时窗方法或预测法来填充缺值,实证部分不再赘述。

ficiency Change, tec），即 $tec_{it} = \frac{\partial \ln TE_{it}}{\partial t} = -\frac{\partial u_{it}}{\partial t}$

同样，u_{it} 是也是随时间变化的，因此，在给定要素投入量的情况下，整体生产率的变化率（记为 $\mathring{y}$）不仅受技术变化的影响，还受技术效率（tec）的变化的影响，用公式表示为

$$\mathring{y} = \frac{\partial \ln y_{it}}{\partial t} = tc_{it} + tec_{it} \tag{3}$$

当要素投入也发生变化时，那么生产率的变化可按照索洛（1957）提出的全要素生产率的变化进行定义：

$$\mathring{y} = T\mathring{F}P + \sum_j S_j^a \mathring{x}_j \tag{4}$$

式中，$\mathring{y}$ 表示产出的变化率，$T\mathring{F}P$ 表示全要素生产率的变化率，即 TFP 增长率（下文记为 tfp），$S_j^a = w_j x_j / \sum_j w_j x_j$，其中 w_j 是 x_j 要素的单位价格。且 TFP 可进一步分解为

$$\begin{aligned} T\mathring{F}P &= tc + tec + \sum_j \left\{ \frac{f_j x_j}{f(\cdot)} - S_j^a \right\} \mathring{x}_j \\ &= tc + tec + \sum_j \left\{ \frac{\varepsilon_j}{RST} \cdot RST - S_j^a \right\} \mathring{x}_j \\ &= (RTS - 1) \sum_j \lambda_j \mathring{x}_j + tc + tec + \sum_j \{\lambda_j - S_j^a\} \mathring{x}_j \end{aligned} \tag{5}$$

式（5）中，$RTS = \sum_j \frac{\partial \ln f(\cdot)}{\partial t} = \sum_j \frac{f_j x_j}{f(\cdot)} \equiv \sum_j \varepsilon_j$，$\lambda_j = \frac{f_j x_j}{f(\cdot)} = \frac{\varepsilon_j}{RTS}$。

其中，f_j 是要素 x_j 的边际产出，能够反映要素投入价格与其边际产品价值的偏差，即 $w_j \neq p f_j$，换句话说，即为技术替代的边际效率与投入要素价格之比的偏离（$f_j / f_k \neq w_j / w_k$）。

式（5）将 TFP 的变化分解为规模效应的改进（scale change，简称 sc，$sc = (RTS - 1) \sum_j \lambda_j \mathring{x}_j$），技术变化（technical change，tc），技术效率变化（technical efficiency change, tec）和配置效率的改进（allocation efficiency，简称 ae，$ae =$

$\sum_j \{\lambda_j - S_j^a\} \mathring{x}_j)$。

即式(5)可以进一步写为：$T\mathring{F}P = sc + tc + tec + ae$

式(5)的分解是建立在投入要素价格信息已知的基础之上的。若价格信息未知，全要素生产率的变化则可分解为技术变化(tc)、技术效率变化(tec)和规模效应变化(scale efficiency change, sec)，具体分解公式如下：

$$T\mathring{F}P = tc + tec + [f(\cdot) - 1] \sum_j \frac{f_j}{f(\cdot)} \mathring{x}_{jit}$$
$$= tc + tec + sec \tag{6}$$

(2)SFA模型构建

基于上述SFA模型理论，笔者设置实证SFA模型的前沿生产函数的具体形式如下：

$$\ln y_{it} = \alpha_0 + \alpha_k \ln k_{it} + \alpha_l \ln l_{it} + \alpha_t t + \frac{1}{2}\alpha_{kk}(\ln k_{it})^2 + \frac{1}{2}\alpha_{ll}(\ln l_{it})^2$$
$$+ \alpha_{kl} \ln k_{it} \ln l_{it} + \alpha_{kt} t \ln k_{it} + \alpha_{lt} t \ln l_{it} + \frac{1}{2}\alpha_{tt}t^2 + (v_{it} - u_{it}) \tag{7}$$

式中，$\ln y_{it}$表示对数形式的我国地区i的第t年的产出，$\ln k_{it}$和$\ln l_{it}$分别表示对数形式的我国第t年地区i的资本和劳动的投入。引入资本投入、劳动力投入与时间t的交互项，意在解释模型可以有非中性的技术变化——如果资本或劳动力的某交互项大于0，说明增加使用这种资本或者劳动力有利于得到技术进步的效果，如果K_t或L_t的某交互项等于0，反映了技术进步并没有增加该资本或劳动力的边际产出，如果K_t或L_t的某交互项小于0，说明继续增加使用相应的要素投入将不利于得到技术进步的效果。误差项u_{it}表示产出损失，不可观测得到具体数据，故假定：① $u_{it} \geq 0$且服从非负断尾正态分布，即$u_{it} \sim N^+(\mu, \sigma_u^2)$；② u_{it}与统计误差v_{it}相互独立；③ $v_{it} \sim iidN(0, \sigma_v^2)$。

$$u_{it} = u_i \exp[-\eta(t - T)] \tag{8}$$

式(7)中，时间趋势变量$t = 1, 2, \cdots, T$，参数η表示技术效率指数(u_{it})的变化率，$\eta > 0$表示技术效率提高，$\eta < 0$则表示技术效率在降低。

根据式(6),将本文构建的测算 TFP 增长率(记为 tfp)的 SFA 模型进行如下分解:

$$tfp = tc + tec + sec \tag{9}$$

式中,$sec_{it} = [f(\cdot) - 1] \sum_{j} \dfrac{f_j}{f(\cdot)} \mathring{x}_{jit}$, $tec_{it} = -\dfrac{\partial u_{it}}{\partial t} = -u_{it} \dfrac{\partial \gamma(t)}{\partial t}$

$$tc_{it} = \dfrac{\partial \ln f(x_{jit}, t)}{\partial t} = \alpha_t + \alpha_{tt} \cdot t + \alpha_{kt} \ln K_{it} + \alpha_{lt} \ln L_{it}$$

其中,$f_j = \dfrac{\partial \ln f(x_{jit}, t; \alpha)}{\partial \ln x_{jit}}$ 是要素 x_j 的边际产出;$f(\cdot) = \sum_{j} f_j$; $j = k, l$

以上,笔者构建的 SFA 模型具有易估计性和包容性,易估计性在于可以使用最大似然估计法构造方差参数 $\gamma = \sigma_u^2/\sigma_v^2$, $\sigma_s^2 = \sigma_u^2 + \sigma_v^2$ 估算得到模型式(7)、式(8)的参数,而包容性在于该模型既兼顾了 TFP 内涵的解释,同时也改进了测算方法和生产函数之间关系上的问题,且可以对 TFP 进行分解。

2. 非参数测算方法——基于 DEA 的 malmaquist 生产率指数法

DEA(Data Envelopment Analysis,数据包络分析)方法,最早由著名的运筹学家 Charnes 和 Cooper 提出,用来评估被评价系统的效率。相较于 SFA 方法,DEA 方法不需要提前设定具体的生产函数以及参数的分布假设等,而是运用相对效率概念等基础理论,根据给定的投入产出指标建立相应的线性规划模型,对该系统内的每一个评价单元进行效率评价。

而 Malmquist(1953)在 DEA 模型的基础上,根据被评价系统的面板数据,把该系统的实际生产情况和通过使用距离函数构造的生产最佳前沿面进行比较,利用两者之间的比率来测算全要素生产率(也称 Malmquist 生产率指数),这样就可以避免设定一些强假设条件,还可以依照 DEA 的思想将全要素生产率进行分解。

t 期到 $t+1$ 期的全要素生产率变化(即 Malmquist 指数)为:

$$M = m_i(x_{t+1}, y_{t+1}, x_t, y_t) = \left[\dfrac{d_i^t(x_{t+1}, y_{t+1})}{d_i^t(x_t, y_t)} \times \dfrac{d_i^{t+1}(x_{t+1}, y_{t+1})}{d_i^{t+1}(x_t, y_t)} \right]^{1/2} \tag{10}$$

式中，x_t 代表 t 时期要素投入的向量，y_t 代表 t 时期产出的向量，d_i 代表第 i 地区基于生产函数的距离函数。M 的值表示点 (x_{t+1},y_{t+1}) 所代表生产值相对于点 (x_t,y_t) 所代表生产值的生产率变化，$M>1$ 表示 $t-t+1$ 时间段的全要素生产率增长为正，$M<1$ 表示 TFP 在 $t-t+1$ 时间段是负增长的。式 (10) 中的 $d_o^t(x_t,y_t)$、$d_o^t(x_{t+1},y_{t+1})$ 分别表示以 t 时期的技术情况计算的第 t 期、第 $t+1$ 期的距离函数；而式 (10) 中的 $d_o^{t+1}(x_{t+1},y_{t+1})$、$d_o^{t+1}(x_t,y_t)$ 分别表示以 $t+1$ 时期的技术情况计算的第 $t+1$ 期、第 t 期的距离函数。建立以下相应的线性规划模型计算这四个距离函数。

$$[d_o^t(x_t,y_t)]^{-1} = \max_{\phi,\lambda}\phi,$$
$$s.t.\ -\phi y_{i,t} + Y_t\lambda \geq 0,$$
$$x_{i,t} + X_t\lambda \geq 0,$$
$$\lambda \geq 0. \tag{11}$$

$$[d_o^{t+1}(x_{t+1},y_{t+1})]^{-1} = \max_{\phi,\lambda}\phi,$$
$$s.t.\ -\phi y_{i,t+1} + Y_{t+1}\lambda \geq 0,$$
$$x_{i,t+1} + X_{t+1}\lambda \geq 0,$$
$$\lambda \geq 0. \tag{12}$$

$$[d_o^t(x_{t+1},y_{t+1})]^{-1} = \max_{\phi,\lambda}\phi,$$
$$s.t.\ -\phi y_{i,t+1} + Y_t\lambda \geq 0,$$
$$x_{i,t+1} + X_t\lambda \geq 0,$$
$$\lambda \geq 0. \tag{13}$$

$$[d_o^{t+1}(x_t,y_t)]^{-1} = \max_{\phi,\lambda}\phi,$$
$$s.t.\ -\phi y_{i,t} + Y_{t+1}\lambda \geq 0,$$
$$x_{i,t} + X_{t+1}\lambda \geq 0,$$
$$\lambda \geq 0. \tag{14}$$

式 (11)—(14) 中，式 (11)(12) 考察的是规模收益不变情况下实际生产率与潜在生产率的差距比率，式 (13)(14) 考察的是规模收益可变情况下实际生产率与潜在的差距比率。因此,基于 DEA 的 malmaquist 生产率指数法同时考虑了规模收益可变或不可变的情况,而不需要像非参数方法那样需要提前假定规模收益的情况。

此外,基于 DEA 的 malmaquist 生产率指数法能基于上节阐述的 SFA 分解思路,将全要素生产率增长率(M)分解为生产效率变化(effch)和技术变化(tc)的乘积:

$$M = m_o(x_{t+1}, y_{t+1}, x_t, y_t) = \left[\frac{d_o^t(x_{t+1}, y_{t+1})}{d_o^t(x_t, y_t)} \times \frac{d_o^{t+1}(x_{t+1}, y_{t+1})}{d_o^{t+1}(x_t, y_t)}\right]^{1/2}$$

$$= \frac{d_o^{t+1}(x_{t+1}, y_{t+1})}{d_o^t(x_t, y_t)} \times \left[\frac{d_o^t(x_{t+1}, y_{t+1})}{d_o^{t+1}(x_{t+1}, y_{t+1})} \times \frac{d_o^t(x_t, y_t)}{d_o^{t+1}(x_t, y_t)}\right]^{1/2}$$

$$= effch \times tc \qquad (15)$$

其中,effch 是规模收益可变情况下计算得到的效率变化指数,测度了 t—$t+1$ 时期要素投入点到最佳前沿面的距离比率,effch>0 表示 t—$t+1$ 时期的决策单位的生产更靠近当期的生产前沿面,即对应的生产点正追赶最佳前沿面的产出。tc 描述了技术前沿的变化,测度了 t—$t+1$ 时期的生产前沿的移动距离比率,tc>0 意味着 t—$t+1$ 时期该投入产出系统存在技术进步或技术创新。

分别计算规模收益可变情况下和规模收益不变情况下要素投入点到最佳前沿面的距离比率,可以将生产效率变化(effch)进一步分解为技术效率变化(tec)和规模效率变化(sec)。

$$effch = \frac{d_{o,VRS}^{t+1}(x_{t+1}, y_{t+1})}{d_{o,VRS}^t(x_t, y_t)} \times \left[\frac{d_{o,CRS}^{t+1}(x_{t+1}, y_{t+1})}{d_{o,VRS}^{t+1}(x_{t+1}, y_{t+1})} \Big/ \frac{d_{o,CRS}^t(x_t, y_t)}{d_{o,VRS}^t(x_t, y_t)}\right]$$

$$= tec \times sec \qquad (16)$$

式中,VRS 表示规模报酬可变的情况,CRS 表示规模报酬不变的情况。

则全要素生产率变化在可变规模报酬情况下可进一步分解为:

$$tfp = \frac{d_{o,VRS}^{t+1}(x_{t+1}, y_{t+1})}{d_{o,VRS}^t(x_t, y_t)} \times \left[\frac{d_{o,CRS}^{t+1}(x_{t+1}, y_{t+1})}{d_{o,VRS}^{t+1}(x_{t+1}, y_{t+1})} \Big/ \frac{d_{o,CRS}^t(x_t, y_t)}{d_{o,VRS}^t(x_t, y_t)}\right] \times$$

$$\left[\frac{d_{o,CRS}^{t}(x_{t+1},y_{t+1})}{d_{o,CRS}^{t+1}(x_{t+1},y_{t+1})} \times \frac{d_{o,CRS}^{t}(x_{t},y_{t})}{d_{o,CRS}^{t+1}(x_{t},y_{t})}\right]^{1/2}$$

$$= tec \times \sec \times tc \tag{17}$$

(二)数据处理与实证分析

1. 数据处理

本部分先测算全国的 TFP 指数,即 TFP 增长率 tfp,再测算各区域的 TFP 指数。测算主要涉及三项基础指标,即经济产出指标、劳动投入指标和资本投入指标,以下分别对计算这三项指标所需数据的收集与处理方法进行说明。选取全国以及我国大陆 31 个省份的数据,所有数据均来自我国统计年鉴以及各省市统计年鉴,时间跨度为 1998—2022 年。

①关于经济产出指标,采用以 1998 年为基期的实际 GDP 来衡量。

实际 GDP(1998=100)= 国内生产总值 / 国内生产总值指数(上年=100)

②关于劳动投入指标,采用历年就业人员数指标来反映劳动投入情况。

③关于资本投入指标,采用永续盘存法进行测算,具体公式为:

$K_{it} = K_{it-1}(1-\delta) + I_{it}$

其中,K_{it} 表示各地区的资本存量,以 1998 年为基期,其基期资本存量 K 用基期的固定资本形成总额比上 10% 来衡量,固定资产的经济折旧率 δ 选取张军和章元(2003)测算的 9.6%,I_{it} 表示各城市固定资产投资,等于固定资本形成总额除以固定资产价格指数的比值。

此外,由于存在地区数据缺失(如西藏、广西等地区),采用以五年期滚动时窗方法或预测法来填充缺值。

2. 实证分析

(1)全国层面。

本此节先运用 stata 软件进行 frontier 回归估计 SFA 模型的参数(结果如

表4-1所示,代码及过程内容较多未附录),测算1999—2022年的我国的全要素生产率指数,并将其分解为技术进步指数(tc)、技术效率变化指数(tec)、规模效应变化指数(sec)。之后,利用DEAP2.1软件测算各年份我国的全要素生产率变化指数及其分解指数。

表4-1 最大似然估计结果

解释变量	参数	参数系数	标准差	Sig值
$\ln k$	α_k	9.628***	0.1017	0.000
$\ln l$	α_l	2.962**	0.1568	0.035
t	α_t	−0.037***	0.0027	0.000
$0.5\ln k \times \ln k$	α_{kk}	−0.978***	0.1162	0.000
$0.5\ln l \times \ln l$	α_{ll}	−1.066**	0.0102	0.021
$\ln k \times \ln l$	α_{kl}	0.1073***	0.0070	0.000
$\ln k \times t$	α_{kt}	0.0107*	0.0029	0.045
$\ln l \times t$	α_{lt}	−0.0075*	0.0770	0.047
$0.5t^2$	α_{tt}	−0.0134***	0.0002	0.000
constant	α_0	−67.3315**	1.5371	0.034
σ^2		0.0054	0.0014	
γ		0.679	3.17e−07	
LR检验			78.2453	

注:*、**、***分别代表在10%、5%、1%显著水平下具有统计显著性。

表4-1显示,资本和劳动的投入增加有利于GDP增长,然而过度的投资和过于饱和的劳动市场不利于经济增长。根据SFA模型的参数测算新旧常态下我国全要素生产率增长率。

表 4-2　1999—2022 年我国 TFP 增长率 (tfp) 及其分解

年份	全要素生产率增长率		技术进步		技术效率变化		规模效率变化		我国GDP增长率
	tfp_SFA	tfp_DEA	tc_SFA	tc_DEA	tec_SFA	tec_DEA	sec_SFA	sec_DEA	
1999	6.55%	4.30%	4.00%	4.70%	2.04%	0.20%	0.51%	-0.60%	7.70%
2000	7.39%	4.60%	4.05%	10.40%	2.91%	-0.60%	0.43%	-0.80%	8.50%
2001	7.06%	4.50%	4.80%	10.80%	1.84%	-1.50%	0.42%	0.00%	8.30%
2002	8.07%	5.60%	4.27%	9.50%	3.50%	-0.90%	0.30%	1.60%	9.10%
2003	8.85%	5.30%	5.10%	9.90%	3.47%	-0.80%	0.28%	1.80%	10.00%
2004	8.74%	5.30%	6.19%	10.70%	2.27%	-1.00%	0.28%	0.90%	10.10%
2005	10.11%	4.60%	6.22%	10.40%	3.69%	-0.20%	0.19%	-0.30%	11.40%
2006	11.42%	5.60%	7.28%	11.60%	5.01%	-0.90%	0.14%	-0.50%	12.70%
2007	12.84%	6.70%	6.79%	12.70%	4.54%	-1.60%	0.09%	1.10%	14.20%
2008	8.43%	3.50%	6.14%	10.30%	-0.67%	-1.40%	0.03%	1.20%	9.70%
2009	7.80%	3.80%	8.48%	7.90%	1.72%	-0.80%	0.00%	0.20%	9.40%
2010	9.10%	5.00%	7.90%	14.80%	1.22%	-2.40%	-0.02%	-3.10%	10.60%
2011	8.08%	3.70%	7.88%	10.70%	0.23%	-0.90%	-0.03%	-0.60%	9.60%
2012	6.42%	3.70%	7.77%	3.80%	-1.38%	2.00%	0.03%	1.60%	7.90%
2013	6.42%	2.80%	7.25%	5.50%	-0.95%	0.90%	0.11%	0.00%	7.80%
2014	6.04%	3.00%	6.50%	6.00%	-0.64%	0.00%	0.17%	-0.20%	7.30%
2015	5.84%	3.00%	5.52%	10.00%	-0.07%	-3.80%	0.39%	-1.90%	6.90%
2016	5.80%	3.40%	4.68%	10.50%	0.54%	-4.10%	0.58%	-1.80%	6.70%
2017	6.15%	0.80%	3.62%	9.00%	1.13%	-3.00%	1.60%	-1.70%	6.80%
2018	6.02%	0.70%	3.42%	8.30%	0.72%	-4.70%	1.87%	-1.80%	6.60%
2019	5.61%	1.10%	4.93%	8.91%	0.31%	-3.68%	0.37%	-0.89%	6.10%
2020	0.13%	3.60%	2.15%	5.40%	-1.96%	-5.67%	-0.06%	-1.95%	1.70%
2021	7.55%	4.70%	2.62%	10.97%	4.78%	1.04%	0.15%	1.67%	8.60%
2022	1.87%	0.20%	2.28%	4.84%	-1.06%	2.31%	0.65%	-1.89%	2.80%

续表

年份	全要素生产率增长率 tfp_SFA	tfp_DEA	技术进步 tc_SFA	tc_DEA	技术效率变化 tec_SFA	tec_DEA	规模效率变化 sec_SFA	sec_DEA	我国GDP增长率
1999—2000	6.97%	8.10%	4.02%	7.55%	2.48%	-0.20%	0.47%	-0.70%	8.10%
2000—2005	8.57%	9.78%	5.32%	10.26%	2.96%	-0.88%	0.29%	0.80%	9.78%
2006—2010	9.92%	11.32%	7.32%	11.46%	2.37%	-1.42%	0.05%	-0.22%	11.32%
2011—2015	6.56%	7.90%	6.99%	7.20%	-0.56%	-0.36%	0.13%	-0.22%	7.90%
2016—2020	5.99%	1.92%	3.76%	8.42%	0.15%	-4.23%	0.87%	-1.63%	5.58%
2021—2022	4.71%	2.45%	2.45%	4.84%	1.86%	1.68%	0.40%	-0.11%	5.70%

表4-2中SFA模型和DEA模型的测算结果显示,2008年金融危机对我国全要素生产率的增长(tfp)、技术效率变化(tec)、技术进步(tc)的负影响很大。若不考虑2008年全球金融危机给我国全要素生产率增长造成的负面影响,DEA-Malmquist模型测算和SFA模型测算出来的全要素生产率增长走向大体上相同,呈现先升后降的"倒U形"特征。1998—2007年期间,我国TFP高速增长,2007—2008年期间,我国的全要素生产率的增长(tfp)大幅度下降,2009—2010年才慢慢回升到一个极值,2012年后TFP增长速度变缓,开始进入"新常态"中高速增长。此外,DEA方法测算的全要素生产率增长率比SFA方法测算的结果要小且波动更大。

图4-1显示,1999—2022年期间的TFP增长率与GDP增长率趋势线具有单调一致性,充分说明了全要素生产率对我国经济增长的贡献和意义。分阶段来看,"九五计划""十五计划""十一五计划"时期,我国的全要素生产率快速提高,而到了"十二五计划""十三五计划""十四五计划"时期,人口红利逐渐消失,人口年龄结构向老龄化转变,劳动成本持续提高,资本回报率逐年下降,经济结构不合理等现象开始凸显,我国经济增长速度和全要素生产率增长速度也出现了疲软态势。特别是2008年金融危机之后,我国外国直接投资(FDI)减少,时有贸易摩擦,国内外因素共同导致了我国经济发展的不确定

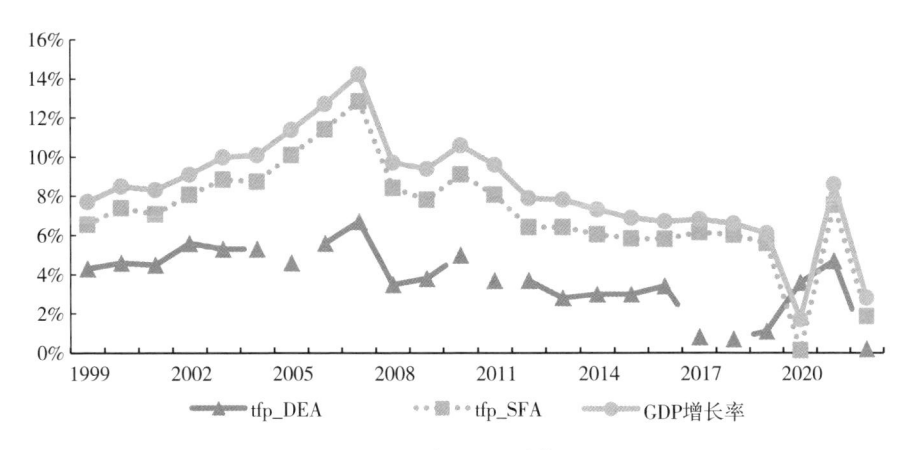

图 4-1 全国 tfp 趋势图

性,我国经济进入"增速换挡期"。

此外,用 SFA 模型分解出的 1998—2022 年间的技术进步均值为 7.18%,技术效率变化均值为 1.41%,规模效应变化均值 0.353%,它们对 TFP 增长的平均贡献率分别为 75.36%、19.26%、4.92%;而用 DEA 模型分解出同时期的技术进步均值、技术效率变化、规模效应变化均值分别为 8.89%、-1.31%、-0.33%,它们对 TFP 增长的平均贡献率分别为 126.03%、-20.33%、-5.49%。可见,在 1998—2022 年间我国的 TFP 增长主要依靠技术进步拉动。

同样,若不考虑 2008 年全球金融危机给我国带来的负影响,对比图 4-2 的 a、b 图可发现,两种测算方法测算出的 1998—2022 年间我国的技术进步(tc)变化都大体呈现出了一个先波动上升后下降的趋势,规模效应的变化(sec)相比其技术进步变化而言,变化不显著,而技术效率变化(tec)波动较大。此外,通过各分解指标的趋势走向可以发现,2008 年的金融危机对我国 tfp 以及技术效率变化的影响较大。

(2)区域层面。同样,运用上述两种测算方法测算东、中、西、东北部地区的 tfp 及其分解指标,整理结果如图 4-3、图 4-4 所示。

图4-2-a SFA模型分解结果

图4-2-b DEA模型分解结果

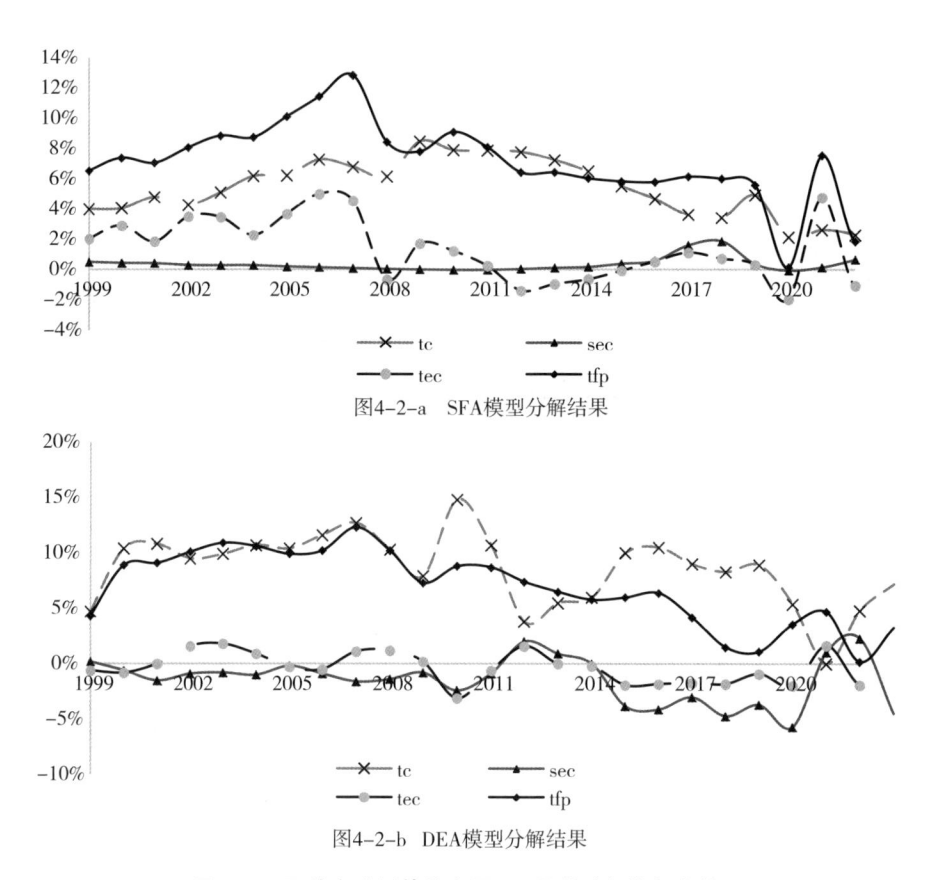

图 4-2 两种方法测算的全国 tfp 及其分解指标走势图

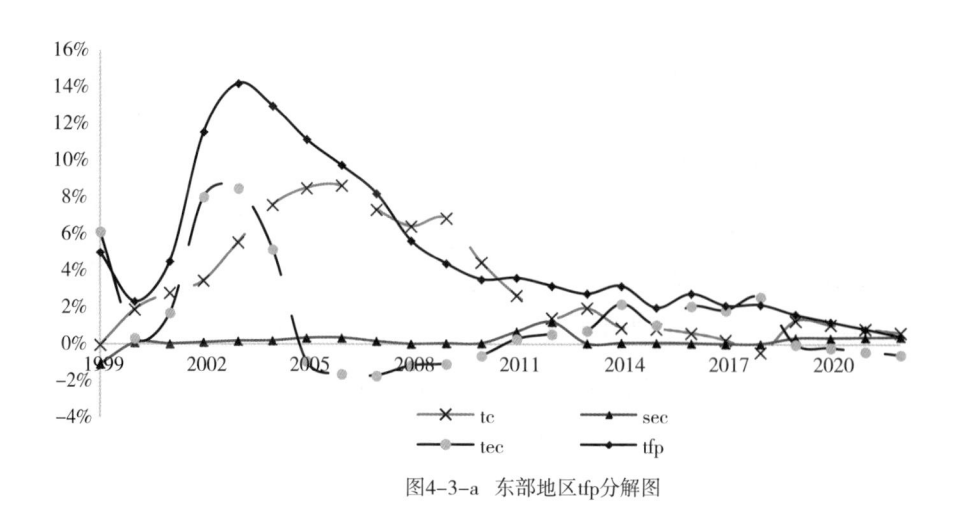

图4-3-a 东部地区tfp分解图

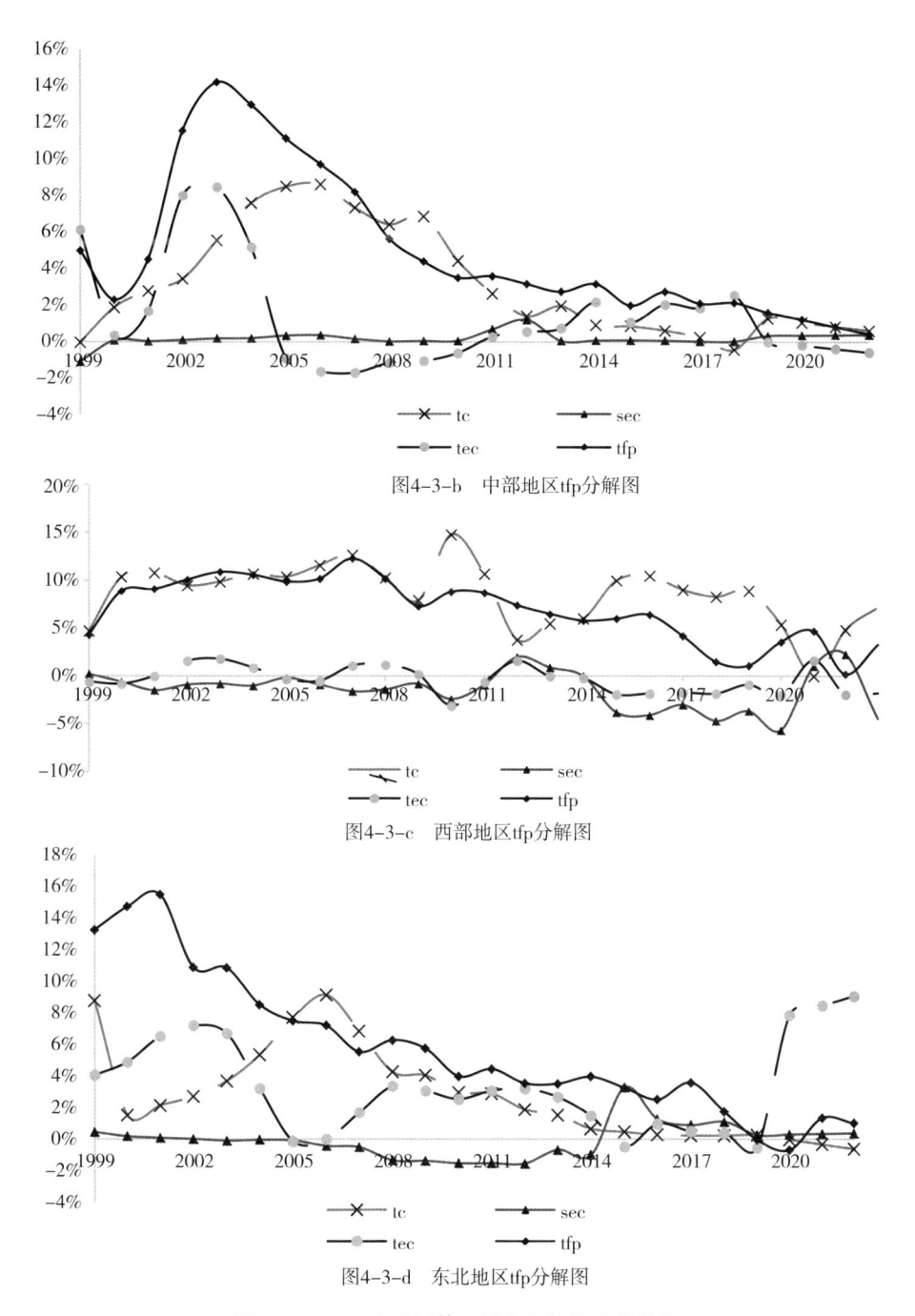

第四章 我国经济发展方式转变进程综合测度及评价

图4-3-b 中部地区tfp分解图

图4-3-c 西部地区tfp分解图

图4-3-d 东北地区tfp分解图

图4-3 SFA方法测算区域各指标结果趋势图

图4-4-a 东部地区tfp分解图

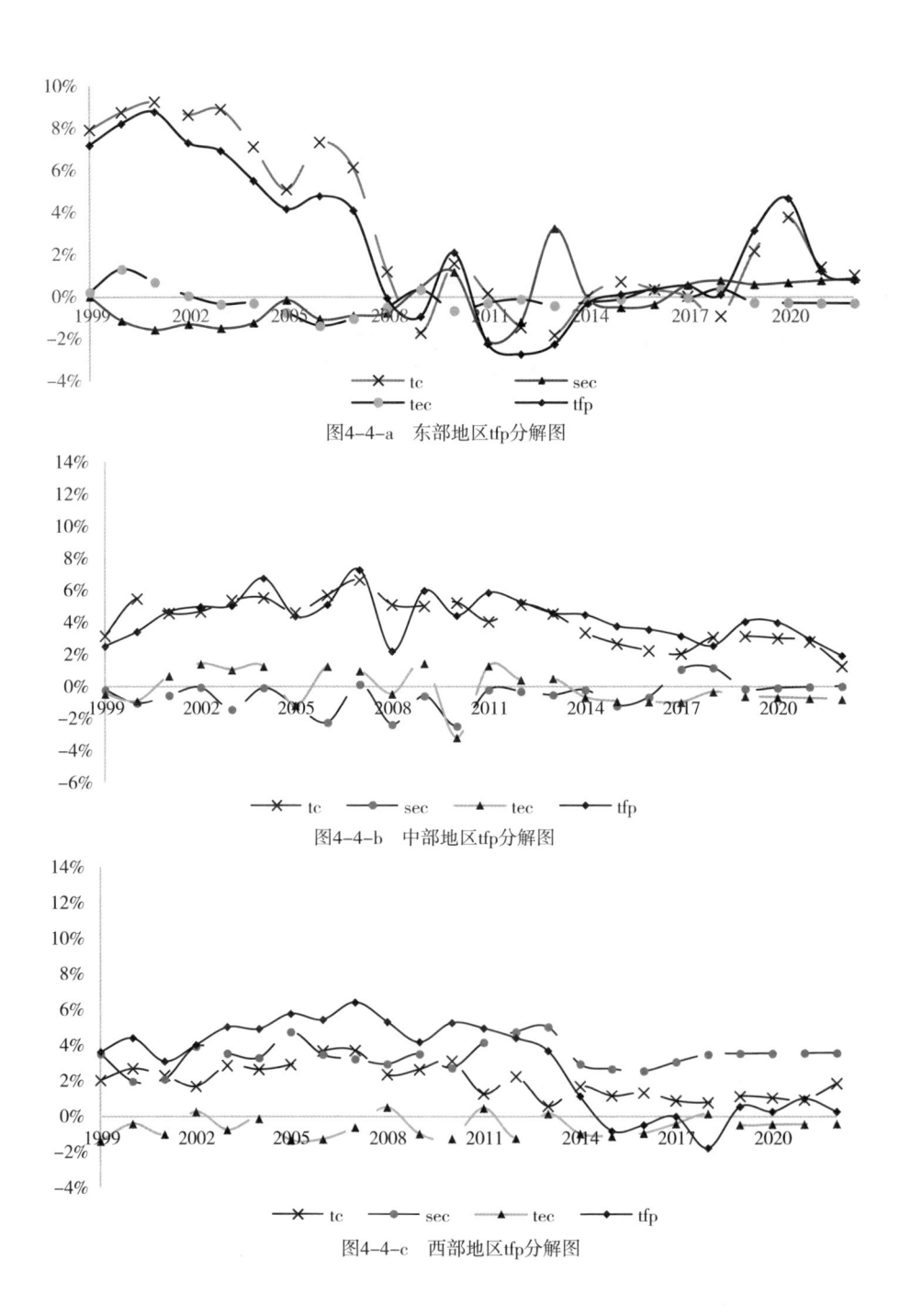

图4-4-b 中部地区tfp分解图

图4-4-c 西部地区tfp分解图

图4-4-d　东北地区tfp分解图

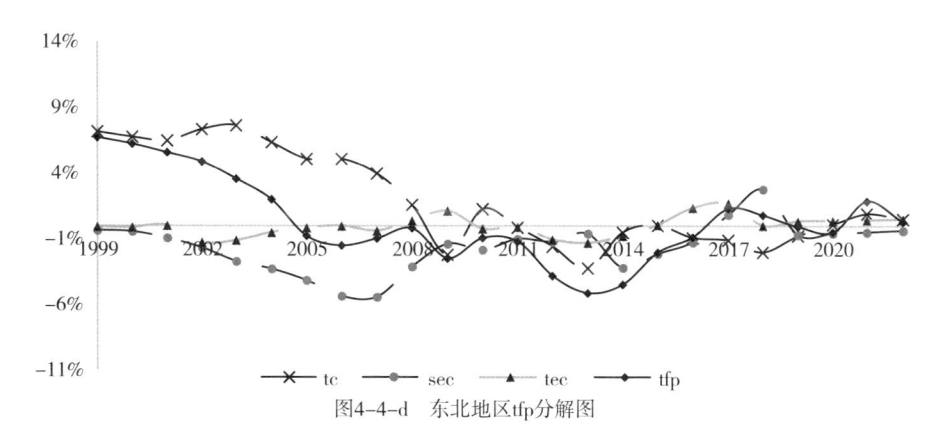

图4-4　DEA方法测算区域各指标结果趋势图①

分析图4-3的组合图,SFA模型的测算结果显示,东、中、西、东北部地区的全要素生产率增长曲线以及由tfp分解出的技术进步指数(tc)曲线大体上都呈现出先上升后下降的趋势。技术效率变化(tec)曲线的波动程度要大于其他曲线。

纵观1999年到2022年,①东部地区的技术进步对全要素生产率的增长的年均贡献度最高,为63.39%;其次是技术效率变化,其对tfp的贡献为27.73%;最后是规模效应变化,其贡献度为3.28%。②中部地区的技术进步对全要素生产率的增长的贡献一直保持较高的水平,其年均贡献度为73.19%;中部地区的技术效率变化在2005年之前一直平稳上升,2005年后开始下降,2007年、2008年降到最低后慢慢恢复回暖上升;其中,2007—2012年期间,中部地区的技术效率变化对tfp的贡献度低于规模效应变化。③西部地区的规模效率变化对全要素生产率的增长的贡献最大,年均贡献度为55.56%;其次是技术进步,对tfp的贡献为35.34%;最后是规模效应变化,贡献度为4.81%;西部地区的全要素生产率增长主要依靠其在规模效率的改善上。④东北地区各分解指标发展比较复杂,1999—2003年期间,对东北地区

---

① 为了方便与SFA模型的测算结果进行比较,本文把DEA模型测算结果分解图纵坐标的单位与SFA模型测算结果分解图纵坐标的单位统一设置。

tfp 的增长贡献最大的是技术效率变化,其次是技术进步,最后是规模效应变化。2003 年之后,东北部地区的技术进步逐步提高,对 tfp 的贡献度赶超了技术效率变化对 tfp 的贡献度,而规模效应变化贡献度仍旧不大;2011 年后,东北地区技术进步对 tfp 的贡献程度与技术效率变化对 tfp 的贡献程度不相上下。

分析图 4-4 的组合图,除东部地区的 tfp 曲线、tc 曲线的波动趋势与 SFA 模型测算结果不同外,中、西、东北地区的 tfp 曲线波动趋势与 SFA 模型显示的一样。且与 SFA 模型相比,DEA 模型测算的各指标增长率较小。

从贡献度的角度来看,DEA 模型的测算显示,除西部地区的全要素生产率的增长主要靠技术效率的提高拉动外,东部、中部和东北地区的全要素生产率的增长主要依靠技术进步。与 SFA 模型测算结果一致。

此外,SFA 模型和 DEA 模型的测算结果都显示:

2008 年的金融危机对我国全要素生产率的增长(tfp)及其分解指标技术效率变化指数(tec)、技术进步指数(tc)的影响较大。说明我国经济对外依存度高,且经济增长的稳定性对我国经济运行极为重要,这可能也是我国提出"我国经济要由高速增长转向高质量发展"的一个原因,也是很多我国经济学者把经济增长的稳定性纳入经济高质量评价指标体系的一个原因。

②从 tfp 来看,"九五计划""十五计划"期间,全要素生产率的年均增长率从高到低排序依次是东部、东北、中部和西部。而"十一五计划""十二五计划"期间,中部、西部地区的 tfp 逐渐大于东部和东北地区,这说明各地区的 tfp 差距在缩小,呈现出收敛性,即全要素生产率低的地区的 tfp 要大于全要素生产率高的地区。可见东部地区 tfp 的发展受到了一定阻力,而中部、西部区域的发展潜力大,可利用各自的"后发优势"来加速全要素生产率的增长,缩小与东部地区的差距。

从 tc 来看,东部地区的年均技术进步值表现为最高,其次是中部地区,然后是东北部地区,最后是西部地区。1998—2022 年期间,东、中、西、东北部地区的技术进步均值为 3.16%、4.09%、2.00%、1.99%。技术进步的收敛性并不显著,这是因为高技术人才更倾向并更易于流向并留在富裕地区,从而出现"进步者更进步"的现象。因此,要想缩小各地区的技术进步增长率,就需要各地区政府积极出台相关的"吸引人才就业"政策,提升人才素质。

从 tec 来看,西部地区的 tec 明显高于其他地区的 tec,这说明技术效率存在着收敛性,即技术效率低的地区的 tec 大于技术效率高的地区的 tec。结合事实可看出,落后地区向发达地区学习先进组织管理方法的行为有显著效果。

从贡献度的角度来看,除西部地区外,东、中、东北部地区乃至全国总体的技术进步(tc)对它们各自 tfp 的贡献度是最高的,其次是技术效率变化,规模效应变化的贡献最小可忽略不计。因此,可以认为技术进步和技术效率变化是导致全要素生产率变化的根本因素,由于这两项是全要素生产率指数的分解项,可认为是内生变量对因变量的影响。

(3)省际层面。

计算各年份各省市 TFP 指数及其分解指标,将各省、直辖市各指标的年度均值整理得如下表 4-3。其中,表 4-3 内容按 TFP 指数即全要素生产率增长率(tfp)降序排序。

表 4-3　1999—2022 年各省(自治区、直辖市)TFP 指数及其分解指数的年度均值(以 tfp 降序排序)

省、直辖市	tc	tec	sec	tfp	区域
上海	5.20%	0.10%	0.10%	5.40%	东部
北京	5.00%	−0.80%	0.30%	4.50%	东部
江苏	4.00%	0.80%	−0.90%	3.90%	东部
浙江	4.00%	−0.50%	0.10%	3.50%	东部
广东	2.30%	0.60%	0.40%	3.30%	东部
福建	2.90%	−0.80%	0.40%	2.50%	东部
内蒙古	4.80%	−2.60%	0.20%	2.30%	西部
辽宁	3.50%	−1.60%	0.10%	1.80%	东北

续表

省、直辖市	tc	tec	sec	tfp	区域
新疆	4.30%	-2.70%	0.20%	1.70%	西部
山东	2.20%	-1.00%	0.10%	1.40%	东部
天津	1.30%	-0.50%	0.20%	0.50%	东部
西藏	0.40%	0.00%	-0.10%	0.40%	西部
青海	3.00%	-2.90%	0.30%	0.30%	西部
河北	0.60%	-0.70%	0.20%	0.10%	东部
重庆	0.80%	-0.30%	-0.30%	0.10%	西部
四川	0.10%	-0.50%	0.20%	-0.20%	西部
吉林	3.30%	-3.80%	0.10%	-0.50%	东北
黑龙江	0.60%	-0.80%	-0.30%	-0.50%	东北
山西	1.30%	-1.60%	-0.40%	-0.60%	中部
江西	1.00%	-1.30%	-0.30%	-0.60%	中部
湖北	0.20%	-0.90%	0.10%	-0.60%	中部
安徽	0.10%	-0.60%	-0.20%	-0.70%	中部
陕西	1.50%	-2.10%	-0.10%	-0.80%	西部
宁夏	3.70%	-4.40%	0.20%	-0.80%	西部
海南	0.10%	-0.50%	-1.00%	-1.40%	东部
湖南	0.10%	-1.90%	-0.10%	-2.00%	中部
贵州	0.10%	-1.80%	-0.40%	-2.10%	西部
甘肃	0.10%	-1.50%	-0.80%	-2.20%	西部
广西	0.10%	-2.10%	-0.20%	-2.30%	西部
云南	0.10%	-2.30%	-0.30%	-2.40%	西部
河南	0.10%	-2.90%	0.20%	-2.60%	中部

分析表 4-3 可看出,1999—2022 年期间,全要素生产率年均增长排名前

十的是:东部地区的上海市、北京市、江苏省、浙江省、广东省、福建省,西部地区的内蒙古自治区、新疆维吾尔自治区,东北地区的辽宁省。这些省市的全要素生产率的增长大部分依靠技术进步(techch)。相对而言,中部地区,如江西、湖北、安徽等省的 tfp 发展均不太理想。具体来看,1999—2022 年间东部地区大部分省(直辖市)的全要素生产率都发展良好,主要是依靠技术进步拉动 tfp 增长;中部地区各省的 tfp 增长较为缓慢,但各省发展都比较均衡,除河南省外的其他中部省份的年均 tfp 排名中集中在 20—30 名;而西部地区的情况比较复杂,由于内蒙古自治区、新疆维吾尔自治区拥有得天独厚的自然资源,它们的第一产业、第二产业发展迅速,这也许是它们 tfp 指数均值分别高达 2.30%、1.70%的原因,其 TFP 指数的增长主要依靠技术进步。除此之外,西部地区其他省(直辖市)主要依靠技术效率变化拉动 tfp 的发展。

二、制度变迁、全要素生产率对经济增长的影响分析

通过对我国全国层面和省际层面全要素生产率的评价与分析可知,全要素生产率的增长与经济增长趋势一致,技术进步和技术效率变化是导致全要素生产率变化的内生变量。此外,大量研究表明,制度变迁(梁超 2012)、人力资本(石风光 2012)、R&D(张豪 2016)、产业结构(白重恩、张琼 2015)、贸易开放、外商直接投资(李佳 2019)等外生性影响因素能促进全要素生产率的提升,进而推动经济的增长。因此,本节试探求出制度变迁、全要素生产率发展影响我国经济增长的内在机理,从而为通过制度优化提升我国全要素生产率水平并促进经济高质量增长的路径提供理论机制与实证支持。

(一)全要素生产率影响经济增长的机理

全要素生产率是总产量与全部要素投入量的比值,它的提高意味着它的分解指标技术进步、技术效率或是规模效应的提高,在一定程度上反映了生产效率的提高、资源配置的有效化、体制的优化、组织管理的改善等。由上一节

对全要素生产率指数测算分析的结论可知,各地区的全要素生产率的增长率与各地区的 GDP 增长率的趋势曲线保持了单调一致性,这也表明全要素生产率的提高能促进经济增长;此外,随着全要素生产率的提高,即技术进步,意味着生产前沿向上移动,这在进一步解放生产力的同时也需要生产关系的进一步改善,由此会带来新的制度需求,促进制度的变迁。

(二)制度变迁影响经济增长的机理

制度与制度变迁对经济的影响一直以来都是学术界讨论的热点问题。颜鹏飞、王兵(2004)研究了 1978—2001 年我国 30 个省、直辖市的全要素生产率的影响因素,认为人力资本和制度因素均能促进全要素生产率的提高。樊纲等(2011)利用中国市场化指数测算 1997—2017 年间我国市场化改革对全要素生产率的年均贡献为 39.2%,对经济增长的年均贡献为 1.45%,认为中国依赖市场化改革能够实现经济可持续发展。何代欣(2019)认为政府的税收优惠能够稳定宏观经济运行环境,并影响社会上资本、劳动力、企业家才能和技术创新等各种要素的供给,这些要素供给增加还会促进社会资源的流动进而促进经济增长。冯英杰等(2020)利用中国工业企业数据,探讨了 1998—2013 年间市场化程度对企业全要素生产率的影响机制,得出加速市场化能改善资源错配情况从而提升企业全要素生产率的结论。

根据新制度经济学和比较制度理论,制度对经济增长特别是长期经济增长具有不可替代的作用。制度通过约束和激励机制调节要素投入及其组合,提高资源配置效率,同时也能促进技术进步,从而促进经济高质量发展。制度因素对经济增长的影响有两个关键期:一是在经济市场尚不健全阶段,仅凭市场和自发机制难以实现经济有序发展,此时需要构建必要的制度对市场进行规范,维护市场公平竞争秩序。二是在经济转型期,新的生产力促进制度变迁和制度构建,以实现生产力和生产关系的协调发展。

制度、制度变迁和全要素生产率对经济增长的作用机理如图 4-5 所示。

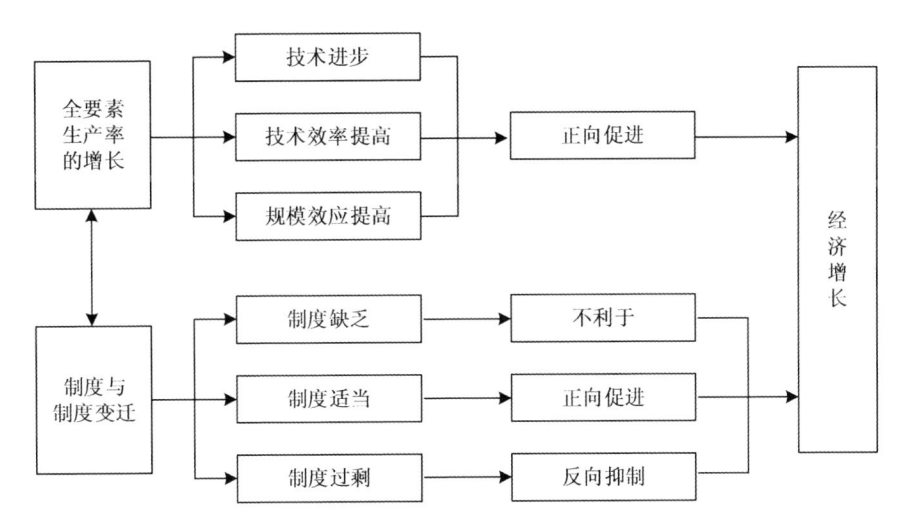

图 4-5　制度与制度变迁对全要素生产率的促进机理

(三)模型构建及变量说明

1. 模型构建

本部分实证分析旨在研究制度变迁、全要素生产率对经济增长的影响,基于上述机理分析,将实证模型设定为:

$$\ln GDP_{it} = \beta_1 tfp_{it} + \beta_2 IC_{it} + ctrls_{it} + \varepsilon_{it} \tag{1}$$

$$\ln GDP_{it} = \beta_1 tfp_{it} + \beta_2 IC_{it} + \beta_3 IC_{it}^2 + ctrls_{it} + \varepsilon_{it} \tag{2}$$

$$\ln GDP_{it} = \beta_1 tfp_{it} \times IC_{it} + \beta_2 IC_{it}^2 + ctrls_{it} + \varepsilon_{it} \tag{3}$$

模型变量中,被解释变量 $\ln GDP_{it}$ 代表第 i 地区第 t 时期的经济增长变化率;核心解释变量 tfp、IC 分别表示全要素生产率的增长变化和制度因素,IC^2 则表示制度烦冗;ctrls 为控制变量的向量集,包括基础设施发展水平(infra)、信息化发展水平(information)、人力资本(human)。其中,i 为地区下标,t 为时间下标,ε 为干扰项。

2. 变量选取及数据处理

(1)被解释变量。

经济增长:指标以 1998 年为基期的实际 GDP 来衡量①。

(2)核心解释变量。

·全要素生产率:

选用本书上一节 DEA 模型测算的全要素生产率指数,即全要素生产率的增长变化(tfp)作为本节的解释变量。

·制度变迁:

本部分考察的是有关市场经济制度变迁对全要素生产率增长的影响,选取产权制度、市场化程度、分配格局和对外开放程度四项指标。其中,市场化程度又分为生产要素市场化指数和经济参数市场化指数两个二级指标,对外开放程度分为国际贸易、国际金融、国际投资三个二级指标;鉴于主成分因子分析法能有效避免主观赋权存在的随意性,最后采用主成分分析法确定各个指标权重,再由二级指标合成两个一级指标,四个一级指标合成最终的制度因素。

关于产权制度(pc):我国产权制度变迁主要从经济成分中的非国有化率反映出来,而我国非国有化改革又集中在工业领域。故采用非国有工业增加值与全部工业总产业增加值的比值来衡量产权制度。

关于市场化程度(sch):我国市场化进程主要体现在生产要素配置的市场化程度和由经济参数决定的市场化程度,由于我国目前主要依靠资本的投入来推进生产要素配置的市场化进程,故选取全社会固定资产投资中"利用外资、自筹投资、其他投资"三项指标的比重加权均值来衡量生产要素市场化指数;关于经济参数市场化指数,本书借鉴傅晓霞(2002)的方法,选取农产品收购中非国家定价的比重在衡量经济参数市场化指数。利用主成分分析法测算出上述两市场化指标的系数分别为 0.614、0.386。则本节测度市场化程度

---

① 实际 GDP(1998=100)= 国内生产总值／国内生产总值指数(上年=100)。

的公式为,sch＝0.614×生产要素市场化指数＋0.386×经济参数市场化指数。

分配格局变化(ac):一个国家的分配格局是其分配关系的体现,具体反映各社会居民所得、政府所得和企业所得以及各自的占比。由公式:

个人可支配收入＝国内生产净值-(税收-政府转移支出)

可以看出,从 GDP 到居民所得,最大的减项是税收(包括间接税和直接税)。因此采用国家财政收入(不包括债务收入)占 GDP 的比重来衡量我国分配格局变化。

对外开放程度(open):近年我国一直扩大对外开放,在外商投资等领域进一步放宽限制,建立健全跨境服务贸易负面清单管理制度,其基本内容主要包括国际贸易、国际金融、国际投资三个方面。因此采用国际贸易、国际金融、国际投资占 GDP 比重的加权平均数来衡量对外开放的程度。

制度因素具体构建的指标体系如表 4-4 所示。

表 4-4　制度与制度变迁的指标体系及其权重选取[①]

指标体系	一级指标权重	二级指标权重	基础指标
1.产权制度变迁(pc)	0.341		非国有工业增加值/全部工业总增加值
2.市场化程度(sch)	0.577		
2a.生产要素市场化指数		0.614	利用外资、自筹投资、其他投资三项指标加权均值
2b.经济参数市场化指数		0.386	农产品收购中非国家定价的比重
3.分配格局变化(ac)	0.237		国家财政收入/当年 GDP
4.对外开放程度(open)	0.312		
4a.国际贸易		0.415	进出口总值/GDP

① 权重用主成分分析法计算。

续表

指标体系	一级指标权重	二级指标权重	基础指标
4b.国际金融		0.297	对外资产负债总额/GDP
4c.国际投资		0.306	利用外资和对外投资总额/GDP

(3)控制变量。

实证分析选择了3个控制变量,分别是:①基础设施发展水平(infra)。基础设施是一种可以促进经济增长的投资,本书选择人均道路面积表示;②人力资本(human)。创新与劳动力受教育程度紧密相连,加强人力资本投入能有效促进我国经济增长,故本书采用以各地区受教育程度的人口比例来衡量各地区的人力资本,本书将受教育程度分为小学及以下、初中、高中、大专及以上,对应的受教育年限为6年、9年、12年和16年;③信息化发展水平(information)。良好的信息化发展水平能推动经济更快发展,本书用各城市互联网用户数(万户)表示。

(三)实证分析

根据实证模型,本书首先就全国31个省、直辖市采用面板数据固定效应进行整体回归,然后分地区进行回归。

1.整体回归结果。为研究制度变迁对全要素生产率的影响,基于模型(1)—(3)的设计,首先对全样本进行回归分析,回归结果如表4-5所示。

表4-5 全样本回归结果

解释变量	经济增长(lnGDP)		
	(1)	(2)	(3)
tfp	12.964***	11.839***	
	(4.57)	(3.06)	

续表

解释变量	经济增长(lnGDP)		
	(1)	(2)	(3)
IC	7.903***	6.779***	
	(3.17)	(4.14)	
IC²		−7.014***	−17.700***
		(−5.09)	(−4.38)
tfp×IC			32.281***
			(3.27)
infra	0.107***	0.108***	0.131***
	(8.56)	(9.36)	(5.31)
human	2.114***	2.545***	2.146***
	(3.25)	(5.62)	(5.67)
information	0.314***	0.347***	0.377***
	(5.49)	(3.97)	(4.32)
_cons	31.180***	30.940***	34.921***
	(7.84)	(7.84)	(7.18)
N	620	620	620

注：*、**、***分别代表在10%、5%、1%显著水平下具有统计显著性。

表4-5中，回归结果(1)—(3)表明：①制度变迁、全要素生产率的增长对经济增长均表现出正向影响，并且均在0.5%的置信水平上显著；②制度变迁系数显著为正，其平方项系数显著为负，表明制度因素对经济增长的影响呈现出"倒U形"的特征。这是因为，我国探索式改革形成的制度未能从整体出发，随着经济的发展，不可避免导致碎片化问题，导致了不同结构和部门之间存在矛盾和摩擦，形成制度成本，甚至引发寻租腐败，从而不利于经济的增长。③制度与全要素生产率的交互项为显著为正，表明两者之间存在协同效应，它

们可以通过相互调节更好地促进经济增长。④从控制变量来看,基础设施发展水平、人力资本、信息发展水平均对全要素生产率增长率表现出正向促进关系,且均在0.5%的置信水平上显著。

2. 区域回归结果。与前文一致,仍然将样本分为东、中、西、东北部四大区域。回归结果如表4-6所示。

表4-6 四大地区回归结果

解释变量	东部地区经济增长(lnGDP)			中部地区经济增长(lnGDP)		
	(1)	(2)	(3)	(1)	(2)	(3)
tfp	12.387**	11.049***		10.496***	9.879***	
	(2.57)	(3.76)		(3.95)	(3.43)	
IC	17.902***	16.768***		14.170***	13.618***	
	(3.17)	(4.14)		(3.62)	(4.25)	
IC²		−27.01***	−22.350**		−7.01***	−16.557***
		(−5.53)	(−2.38)		(−4.58)	(−3.83)
tfp×IC			36.227**			42.279***
			(2.44)			(3.27)
infra	0.159***	0.136***	0.143***	0.124***	0.131***	0.117***
	(7.15)	(6.03)	(6.57)	(5.59)	(5.67)	(5.48)
human	2.678***	2.496***	2.252***	2.074***	2.065***	2.113***
	(3.49)	(4.19)	(4.60)	(3.25)	(3.36)	(3.67)
information	0.201***	0.265***	0.261***	0.209***	0.197***	0.217***
	(5.18)	(4.83)	(3.94)	(4.45)	(4.39)	(4.37)
_cons	35.180***	37.914***	39.418***	30.218***	35.843***	32.921***
	(5.23)	(5.27)	(5.21)	(6.08)	(7.18)	(6.65)
N	200	200	200	120	120	120

续表

	西部地区经济增长（lnGDP）			东北地区经济增长（lnGDP）		
	(1)	(2)	(3)	(1)	(2)	(3)
tfp	9.573**	11.049***		9.957***	11.839***	
	(2.57)	(3.76)		(4.57)	(3.06)	
IC	17.902***	8.768***		7.90***	6.78***	
	(3.17)	(4.14)		(3.17)	(4.14)	
IC²		−11.01***	−11.338**		−7.01***	−17.711***
		(−5.53)	(−2.38)		(−5.09)	(−4.38)
tfp×IC			35.227***			32.281***
			(2.44)			(3.27)
infra	0.201***	0.176***	0.173***	0.277***	0.248***	0.263***
	(7.15)	(6.03)	(6.57)	(4.65)	(4.16)	(4.35)
human	1.872***	1.936***	1.535***	1.607**	1.541**	1.453**
	(4.33)	(4.42)	(4.21)	(2.41)	(2.25)	(2.67)
information	0.193***	0.165***	0.156**	0.265***	0.247***	0.257***
	(4.15)	(3.43)	(2.41)	(5.19)	(4.87)	(4.85)
_cons	30.180***	32.490***	29.887***	37.080***	35.394***	34.271***
	(6.33)	(5.69)	(5.75)	(5.66)	(5.64)	(5.63)
N	240	240	240	60	60	60

表4-6表明：各地区的制度变迁、全要素生产率对各地区经济增长的促进作用显著，且制度变迁在四大地区仍呈现出显著的"倒U形"特征，此外制度变迁与全要素生产率的协同作用也在1%的置信水平上显著。制度烦冗对东部地区经济增长的反向抑制作用大于其他地区，这意味着在经济发达的地区，制度应该扮演协助者的角色；而在经济不发达的地区，制度政策更多扮演引导者角色；从控制变量来看，各地区的基础设施发展水平、人力资本均对高

质量发展具有显著的促进作用,但信息化发展水平仅在东、中、东北部地区中显著,这是由于西部地区的信息化水平普遍较低,从而对经济高质量发展的促进效果不明显。

三、结论与启示

本节首先使用同样的数据,选用 SFA 方法和 DEA 方法对我国全要素生产率变化情况进行测算,然后建立制度变迁指标体系,构建固定效应回归模型来探究制度变迁、全要素生产率的增长对经济增长的影响,得出结论如下:

(一)技术进步和技术效率变化是导致全要素生产率变化的根本因素

从总体趋势来看,DEA 模型的测算结果与 SFA 模型的测算结果差不多。①1999—2022 年期间,无论是东部、中部地区,还是西部、东北部地区的 tfp 曲线在大体上都呈现出先上升后下降的"倒 U 形"特征。②各地区的全要素生产率的增长率与各地区的 GDP 增长率的趋势曲线保持了单调一致性。③全要素生产率的增长率存在着收敛性,即全要素生产率低的地区的其 tfp 增长率能赶超全要素生产率高的地区。④从技术进步来看,东部地区的年均技术进步值表现为最高,其次是中部地区,然后是东北部地区,最后是西部地区。⑤从贡献度的角度来看,除西部地区外,东、中、东北部地区乃至全国总体的技术进步对它们各自全要素生产率的增长的贡献度是最高的,其次是技术效率变化,规模效应变化的贡献最小可忽略不计。基于此,本书认为技术进步和技术效率变化是导致全要素生产率变化的根本因素。

从曲线波动的角度来看,比较各指数曲线,规模效应进步(sec)的波动幅度是最为轻微的。此外,2008 年全球金融危机对我国经济运行的负影响巨大,我国的 GDP 增长、全要素生产率的增长、技术进步等指数大幅度下降。可见,我国经济对外贸的依存度较高,受外部需求影响较大。

从区域各指标的发展来看,我国区域全要素生产率的发展差距总体上呈下降态势,仍存在不平衡性,特别是区域绝对差距仍然偏大。1998—2022 年间,东部地区的发展远超中、西、东北地区,特别是东部沿海省份(北京、上海、广东、江苏、浙江等),它们不论是人均GDP(或是GDP)还是技术进步指数都处于全国领先地位。

(二)制度变迁与全要素生产率协同推动经济增长

无论是整体回归结果还是区域回归结果都显示:①提高全要素生产率能推动经济增长;②制度变迁对经济增长的影响呈现"倒U形"关系;③制度变迁与全要素生产率的增长具有协同作用,能通过彼此的相互调节共同促进经济增长。此外,区域回归结果显示,制度烦冗对经济较为发达地区的经济增长的反向抑制作用大于其他经济相较不发达的地区。

第二节 产业结构优化测度

在全球化背景下,发达国家仍然将高端制造业作为立国之本。根据工业化进程的一般规律,产业结构的优化和升级与经济高质量发展相辅相成,当前我国正处在加快经济发展方式转变的关键时期,产业结构优化升级是其中的重要内容。本节拟从高度化、合理化和高效化三方面,结合定性与定量方法对我国产业结构"三化"进行测度,旨在寻找优化产业结构的方向并提出较为准确的对策建议。本节沿袭上一节对区域的分类即分成东、中、西、东北四大区域,对全国和四大区域相关指标分别测算。所用数据,除特别说明外,均来自《中国统计年鉴》和各省(区、市)统计年鉴中1999—2022年数据。

一、产业结构优化的基本内涵及测度方法

(一)产业结构优化的基本内涵

根据产业经济学相关理论,产业结构优化的衡量标准通常包括产业结构

高度化、产业结构合理化和产业结构高效化三方面。

何平(2014)等人将产业结构高度化定义为"产业结构通过升级而达到一定高度",焦继文(2004)等人归纳为产业结构"由低层次向高层次发展"。这一概念既可标志经济发展进入了更高一级的历史阶段,又能反映科技进步与技术创新。具体而言,产业结构高度化的判断标准必须涵盖三个方面:首先,第二、三产业国民收入和就业比重较第一产业占优势;其次,资金与技术知识密集型产业比重较劳动密集型产业占优势;最后,耗费人造资源制造中间产品、最终产品的产业较耗费自然资源制造初级产品的产业占优势。马伯钧(2003)在此基础上增添了新的见解,即收入弹性低、劳动生产率上升率低的产业实现向收入弹性高和劳动生产率上升率高的产业的攀升。产业结构高度化是多种因素,诸如就业结构、经济政策等,综合作用的结果,尤其技术进步所引起的技术结构变动是其最本质的影响因素。

第二、三产业尤其是第三产业的发展仅是产业结构外在特征的体现,由此以内在协调性为重点的合理化被提出。产业结构合理化被学者定义为一个经济主体(国家或地区)各产业部门之间、各产业部门构成的整个系统之中,比例关系和关联程度符合该经济主体在特定时间的发展阶段,"自组织能力"强,并与国民经济的其他各部分有机协调、互相促进,提高投入产出比即生产效率、突出产业结构的资源转换器核心功能即资源使用效率、促进经济高质量发展,从而接近产业间"帕累托最优",走向共同富裕。王林生(2011)等人指出这也是一个相对的概念,产业结构合理化程度即为产业结构状态相对于产业结构合理化这一模糊子集的隶属度。黄中伟(2003)等人则在与前述相对应的结构协调论、结构动态均衡论、资源配置论的基础上,找寻到新的"结构功能论"——各产业间须存在着较高的聚合质量,取得较好的结构收益。而伦蕊(2005)是在利用传统的"标准结构"与世界上其他条件大体相同、时间相近的国家的产业结构比较作出本国产业结构是否合理的粗略判断后,结合投入产出法(产业结构协调观)、供需结构适应观、各种经济资源在产业间的合理配置和有效利用程度以及"自组织能力"强弱,进一步提出产业结构合理化的衡量方法。

产业结构高度化体现了第三产业的重要性,产业结构合理化则反映了三大产业的均衡发展情况,而产业结构高效化则能综合反映能源消耗、要素投入结构和产出效率。徐仙英(2016)等指出,产业结构高效化是产业资源配置效率提高的过程,即因科技创新和要素禀赋变化,生产资源在产业间流动,不断优化配置,最终表现为产能利用率的提升及投入产出效率提高。龙海明(2020)等人则认为,产业结构高效化是指产业结构由低效率向高效率转变的循环往复过程,主要表现为低技术含量、低生产率产业向高技术含量、高生产率产业的动态演进。吴传清(2020)等人则将这一概念简要归纳为低效率产业比重不断降低,高效率产业比重不断上升的过程,反映了资源配置优化所带来的结构红利。

(二)产业结构优化测度方法

1. 产业结构高度化的测度方法

根据前述定义,产业结构高度化本质上是经济发展方式的转变由第一、二产业逐渐走向第三产业化,也可理解为服务化的过程,故其指标测度方法可大致分为三种:①产值法,具体公式为:第三产业产值/第二产业产值。这种方法能在一定程度上反映经济的动态变化趋势,所以使用者甚多。②指标法,即各产业产值比重与劳动生产率的乘积之和。该原理来源于产业结构高度化的内核,包含比例关系的演进和劳动生产率的提高两部分。吕明元(2016)等人在此基础上作了改进,他们认为,经济生产活动中资本等其他要素的配置状态也会产生重要影响,以劳动作为单要素的条件下作出的评价并不贴合实际,从而提出基于劳动与资本多要素条件下的测度指标。③ *Moore* 结构变动指数法,又名夹角余弦法。该方法是将第一、二、三各产业产值比重作为空间向量中的一个分量,构成一组三维向量,可以很好地表现出高度化演进的动态过程。计算公式如下:

$$\theta = \arccos \frac{\sum_{i=1}^{n} W_{i,t1} W_{i,t2}}{\sqrt{\sum_{i=1}^{n} W_{i,t1}^2} \sqrt{\sum_{i=1}^{n} W_{i,t2}^2}} \tag{1}$$

其中，$W_{i,t1}$、$W_{i,t2}$ 分别表示第 t_1 期、第 t_2 期第 i 产业产值所占比重。$\theta \in (0, \pi/2)$，是正向指标，θ 值越大，说明产业结构高度化成效越显著。

本节研究 1999—2022 年我国产业结构高度化变动趋势，将 1999 年设定为基期且为 0，分别计算 2000 年至 2022 年各年向量之间的夹角。所得夹角变化的整体概况，反映高度化变化的速率。

2. 产业结构合理化的测度方法

近年来，对产业结构合理化的研究层出不穷，热度可见一斑。大体上归纳为两种基本测度方法，其余都可被视为两种基本方法的改进组合，用以取长补短、优化指标、接近实况。

①泰尔指数法，具体公式为：$E = \sum_{i=1}^{n} \left(\frac{Y_i}{Y}\right) \ln\left(\frac{Y_i}{L_i} \Big/ \frac{Y}{L}\right)$。

使用该方法的学者认为，产业结构合理化本质上包括三大产业之间比例关系与结构份额的高协调性、要素与资源配置的高耦合质量两部分，而这些可由泰尔指数很好地体现出来。

②结构偏离度法，计算公式为：$E = \sum_{i=1}^{n} \left| \frac{Y_i/L_i}{Y/L} - 1 \right| = \sum_{i=1}^{n} \left| \frac{Y_i/Y}{L_i/L} - 1 \right|$。[10]

以此为基准，马红祥（2020）等人指出，以劳动力作为衡量结构偏离度的指标具有局限性。由于第一产业存在巨大的就业蓄水池作用和"马太效应"，并且在产业结构合理化的阶段，投资驱动才是主要的增长方式，故而选择固定资产投资替代更为贴近国情。林春艳（2016）、关雪凌（2012）等学者提出结构偏离修正指数的概念，同时解决结构偏离度无法体现各产业部门在经济发展中的重要程度和泰尔指数中对数可能面临正负相抵的缺陷。

本书参考这两种衍生方法并进行综合考量，具体公式如下：

$$E = \left| \frac{Y_i/Y}{M_i/M} - \frac{Y_j/Y}{M_j/M} \right| (i \neq j) \tag{2}$$

其中,i、j 指产业类别,参照向现代化发展的趋势,本书只考虑第二产业和第三产业。M 表示固定资产投资额,Y 以国内(地区)生产总值体现。此指标与泰尔指数都是反向指标,即 E 越大,经济结构越偏离均衡状态,产业结构变化越不利于合理化。

3. 产业结构高效化的测度方法

产业结构高效化主要表现为劳动力、资产、能源和水资源的配置效率,以及新产品研发效率等方面,故本文参考吴传清(2020)等人的做法,使用超效率 SBM 模型评估我国产业结构高效化水平,分析其变动趋势。在经济生产过程中,劳动力、资本、能源的投入不仅生产出工业产品,同时也会产生副产品,即非期望产出。与传统的数据包络模型(DEA)相比,基于非期望产出的 SBM 模型一方面可以解决投入产出松弛性问题,另一方面也解决了非期望产出存在下的效率分析问题,而且不需要剔除环境变量。该模型的数学表达式如下:

$$\rho_l^* = \min \rho' = \left(\frac{1}{n} \sum_{n=1}^{N} \frac{x_n^l - s_n^x}{x_n^j} \right) / \left[\frac{1}{M+I} \left(\sum_{m=1}^{M} \frac{y_m^l + s_m^y}{y_m^j} + \sum_{i=1}^{I} \frac{b_i^l + s_i^b}{b_i^j} \right) \right]$$

$$s.t. \sum_{k=1}^{K} z_k y_m^k + s_m^y = y_m^l (m = 1, \cdots, M)$$

$$\sum_{k=1}^{K} z_k b_i^k + s_s^y = b_i^l (i = 1, \cdots, I)$$

$$\sum_{k=1}^{K} z_k x_n^k - s_n^y = x_n^l (n = 1, \cdots, N) \tag{3}$$

式中,k 个决策单元利用 n 种投入,得到 m 种期望产出 y_m^k 和 i 种非期望产出 b_i^k;s_n^x、s_m^y、s_i^b 表示投入、产出的松弛变量。目标函数 ρ_l^* 关于 s_n^x、s_m^y、s_i^b 严格单调递减,$0 < \rho_l^* < 1$,当 $\rho_l^* = 1$ 时,决策单元完全有效率;当 $0 < \rho_l^* < 1$ 时,决策单元存在改进空间。

其中,投入分为能源投入和非能源投入,非能源投入又分为劳动力投入和资本投入。在非能源投入中,选择就业人员年末人数代表劳动力投入、资本存量代表资本投入。考虑到数据的可获得性,资本存量以实际固定资产投资额(使用投资指数平减为以 1999 年为基期)近似替换。能源投入则使用能源消费总量衡量。产出则包括期望产出和非期望产出,期望产出以实际国内生产总值(使用价格指数平减为以 1999 年为基期)作为测算数据;非期望产出主要表现为废水排放总量和二氧化硫排放量。

二、产业结构优化测度及分析

(一)高度化测度及分析

1.指标选取与数据来源。本部分选取 1999—2022 年全国及 31 个省(区、市)(不含港澳台地区)的国民(地区)生产总值和三次产业增加值作为统计指标测算产业结构高度化。

2.评价结果。利用公式(1)测算 1999—2022 年全国及四大区域、31 省(区、市)产业结构高度化变动趋势,见表 4-7 和图 4-6 所示。

表 4-7　1999—2022 年全国及四大区域产业结构高度化发展评价结果

年份地区	东部	中部	西部	东北	全国
1999	0.0000	0.0000	0.0000	0.0000	0.0000
2000	0.0187	0.0799	0.0601	0.0575	0.0285
2001	0.0335	0.0642	0.0627	0.0475	0.0536
2002	0.0398	0.1085	0.0655	0.0426	0.0733
2003	0.0651	0.1378	0.0909	0.0535	0.0773
2004	0.0919	0.1460	0.1146	0.0612	0.0626
2005	0.0793	0.1391	0.1108	0.0428	0.0813
2006	0.0894	0.1725	0.1519	0.0571	0.0986
2007	0.0930	0.1904	0.1666	0.0627	0.1094

续表

年份 地区	东部	中部	西部	东北	全国
2008	0.0941	0.2113	0.1940	0.0854	0.1103
2009	0.1062	0.2098	0.2014	0.0677	0.1297
2010	0.1106	0.2406	0.2362	0.0878	0.1308
2011	0.1162	0.2600	0.2512	0.0923	0.1344
2012	0.1292	0.2522	0.2422	0.0699	0.1461
2013	0.1426	0.2452	0.2357	0.0641	0.1657
2014	0.1722	0.2288	0.2230	0.0999	0.1876
2015	0.2063	0.2223	0.2113	0.1772	0.2292
2016	0.2335	0.2298	0.2152	0.2689	0.2569
2017	0.2257	0.2576	0.2335	0.3017	0.2622
2018	0.2711	0.2747	0.2456	0.3293	0.2721
2019	0.2424	0.3057	0.2917	0.2732	0.2652
2020	0.2544	0.2873	0.2537	0.2256	0.2580
2021	0.2665	0.2790	0.3157	0.2680	0.2909
2022	0.2785	0.2976	0.2707	0.3203	0.3137
年均增速(%)	1.21(3)	1.29(2)	1.18(4)	1.39(1)	1.34

注：年均增长率=(2022年评价结果/23)×100%，括号内数字为年均增速排名情况。

——从全国来看，研究期内，全国及东部、中部、西部、东北地区产业结构高度化水平均呈波动上升趋势。以1999年为基期，至2022年全国整体水平增加了0.3137个点，23年来的年均增速为1.36%。

——从区域来看，东部地区整体水平总计上升了0.2785，年均增速为1.21%，低于全国水平；中部地区整体发展水平低于全国，提高了29.76个百分点，年均增速为1.29%；西部地区整体水平以2015年为界，2015年以前较全国增加得更多，2015年及以后开始少于全国，呈倒"U"型特征，年均增速仅

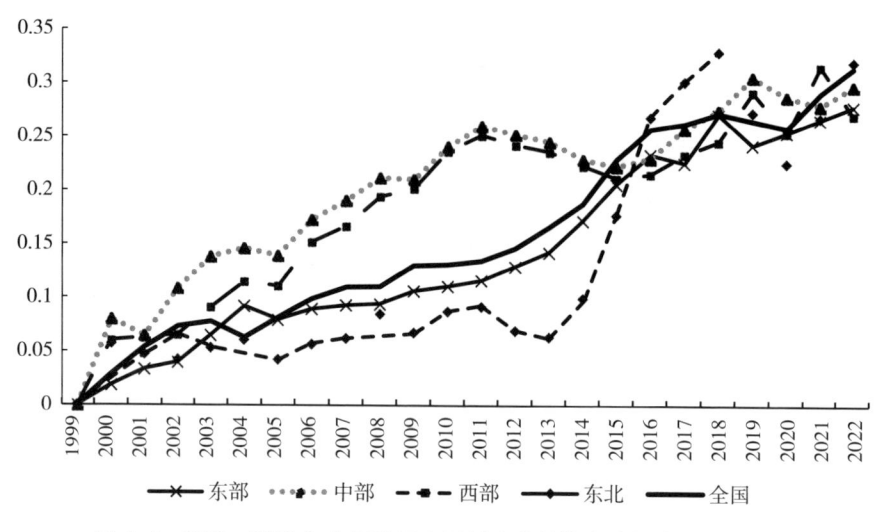

图 4-6　1999—2022 年全国及四大区域产业结构高度化发展评价结果

为 1.42%；东北地区整体进步也以 2015 年为界，2015 年及以前均弱于全国，2015 年以后方才变强，年均增速全国最高，为 1.26%。以 2015 年为界，2015 年及以前，产业结构高度化整体变化速率由高到低依次为中部、西部、东部、东北，而 2015 年以后顺序则变换为东北、中部、东部、西部。事实上，全国自 2012 年伊始，第二产业产值比重被第三产业反超；而除东部的第二产业产值比重在 2010 年便开始递减外，中部、西部、东北地区均与全国呈现出同步趋势。故可合理推测，东部的经济基础和经济制度相对成熟，产业结构高度化整体平稳上升；其他地区自身的发展机制尚不成熟，受国家区域和产业影响较大，名次波动也较大。尤其在 2015 年东北地区跨过第二产业中相关库兹涅茨曲线的拐点后，国家迅速出台了《黑龙江省新型城镇化规划（2014—2020）》《吉林省人民政府关于加快科技服务业发展的实施意见》《辽宁省壮大战略性新兴产业实施方案》等一系列政策，因而产业结构高度化提高了速度，一跃升至最快。

——按区域内省际来看（表 4-8）：东部 10 省（区、市）1999—2022 年产业结构高度化水平逐步上升。与东部地区整体水平相比，北京、江苏、浙江、海南、山东较 1999 年高度化发展更快;天津、河北虽略有波动但大体偏缓;福建 2015 年以前高于全国水准,2015 年及以后"式微";广东 2008 年之前高度化水平增长较快,2008 年及以后发展走低;而上海与广东似有"互补""转移"趋势,2008 年及以前高度化进展较差,2008 年以后则大幅度上升。在年均增速上,由高到低依次为北京、浙江、上海、海南、江苏、山东、天津、河北、福建、天津和广东,其中上海和浙江并列第三,为 1.59%,北京第一,为 1.84%。

表 4-8　1999—2022 年东部及各省(区、市)产业结构高度化发展评价结果

	北京	天津	河北	上海	江苏	浙江	福建	山东	广东	海南	东部
1999	0.0000	0.0000	0.0000	0.0000	0.0000	0.0000	0.0000	0.0000	0.0000	0.0000	0.0000
2000	0.0208	0.0139	0.0369	0.0038	0.0257	0.0422	0.0418	0.0271	0.0657	0.0362	0.0187
2001	0.0307	0.021	0.0251	0.0285	0.0334	0.084	0.0519	0.0277	0.0435	0.062	0.0335
2002	0.0899	0.0433	0.0414	0.0024	0.0518	0.1095	0.0909	0.0566	0.0596	0.048	0.0398
2003	0.0746	0.0171	0.0619	0.0519	0.0811	0.1013	0.1174	0.0949	0.117	0.0663	0.0651
2004	0.0455	0.0457	0.0806	0.0659	0.103	0.0915	0.135	0.1368	0.1504	0.0855	0.0919
2005	0.1996	0.0863	0.0664	0.0213	0.1068	0.1102	0.135	0.155	0.0794	0.0899	0.0793
2006	0.2278	0.115	0.0834	0.0191	0.1149	0.1144	0.1481	0.1624	0.0875	0.1458	0.0894
2007	0.2458	0.1151	0.0935	0.0286	0.1101	0.1268	0.1566	0.151	0.0939	0.2022	0.093
2008	0.2646	0.1671	0.1132	0.0487	0.1104	0.1317	0.1671	0.1518	0.095	0.1997	0.0941
2009	0.2999	0.0489	0.0932	0.1592	0.1179	0.1649	0.1685	0.1384	0.0978	0.1794	0.1062
2010	0.2925	0.0478	0.0989	0.1181	0.1345	0.1714	0.1905	0.1298	0.0976	0.2139	0.1106
2011	0.3070	0.0500	0.1146	0.1327	0.1443	0.1775	0.1977	0.1321	0.0975	0.2192	0.1162
2012	0.313	0.0528	0.1081	0.1789	0.1571	0.2015	0.1997	0.1392	0.1034	0.2373	0.1292
2013	0.319	0.062	0.1006	0.2126	0.1745	0.218	0.2039	0.146	0.1161	0.2497	0.1426
2014	0.3348	0.0831	0.1127	0.2598	0.2134	0.249	0.2084	0.1763	0.1328	0.2642	0.1722
2015	0.3587	0.1282	0.1406	0.3119	0.2409	0.2849	0.1951	0.2022	0.1567	0.2688	0.2063
2016	0.3661	0.2093	0.1635	0.3467	0.2652	0.308	0.1868	0.2258	0.1794	0.2686	0.2335

续表

	北京	天津	河北	上海	江苏	浙江	福建	山东	广东	海南	东部
2017	0.3700	0.2396	0.2122	0.3360	0.2695	0.3509	0.2049	0.2481	0.2063	0.3061	0.2257
2018	0.3757	0.2487	0.2436	0.3480	0.2800	0.3756	0.2086	0.2734	0.2169	0.3277	0.2711
2019	0.3801	0.1883	0.1955	0.3446	0.2795	0.3436	0.2094	0.2528	0.1881	0.3360	0.2424
2020	0.4014	0.1977	0.2046	0.3497	0.293	0.3601	0.2148	0.2637	0.1955	0.3525	0.2544
2021	0.4227	0.2071	0.2138	0.3568	0.3066	0.3766	0.2082	0.2746	0.203	0.3589	0.2665
2022	0.4239	0.2165	0.2229	0.3649	0.3202	0.3931	0.2177	0.2855	0.2104	0.3653	0.2785
年均增速(%)	1.84%(1)	0.94%(8)	0.97%(6)	1.59%(3)	1.39%(4)	1.71%(2)	0.95%(7)	1.24%(5)	0.91%(9)	1.59%(3)	1.21

注：年均增长率=(2022年评价结果/23)×100%，括号内数字为年均增速排名情况。

中部地区(表4-9)除湖北省产业结构高度化发展速率在2008年以前有所下降，随后才回升到研究期内初始水平外，其余5省(区、市)均呈现递增态势；安徽、江西、河南一直快于平均水平；湖南在2014年之后"大跨步"前进；山西速率大体上低于中部平均水平但仍稍强于湖北；湖北以2004年为界，此年以前偏高，近年来在推动光电子等高精尖制造业方面多有侧重，而旅游、金融业等第三产业发展略慢，因此高度化发展处于偏低状态。由此，后三省的排名顺序为湖南、山西、湖北。

表4-9　1999—2022年中部及各省(区、市)产业结构高度化发展评价结果

	山西	安徽	江西	河南	湖北	湖南	中部
1999	0.0000	0.0000	0.0000	0.0000	0.0000	0.0000	0.0000
2000	0.0892	0.1398	0.0199	0.0639	0.1811	0.0643	0.0799
2001	0.0999	0.0861	0.0371	0.0515	0.1569	0.0653	0.0642
2002	0.0618	0.1629	0.0843	0.0903	0.1666	0.0949	0.1085
2003	0.1113	0.2096	0.1724	0.1543	0.1406	0.1043	0.1378
2004	0.1652	0.2036	0.2178	0.1520	0.1382	0.0739	0.1460

续表

	山西	安徽	江西	河南	湖北	湖南	中部
2005	0.1037	0.1929	0.2480	0.1695	0.0530	0.0936	0.1391
2006	0.1268	0.2199	0.2936	0.2025	0.0829	0.1341	0.1725
2007	0.1600	0.2355	0.3300	0.2315	0.0720	0.1393	0.1904
2008	0.1830	0.2562	0.3495	0.2548	0.0696	0.1548	0.2113
2009	0.0796	0.2905	0.3234	0.2514	0.1221	0.1835	0.2098
2010	0.1126	0.3385	0.3760	0.2613	0.1573	0.2082	0.2406
2011	0.1458	0.3734	0.3841	0.2689	0.1816	0.2320	0.2600
2012	0.0978	0.3807	0.3692	0.2616	0.1872	0.2350	0.2522
2013	0.0812	0.3828	0.3686	0.2543	0.1711	0.2410	0.2452
2014	0.1101	0.3700	0.3572	0.2459	0.1452	0.2481	0.2288
2015	0.2717	0.3403	0.3299	0.2629	0.1411	0.2430	0.2223
2016	0.3160	0.3397	0.3062	0.2833	0.1382	0.2466	0.2298
2017	0.2359	0.3493	0.3222	0.3110	0.1620	0.2947	0.2576
2018	0.2675	0.3580	0.3201	0.3313	0.1800	0.3140	0.2747
2019	0.2703	0.3874	0.3041	0.3567	0.1684	0.3211	0.3057
2020	0.2598	0.4341	0.2915	0.3212	0.1419	0.3057	0.2873
2021	0.2392	0.4408	0.3190	0.3056	0.1553	0.2802	0.279
2022	0.3216	0.4296	0.3840	0.3984	0.2167	0.3768	0.2976
年均增速(%)	1.40(5)	1.87(1)	1.67(3)	1.73(2)	0.94(6)	1.64(4)	1.29

注：年均增长率=(2022年评价结果/23)×100%，括号内数字为年均增速排名情况。

西部12省(区、市)产业结构高度化变动(表4-10)皆于1999—2022年间大致保持节节攀升之势。其中，与西部整体水平相比较，内蒙古、广西、四川、贵州、西藏基本保持更高水准，西藏的年均发展速度名列第一为2.92%，而广西的进展在"第一梯队"中相对而言并不快，为1.31%。重庆、云南、陕西略有波动,居于整体之下,但前两者的进度更佳,分别为 1.26% 和 1.23%,仅次于广西。甘肃以 2015 年为界,2015 年之前偏慢,2015 年及以后则彻底扭转局面;青海则恰恰相反。很大原因在于,2010 年国家新投资开工一批重大项目,兰州除建设有兰州—重庆输油管道工程外,还有兰州中川机场和京兰通道铁路线;而西宁并没有被列入其中。宁夏、新疆的趋势与青海相似,只是时间拐点在 2008 年而非 2015 年。

表 4-10　1999—2022 年西部及各省(区、市)产业结构高度化发展评价结果

	内蒙古	广西	重庆	四川	贵州	云南	西藏	陕西	甘肃	青海	宁夏	新疆	西部
1999	0.0000	0.0000	0.0000	0.0000	0.0000	0.0000	0.0000	0.0000	0.0000	0.0000	0.0000	0.0000	0.0000
2000	0.0672	0.0548	0.0132	0.1142	0.0364	0.0271	0.0286	0.042	0.0392	0.0797	0.1292	0.1452	0.0601
2001	0.0809	0.0950	0.0360	0.0643	0.0956	0.0596	0.1175	0.0539	0.0763	0.0557	0.0509	0.0757	0.0627
2002	0.1036	0.1024	0.0344	0.0944	0.1008	0.0096	0.1972	0.0527	0.0549	0.1169	0.1352	0.1220	0.0655
2003	0.1696	0.1027	0.0555	0.1083	0.1430	0.0203	0.2075	0.0855	0.0726	0.1556	0.2096	0.1386	0.0909
2004	0.2425	0.1028	0.0579	0.0959	0.1772	0.0334	0.2358	0.1239	0.1149	0.1821	0.2535	0.2044	0.1146
2005	0.2081	0.1333	0.0645	0.1162	0.2016	0.0736	0.2681	0.1415	0.0878	0.1810	0.1473	0.1755	0.1108
2006	0.2566	0.1530	0.1067	0.1579	0.2281	0.0622	0.2925	0.2076	0.1028	0.2337	0.1935	0.2356	0.1519
2007	0.3048	0.1709	0.1166	0.1559	0.2493	0.0803	0.3178	0.2133	0.1141	0.2648	0.2208	0.2133	0.1666
2008	0.3545	0.1930	0.1375	0.1919	0.2450	0.0774	0.3312	0.2493	0.1048	0.2991	0.2584	0.2679	0.1940
2009	0.3354	0.2237	0.2176	0.2284	0.3275	0.1062	0.3464	0.1698	0.1031	0.2614	0.1978	0.1813	0.2014
2010	0.3600	0.2782	0.2529	0.2793	0.3239	0.1203	0.3647	0.2026	0.1178	0.2969	0.1984	0.2409	0.2362
2011	0.3793	0.2958	0.2590	0.3099	0.3472	0.1288	0.3920	0.232	0.1254	0.3539	0.2189	0.2530	0.2512
2012	0.3723	0.2954	0.2162	0.3000	0.3359	0.1204	0.4052	0.2391	0.1179	0.3415	0.2111	0.2057	0.2422
2013	0.3522	0.2963	0.1968	0.3051	0.3275	0.1283	0.4268	0.2334	0.1163	0.3370	0.2074	0.1803	0.2357
2014	0.3274	0.2952	0.1849	0.2787	0.3006	0.1545	0.4362	0.2083	0.1534	0.2676	0.2076	0.1478	0.2230
2015	0.3211	0.2897	0.1894	0.2539	0.2778	0.1875	0.4422	0.1528	0.2378	0.2105	0.1926	0.1255	0.2113
2016	0.3023	0.2839	0.1910	0.2664	0.2753	0.2155	0.4386	0.1389	0.2798	0.193	0.1962	0.1211	0.2152

续表

	内蒙古	广西	重庆	四川	贵州	云南	西藏	陕西	甘肃	青海	宁夏	新疆	西部
2017	0.2939	0.2657	0.2070	0.2887	0.2861	0.2371	0.4603	0.1538	0.3258	0.1533	0.1959	0.1707	0.2335
2018	0.2988	0.2809	0.2327	0.3111	0.3052	0.2247	0.4947	0.1592	0.3398	0.1476	0.1892	0.1773	0.2456
2019	0.3041	0.2684	0.2630	0.3554	0.3568	0.2267	0.5516	0.1331	0.2763	0.2993	0.2412	0.2063	0.2917
2020	0.2663	0.2271	0.2458	0.3506	0.3719	0.2385	0.5746	0.1265	0.2098	0.2681	0.2269	0.1584	0.2537
2021	0.2976	0.2714	0.2987	0.3858	0.3569	0.2502	0.5976	0.1517	0.3033	0.3169	0.2527	0.176	0.3157
2022	0.3276	0.3031	0.3115	0.401	0.3319	0.282	0.6706	0.1888	0.3169	0.2557	0.2785	0.1874	0.2707
年均增速(%)	1.42(4)	1.32(7)	1.35(6)	1.74(2)	1.44(3)	1.23(8)	2.92(1)	0.82(11)	1.38(5)	1.11	1.21(9)	0.81(12)	1.18

注：年均增长率=（2022年评价结果/23）×100%，括号内数字为年均增速排名情况。

1999—2018年期间,东北三省维持了加速上升的良好局势(表4-11)。与1999年高度化程度相比,黑龙江2008年及之前发展偏慢,之后便迅速跃升,累计增加了64.55个百分点,年均增速也极为瞩目,达2.81%,远超过东北地区产业结构高度化的整体发展水平;吉林居中;辽宁则只于2007—2013年间上升较平均水平更快,因此年均增速仅为1.03%,排名最后。

表4-11 1999—2022年东北及各省（区、市）产业结构高度化发展评价结果

	辽宁	吉林	黑龙江	东北
1999	0.0000	0.0000	0.0000	0.0000
2000	0.0414	0.1006	0.0533	0.0575
2001	0.0302	0.1295	0.0471	0.0475
2002	0.0374	0.1163	0.0309	0.0426
2003	0.0431	0.1410	0.0484	0.0535
2004	0.0307	0.1610	0.0884	0.0612
2005	0.0288	0.1598	0.0217	0.0428

续表

	辽宁	吉林	黑龙江	东北
2006	0.0569	0.1894	0.0256	0.0571
2007	0.0932	0.2119	0.0456	0.0627
2008	0.1429	0.2252	0.0387	0.0854
2009	0.0736	0.2424	0.1503	0.0677
2010	0.1076	0.2864	0.0969	0.0878
2011	0.1182	0.2982	0.0823	0.0923
2012	0.0947	0.3039	0.2031	0.0699
2013	0.0869	0.2995	0.2556	0.0641
2014	0.0767	0.3048	0.3520	0.0999
2015	0.1244	0.2781	0.4634	0.1772
2016	0.2389	0.2886	0.5330	0.2689
2017	0.2481	0.3370	0.5895	0.3017
2018	0.2433	0.3507	0.6093	0.3293
2019	0.2065	0.3792	0.5346	0.2732
2020	0.1470	0.3243	0.4449	0.2256
2021	0.2276	0.3893	0.5652	0.2680
2022	0.2381	0.4244	0.6455	0.3203
年均增速(%)	1.03(3)	1.84(2)	2.81(1)	1.39

注：年均增长率=(2022年评价结果/23)×100%，括号内数字为年均增速排名情况。

(二)合理化测度及分析

1.指标选取与数据来源。本部分以1999年为基期，选取1999—2022年全国及31个省(区、市)(不含港澳台地区)的国民(地区)生产总值、三次产业增加值和全社会固定资产投资、三次产业投资额指标，分别测算全国和四大区域的产业结构合理化。

该指标是反向指标,即数据越大越偏离均衡状态,产业结构变化越不合理。

2. 评价结果。采用公式(2)测算 1999—2022 年全国及四大区域、31 省(区、市)产业结构合理化水平,见表 4-12 和图 4-7 所示。

表 4-12 1999—2022 年全国及四大区域产业结构合理化发展评价结果

年份 地区	东部	中部	西部	东北	全国
1999	0.6246	0.6760	1.1530	0.9497	0.7487
2000	0.6802	0.7478	1.0325	0.9973	0.7211
2001	0.5589	0.6517	0.8039	0.7212	0.6055
2002	0.5934	0.6837	0.7436	0.7348	0.5346
2003	0.4513	0.5933	0.6836	0.6276	0.3919
2004	0.5392	0.5777	0.5565	0.5947	0.3697
2005	0.3481	0.4362	0.3605	0.3049	0.2882
2006	0.3514	0.4597	0.3851	0.3524	0.2781
2007	0.3495	0.3847	0.3692	0.3250	0.2173
2008	0.3906	0.3836	0.4221	0.3224	0.2087
2009	0.3574	0.3933	0.4437	0.2267	0.2176
2010	0.4237	0.4726	0.5789	0.2851	0.2680
2011	0.2173	0.4063	0.5975	0.4532	0.1923
2012	0.3557	0.3955	0.5498	0.3332	0.2087
2013	0.3815	0.3813	0.5805	0.3620	0.2037
2014	0.3196	0.3051	0.5766	0.2400	0.1876
2015	0.2294	0.2200	0.5455	0.035	0.1127
2016	0.1839	0.2050	0.6875	0.0989	0.1305
2017	0.1896	0.1939	0.7569	0.0968	0.1925

续表

年份 地区	东部	中部	西部	东北	全国
2018	0.2607	0.1458	0.7797	0.1612	0.2342
2019	0.3122	0.1724	0.7421	0.1524	0.2574
2020	0.3041	0.1634	0.7283	0.1783	0.2418
2021	0.3574	0.1942	0.7022	0.2051	0.2713
2022	0.2761	0.1631	0.6581	0.1482	0.1921
累计增长(%)	34.85(4)	51.29(2)	49.49(3)	80.15(1)	53.16

注：累计增长=(1999年评价结果—2022年评价结果)×100，括号内数字为累计增长情况排名。

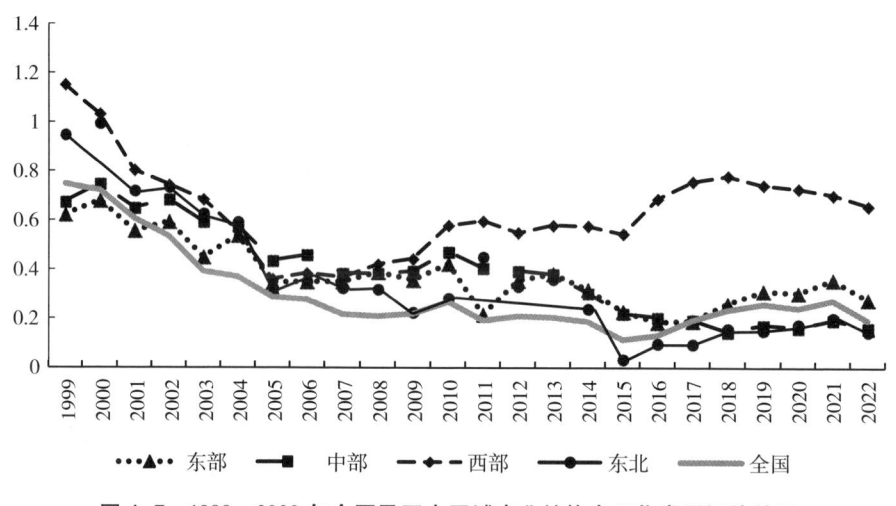

图4-7 1999—2022年全国及四大区域产业结构合理化发展评价结果

——从全国来看，由于该指标是反向指标，1999—2022年全国及东部、中部、西部、东北地区产业结构合理化水平呈递减趋势，表明合理化水平越来越好。因此，研究期内，全国产业结构合理化水平由0.7487上升至0.1921，累计增长55.66%。

——从区域来看，东部地区整体水平低于全国，累计增长也较低，只有

34.85%；中部地区整体水平则高于全国，累计增长为第二，达到51.29%；西部地区合理化程度与增值基本始终偏低；东北地区既在整体上保持较高水准，于研究期内提高了80.15%，即实现发展幅度最大。产业结构合理化水平排名由高到低依次为东北、中部、东部、西部。

——按区域内省际情况来看，见图4-8、图4-9和表4-13所示：1999—2022年，以累计增值的正负为标准，东部10省（区、市）在发展产业结构合理化的过程中出现了两大"阵营"——包括福建、河北、江苏、山东四省的"正增长"与涵盖广东、上海、浙江、天津、海南、北京六省市的"负增长"，下文将按照这两类进行比较分析。

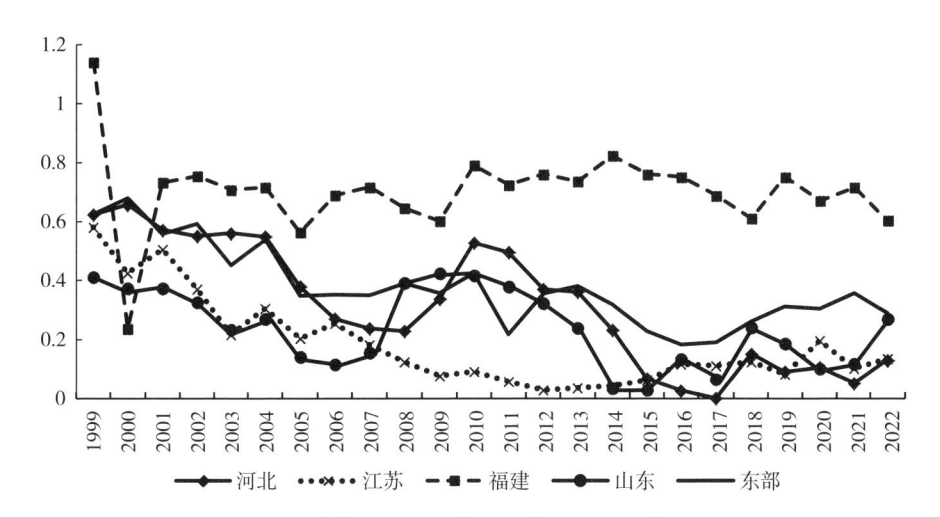

图4-8　1999—2022年东部产业结构合理化发展正增长的省（区、市）评价结果

"正增长"的省（区、市）产业结构合理化趋势向下，即呈现出波动向好的趋势。其中，与东部地区整体水平相比，河北、江苏合理化程度较高，提升幅度也较大，分别为49.38%和44.64%；山东虽其曲线大体居于东部之下，但累计增长较低；福建反之。

负增长的特征即为各省（区、市）产业结构合理化日趋落后，皆居于东部平均水平之下。研究期内，广东退步最少，为17.69个百分点；北京最多，达146.23个百分点，重要原因在于2015年以来，北京纾解非首都功能，集中建

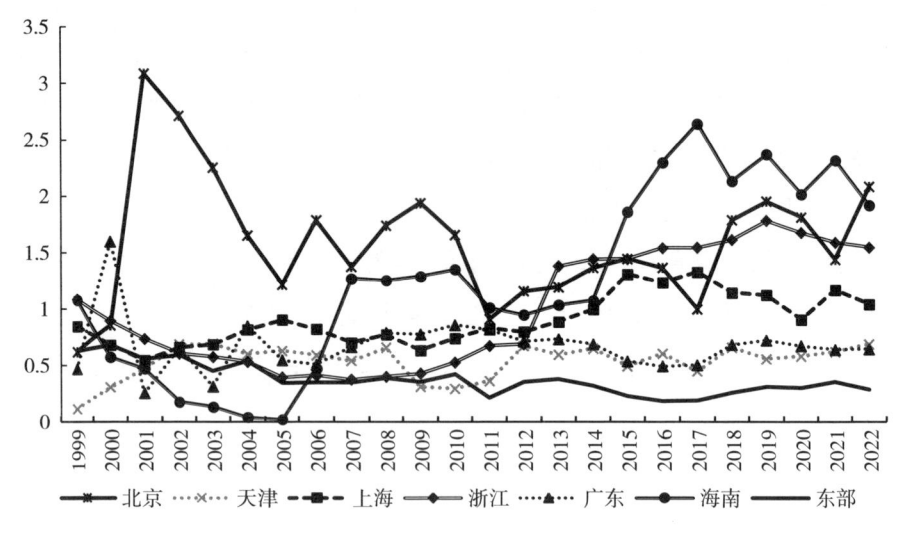

图 4-9 1999—2022 年东部产业结构合理化发展负增长的省（区、市）评价结果

立"政治中心、文化中心、国际交往中心和科技创新中心"，而不是各产业均衡发展；同时推进京津冀协同发展，北京转移出其他产业；上海和浙江整体合理化程度及发展趋势相差不大。就上海而言，第二产业的主体是技术密集型的高新装备制造业，它已将纺织、服装等产业转移至浙江，故浙江的第二产业集中于成熟的劳动密集型制造业。如纺织服装行业的产业集群，"女装在杭州，男装在温州，袜子在宁波"，以专业化从规模经济中获益。

综上，东部地区 10 省（区、市）产业结构合理化水平从发展趋势上评判河北最优，其后依次为江苏、山东、福建、天津、广东、上海、浙江、海南、北京。

表 4-13 1999—2022 年东部及各省（区、市）产业结构合理化发展评价结果

	北京	天津	河北	上海	江苏	浙江	福建	山东	广东	海南	东部
1999	0.6220	0.1148	0.6241	0.8478	0.5815	1.0859	1.1410	0.4123	0.4690	1.0806	0.6246
2000	0.8574	0.3089	0.6575	0.6833	0.4245	0.8957	0.2375	0.3740	1.5994	0.5737	0.6802
2001	3.0875	0.4741	0.5725	0.5447	0.5043	0.7362	0.7326	0.3749	0.2558	0.4741	0.5589
2002	2.7125	0.6860	0.5516	0.6626	0.3703	0.6066	0.7548	0.3279	0.6595	0.1798	0.5934

续表

	北京	天津	河北	上海	江苏	浙江	福建	山东	广东	海南	东部
2003	2.2550	0.6911	0.5614	0.6860	0.2167	0.5772	0.7079	0.2340	0.3153	0.1372	0.4513
2004	1.6524	0.6022	0.5499	0.8173	0.3051	0.5346	0.7168	0.2704	0.8490	0.0423	0.5392
2005	1.2181	0.6315	0.3791	0.9050	0.2042	0.3955	0.5643	0.1432	0.5457	0.0223	0.3481
2006	1.7862	0.5919	0.2705	0.8219	0.2541	0.4134	0.6890	0.1175	0.5085	0.4752	0.3514
2007	1.3733	0.5405	0.2376	0.7025	0.1825	0.3767	0.7172	0.1562	0.6652	1.2696	0.3495
2008	1.7394	0.6560	0.2288	0.7738	0.1239	0.4036	0.6455	0.3916	0.7888	1.2544	0.3906
2009	1.9388	0.3126	0.3375	0.6342	0.0775	0.4286	0.6019	0.4247	0.7766	1.2906	0.3574
2010	1.6592	0.2968	0.5278	0.7417	0.0910	0.5286	0.7908	0.4187	0.8591	1.3501	0.4237
2011	0.9091	0.3639	0.4953	0.8300	0.0567	0.6753	0.7249	0.3791	0.8163	1.0113	0.2173
2012	1.1557	0.6748	0.3705	0.7980	0.0289	0.6883	0.7609	0.3236	0.7137	0.9480	0.3557
2013	1.1931	0.5937	0.3613	0.8886	0.0361	1.3791	0.7367	0.2410	0.7315	1.0350	0.3815
2014	1.3656	0.6510	0.2332	0.9972	0.0423	1.4418	0.8232	0.0363	0.6879	1.0762	0.3196
2015	1.4457	0.4952	0.0679	1.3087	0.0631	1.4456	0.7604	0.0307	0.5383	1.8587	0.2294
2016	1.3660	0.6066	0.0266	1.2338	0.1164	1.5426	0.7521	0.1343	0.4932	2.2989	0.1839
2017	0.9978	0.4489	0.0004	1.3285	0.1120	1.5453	0.6883	0.0665	0.5041	2.6415	0.1896
2018	1.7873	0.6591	0.1521	1.1453	0.1252	1.6120	0.611	0.2422	0.6823	2.131	0.2607
2019	1.9521	0.5574	0.0913	1.1232	0.0827	1.7827	0.752	0.1871	0.7218	2.3682	0.3122
2020	1.8133	0.5831	0.1056	0.9071	0.1972	1.6755	0.671	0.1021	0.6713	2.0173	0.3041
2021	1.4396	0.6217	0.0526	1.1691	0.1022	1.5897	0.716	0.1184	0.6403	2.317	0.3574
2022	2.0843	0.6884	0.1303	1.0429	0.1351	1.5473	0.604	0.2714	0.6459	1.917	0.2896
累计增长(%)	-146.23(10)	-57.36(8)	49.38(2)	-19.51(6)	44.64(3)	-46.13(7)	53.7(1)	14.09(4)	-17.69(5)	-83.64(9)	33.5

注：累计增长=(1999年评价结果—2022年评价结果)×100，括号内数字为累计增长情况排名。

中部6省(区、市)产业结构合理化程度均逐步上升，见表4-14和图4-10。与中部地区整体相比，湖北、安徽都在2023年达到与全国不相上下的

217

水平,然而前者累计增长远小于后者,表明其初始水平更高。事实上,在2008年及以前,湖北一直扮演着"领头羊"的角色。因此中部地区产业结构以湖北最为合理,安徽稍逊;剩余四省中,江西总计达十三年比平均水平高,近两年才有所回落;山西有十一年更优,近两年下降;湖南虽总计十二年更佳,但近五年有所退步;河南在研究期内基本较差。综合考量,中部地区各省(区、市)合理化由高到低的顺序见上表4-13。

表4-14 1999—2022年中部及各省(区、市)产业结构合理化发展评价结果

	山西	安徽	江西	河南	湖北	湖南	中部
1999	0.6236	0.9410	0.5657	0.8037	0.3848	0.8267	0.6760
2000	0.1806	1.1269	0.5001	0.9121	0.7319	0.794	0.7478
2001	0.2478	0.8483	0.6380	0.9227	0.5087	0.6102	0.6517
2002	0.4685	0.9082	0.7008	1.0672	0.3574	0.6281	0.6837
2003	0.2023	0.6657	0.8978	0.7864	0.4099	0.5312	0.5933
2004	0.1790	0.6477	0.8322	0.6580	0.5975	0.4764	0.5777
2005	0.0988	0.3395	0.7258	0.5705	0.4343	0.4357	0.4362
2006	0.0698	0.3073	0.6845	0.5644	0.5293	0.4591	0.4597
2007	0.2424	0.2691	0.5277	0.4066	0.4252	0.4426	0.3847
2008	0.4451	0.3758	0.2454	0.4383	0.3552	0.4234	0.3836
2009	0.5174	0.4582	0.1007	0.4370	0.5572	0.3407	0.3933
2010	0.6908	0.4296	0.1220	0.5777	0.6038	0.3923	0.4726
2011	0.6077	0.4126	0.1175	0.4496	0.4849	0.4077	0.4063
2012	0.4743	0.5524	0.1250	0.4091	0.4402	0.3604	0.3955
2013	0.5282	0.5790	0.1099	0.4007	0.3899	0.3021	0.3813
2014	0.3592	0.5333	0.1694	0.2175	0.3240	0.2966	0.3051
2015	0.0844	0.3650	0.1038	0.1768	0.3141	0.2074	0.2200
2016	0.0657	0.3170	0.0205	0.1889	0.2918	0.2958	0.2050

续表

	山西	安徽	江西	河南	湖北	湖南	中部
2017	0.3540	0.2516	0.0726	0.2534	0.2113	0.3073	0.1939
2018	0.2431	0.1457	0.1021	0.2302	0.2081	0.2871	0.1458
2019	0.3088	0.2326	0.0971	0.2177	0.2402	0.2973	0.1724
2020	0.2872	0.1781	0.1388	0.1563	0.1875	0.3018	0.1634
2021	0.3103	0.1578	0.1662	0.2735	0.2138	0.3124	0.1942
2022	0.3036	0.0768	0.1968	0.3042	0.1426	0.3293	0.1631
累计增长(%)	32.00(5)	86.42(1)	36.89(4)	49.95(2)	24.22(6)	49.74(3)	51.29

注：累计增长=(1999年评价结果—2022年评价结果)×100,括号内数字为累计增长情况排名。

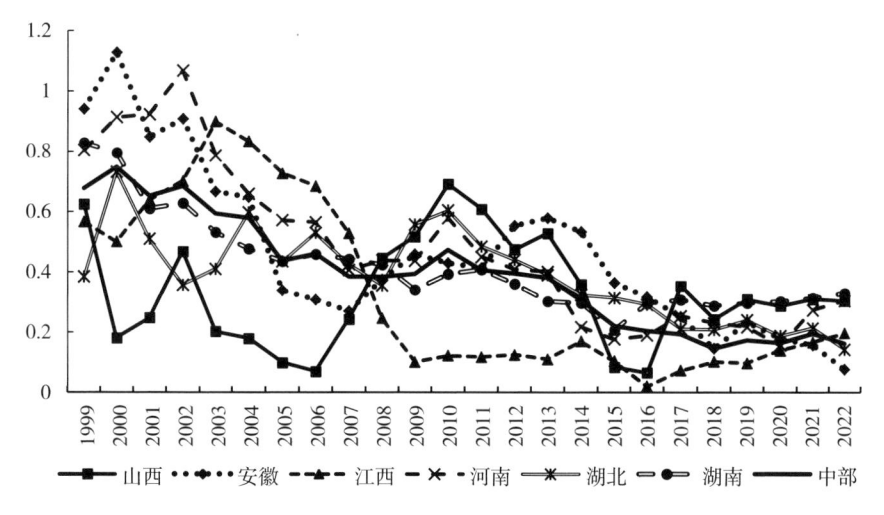

图4-10　1999—2022年中部及各省(区、市)产业结构合理化发展评价结果

西部12省结果见表4-15、表4-16和图4-11、4-12。与地区整体水平相比,西部12省恰巧可以平均分为两组,较好的包含有内蒙古、广西、重庆、四川和宁夏,另外6省则被归入大体落于平均之后的组内以地区整体累计增长为准,也恰好可以平均分为两组,广西、内蒙古、甘肃、宁夏、云南、四川6省属于发展态势较好的一组,余下的省(区、市)则进步不大甚至出现负增长。

表 4-15　1999—2022 年西部产业结构合理化发展较好省(区、市)评价结果

	重庆	内蒙古	广西	宁夏	青海	四川	西部
1999	0.0055	1.4472	1.8124	1.1106	0.5775	1.0329	1.1530
2000	0.0112	1.2311	1.7843	1.3415	0.3794	1.2108	1.0325
2001	0.0078	1.7281	1.3588	0.7768	0.3321	0.8300	0.8039
2002	0.0002	1.5951	1.3853	0.9761	0.1547	0.8472	0.7436
2003	0.0180	0.4980	0.7556	0.9498	0.2366	0.9378	0.6836
2004	0.0482	0.2947	0.9042	0.8292	0.0298	0.6095	0.5565
2005	0.0289	0.2140	0.0005	0.1818	0.0653	0.6421	0.3605
2006	0.0183	0.0191	0.1599	0.4060	0.1398	0.6254	0.3851
2007	0.0349	0.2572	0.1623	0.1425	0.2073	0.5580	0.3692
2008	0.0677	0.3849	0.0593	0.1502	0.3594	0.6949	0.4221
2009	0.1492	0.1595	0.3839	0.0934	0.3386	0.7589	0.4437
2010	0.1865	0.3582	0.5455	0.1071	0.6249	0.9061	0.5789
2011	0.1917	0.4798	0.9058	0.1659	0.6613	1.0668	0.5975
2012	0.1298	0.3165	0.4062	0.1238	0.6895	1.0681	0.5498
2013	0.0913	0.1641	0.2248	0.2604	0.5966	1.1299	0.5805
2014	0.0101	0.0819	0.1386	0.2722	0.5583	1.0832	0.5766
2015	0.0273	0.1823	0.1705	0.0994	0.3141	0.8881	0.5455
2016	0.0360	0.2267	0.6386	0.2274	0.6103	0.7301	0.6875
2017	0.0504	0.0442	0.1723	0.4365	0.5903	0.5833	0.7569
2018	0.1012	0.2356	0.2193	0.4970	0.6362	0.6011	0.7797
2019	0.0755	0.1571	0.1548	0.3412	0.6165	0.8289	0.7421
2020	0.1397	0.1386	0.2761	0.2954	0.6369	0.8167	0.7283
2021	0.1040	0.1701	0.1574	0.2496	0.6572	0.8246	0.7022
2022	0.1143	0.1070	0.0764	0.1590	0.4626	0.5526	0.6581
累计增长(%)	10.88(8)	134.02(2)	173.60(1)	95.16(4)	11.49(7)	48.04(6)	49.49

注：累计增长=(1999 年评价结果—2022 年评价结果)×100,括号内数字为累计增长情况排名。

表 4-16 1999—2022 年西部产业结构合理化发展较差省(区、市)评价结果

	甘肃	西藏	陕西	云南	新疆	贵州	西部
1999	1.9177	0.1595	1.1636	2.0234	0.6674	0.8072	1.153
2000	1.0422	0.0989	1.1450	1.8139	0.7394	0.8214	1.0325
2001	0.6463	0.1434	0.9864	1.4493	0.4215	0.5707	0.8039
2002	0.7675	0.0959	1.0297	1.3046	0.3750	0.6265	0.7436
2003	0.6393	0.7055	1.0721	1.2026	0.7188	0.7272	0.6836
2004	0.7527	0.9242	1.0773	1.0121	0.6215	0.7683	0.5565
2005	0.4318	0.9196	1.0703	0.6357	0.5035	0.4119	0.3605
2006	0.3789	1.0876	1.1123	0.7247	0.4154	0.3702	0.3851
2007	0.3156	0.9383	1.0882	0.7216	0.0479	0.2638	0.3692
2008	0.1667	0.6126	1.1963	0.5773	0.2432	0.3142	0.4221
2009	0.0675	0.4975	0.9022	0.7011	0.1901	0.2552	0.4437
2010	0.3222	0.3188	1.0367	0.8759	0.3771	0.4657	0.5789
2011	0.1693	0.4354	1.0100	0.7308	0.1614	0.2969	0.5975
2012	0.0968	0.2516	1.0117	0.8217	0.0918	0.7027	0.5498
2013	0.0091	0.2867	1.1395	0.9357	0.1196	0.8680	0.5805
2014	0.0548	0.2931	1.2364	1.0598	0.0300	0.9935	0.5766
2015	0.0132	0.8276	0.9665	1.0046	0.1133	0.9824	0.5455
2016	0.1999	0.9575	1.0442	1.1769	0.2638	1.0706	0.6875
2017	0.7451	0.9000	1.1557	1.1560	0.8058	1.3842	0.7569
2018	0.8178	0.7483	1.2721	0.9153	1.1378	1.8886	0.7797
2019	0.6755	0.8681	1.0718	0.6819	1.1153	1.8106	0.7421
2020	0.5833	0.8879	0.9051	0.6585	0.9027	1.7327	0.7283
2021	0.2911	0.8077	1.0710	0.6152	1.5702	0.9547	0.7022
2022	0.7858	0.9375	1.1344	1.2169	1.2957	1.3195	0.6581
累计增长(%)	113.19 (3)	-77.80 (12)	2.92 (9)	80.65 (5)	-62.83 (11)	-51.23 (10)	49.49

注:累计增长=(1999 年评价结果—2022 年评价结果)×100,括号内数字为累计增长情况排名。

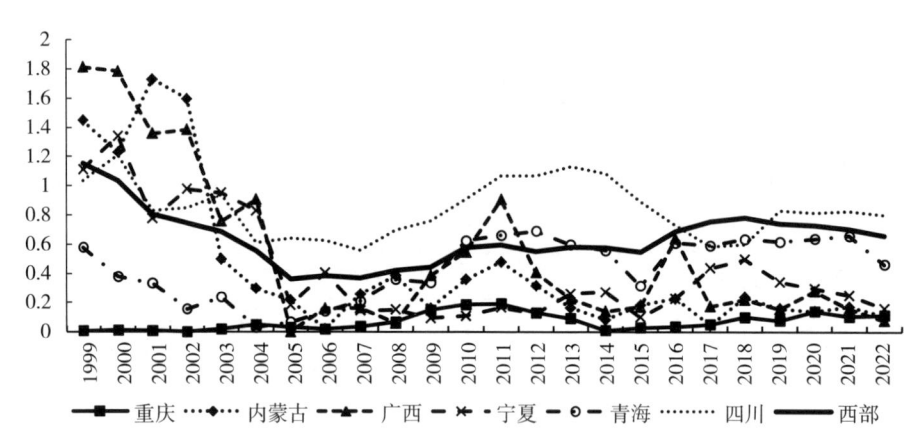

图 4-11 1999—2022 年西部产业结构合理化发展较好省(区、市)评价结果

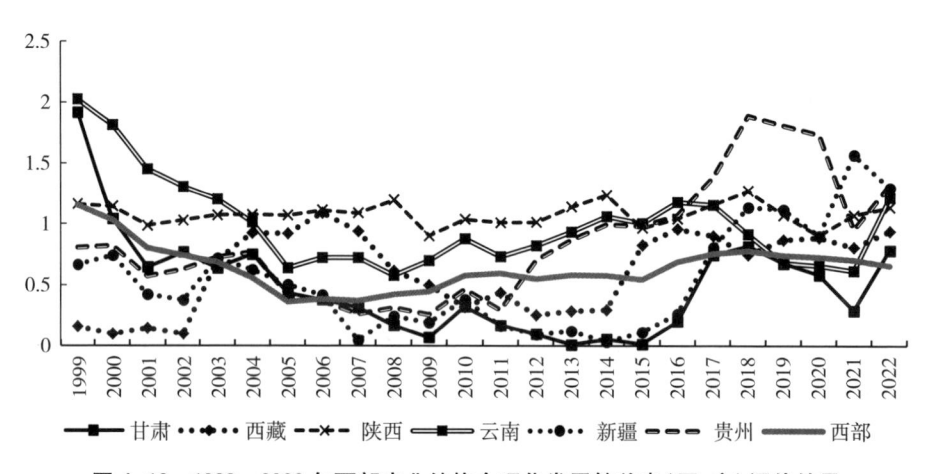

图 4-12 1999—2022 年西部产业结构合理化发展较差省(区、市)评价结果

在较好的一组见图 4-11,重庆在 1999—2022 年间产业结构合理化数值基本在 0 徘徊,故为最优。内蒙古在研究期内发展极为良好,于近两年几乎与重庆并驾齐驱,然则累计增长也极高,表明初始水平较次,因而居于重庆之下;广西与内蒙古、宁夏与广西的比较情况与之类似;青海、四川则分别于 2014 年和 2017 年才超出平均水准。

另一组见图 4-12,甘肃起点虽低,但发展幅度可观,进步了 1.1319 个点,仅次于内蒙古,故最终为该组的"鸡头";西藏则恰恰相反;陕西在 1999 年产业结构合理化程度与平均水平差不多,但后期提升力度不大;云南的累计增长不错,但初始水平较差;新疆、贵州的趋势与西藏类似。

据此可得西部地区各省(区、市)产业结构合理化发展最终排名顺序为重庆最优,内蒙古、广西、宁夏、青海、四川次之,但均位于平均水准之上,甘肃、西藏、陕西、云南、新疆殿后,贵州垫底。东部三省的测算结果如表4-17和图4-13所示。

表4-17 1999—2022年东北及各省(区、市)产业结构合理化发展评价结果

	辽宁	吉林	黑龙江	东北
1999	0.5421	1.0970	1.6048	0.9497
2000	0.6128	0.9695	1.7386	0.9973
2001	0.5315	0.5792	1.1227	0.7212
2002	0.5078	0.5206	1.2730	0.7348
2003	0.4497	0.4673	1.0136	0.6276
2004	0.3819	0.3466	1.1267	0.5947
2005	0.2308	0.0612	0.6602	0.3049
2006	0.3486	0.0048	0.7338	0.3524
2007	0.3618	0.0213	0.6341	0.3250
2008	0.4452	0.0825	0.5834	0.3224
2009	0.3194	0.0246	0.4135	0.2267
2010	0.4293	0.0502	0.4522	0.2851
2011	0.6282	0.1434	0.3908	0.4532
2012	0.5299	0.1515	0.1168	0.3332
2013	0.6025	0.1165	0.0779	0.3620
2014	0.4504	0.0222	0.0496	0.2400
2015	0.2714	0.0747	0.1721	0.0350
2016	0.3687	0.0788	0.2821	0.0989

续表

	辽宁	吉林	黑龙江	东北
2017	0.3377	0.0393	0.3966	0.0968
2018	0.2412	0.0521	0.4972	0.1372
2019	0.1549	0.1821	0.2885	0.1524
2020	0.3369	0.2229	0.1607	0.1783
2021	0.3289	0.1637	0.3029	0.2051
2022	0.2263	0.0703	0.5511	0.1482
累计增长(%)	31.58(3)	102.67(2)	105.37(1)	80.15

注：累计增长=(1999年评价结果-2022年评价结果)×100，括号内数字为累计增长情况排名。

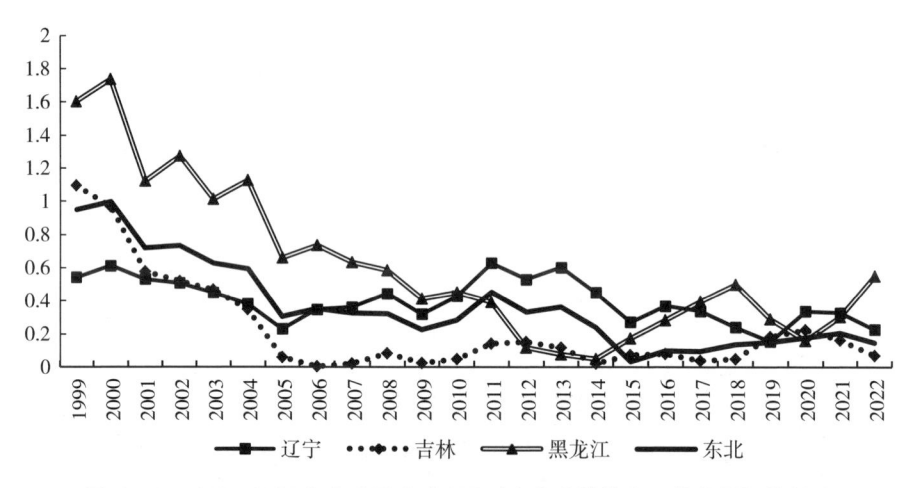

图 4-13　1999—2022 年东北及各省(区、市)产业结构合理化发展评价结果

1999—2022 年，东北三省产业结构合理化水平呈递增趋势。与东北地区整体水平相比，吉林发展较好，从 2005 年始，曲线便在 0 附近。辽宁起初合理化程度最高，但后劲不足，累计增长最低，只有 0.3158 个点。黑龙江提升力度最大，却被落后的初始水平所累。

从产业结构合理化累计发展上看，最终黑龙江最优，吉林居中，辽宁第三。

(三)产业结构高效化测度及分析

1.指标选取与数据来源。选取1999—2022年全国及31个省(区、市)(不含港澳台地区)的能源消费总量、就业人员年末总数、全社会固定资产投资额和国民(地区)生产总值、废水排放总量、二氧化硫排放量,并根据国家标准将31个省(区、市)相应地划归东、中、西、东北四大区域,分别测算其产业结构合高效化水平,相关数据来源于《中国统计年鉴》以及各省(区、市)统计年鉴中1999—2022年数据。其中,全社会固定资产投资额、国民(地区)生产总值均分别采用投资指数与GDP指数平减为以1999年为基期的实际值。

2.评价结果。采用公式(3)测算1999—2022年全国及四大区域、31省(区、市)产业结构高效化水平,结果见表4-18。

表4-18 1999—2022年全国及四大区域产业结构高效化发展评价结果

	东部	中部	西部	东北	全国
1999	0.6393	0.6181	0.6445	0.6312	0.6516
2000	0.6422	0.6294	0.6417	0.6358	0.6538
2001	0.6423	0.6308	0.647	0.642	0.657
2002	0.6476	0.6456	0.651	0.6463	0.6618
2003	0.6513	0.6534	0.6517	0.6505	0.6642
2004	0.6557	0.6689	0.6565	0.6565	0.6678
2005	0.6575	0.6787	0.6579	0.6551	0.6691
2006	0.6664	0.6985	0.6701	0.6662	0.6802
2007	0.6735	0.723	0.674	0.6734	0.6874
2008	0.6824	0.738	0.6814	0.6853	0.6961
2009	0.6901	0.7531	0.6958	0.6979	0.7049
2010	0.6979	0.7889	0.7105	0.7111	0.7135
2011	0.7046	0.8132	0.7271	0.7135	0.7192

续表

	东部	中部	西部	东北	全国
2012	0.7136	0.8267	0.741	0.724	0.727
2013	0.7258	0.8464	0.7579	0.7424	0.7387
2014	0.7371	0.8671	0.7707	0.7465	0.749
2015	0.7502	0.9418	0.7893	0.7559	0.7617
2016	0.806	0.9573	0.805	0.7627	0.8134
2017	0.8448	0.9745	0.8516	0.8095	0.8277
2018	0.8521	0.9406	0.8673	0.8567	0.8191
2019	0.85872	0.9485	0.8645	0.8659	0.8222
2020	0.8664	0.9061	0.8459	0.8168	0.8323
2021	0.8401	0.9182	0.8573	0.8267	0.8423
2022	0.9016	0.9883	0.8701	0.8597	0.9004
累计增长(%)	26.23(2)	37.02(1)	22.56(4)	22.85(3)	24.88

注：累计增长(%) = (2022年评价结果 - 1999年评价结果) × 100%，括号内数字为累计增长排名情况。

——从全国来看，研究期内，全国及东部、中部、西部、东北的产业结构高效化程度均呈现上升的趋势。全国在此期间从最初的0.6516增加到2022年的0.9004，累计增长24.88%。

——从区域来看，20世纪末21世纪初，中部的高效化最为欠缺，但提升最快，20年后一跃成为最优，累计增幅高达37.02%；西部则恰恰相反，西部大开发战略本质上是由高投资拉动经济高增长，在能源消耗和绿色发展的技术含量方面难以短期解决，可持续性低，表现为"高开低走"，进步相对最迟缓，仅有22.56%，方使东北地区后来居上；东部整体发展最为稳健，无论是始末水平还是增长率皆保持在第二名的位置。

——按区域内省际情况来看，如表4-19所示：

①以从1999—2022年的排名变化情况为基准，可将东部地区10省（区、

市)划分为"上升型"与"退步型"。"上升型"包含海南、广东、江苏、天津与上海,"退步型"则涵盖福建、浙江、山东、河北与北京。

表 4-19　1999—2022 年东部及各省(区、市)产业结构高效化发展评价结果

	海南	广东	福建	江苏	上海	浙江	山东	天津	北京	河北
1999	0.6612	0.6409	0.6772	0.6363	0.6221	0.6547	0.6382	0.6314	0.6319	0.6367
2000	0.6646	0.6427	0.6634	0.6364	0.6265	0.6529	0.6443	0.6347	0.6351	0.6438
2001	0.6668	0.6415	0.6666	0.6337	0.6292	0.6521	0.648	0.6347	0.6395	0.6434
2002	0.6613	0.649	0.6721	0.6378	0.6333	0.6553	0.6553	0.6378	0.6427	0.6463
2003	0.6659	0.6506	0.6627	0.6437	0.6378	0.6606	0.6591	0.6465	0.6477	0.6491
2004	0.6741	0.6589	0.6605	0.6461	0.643	0.6668	0.6645	0.6526	0.6524	0.6499
2005	0.6854	0.6572	0.6588	0.6475	0.6466	0.6682	0.6704	0.6488	0.6576	0.6563
2006	0.6986	0.6688	0.668	0.6568	0.6473	0.6815	0.6761	0.6583	0.6635	0.6628
2007	0.7084	0.6726	0.6757	0.6675	0.6541	0.6861	0.6808	0.671	0.6724	0.6697
2008	0.7206	0.6834	0.6843	0.6778	0.6608	0.6936	0.6865	0.6785	0.677	0.6763
2009	0.7369	0.6922	0.6931	0.688	0.6646	0.7	0.6927	0.6963	0.6689	0.6836
2010	0.7453	0.7007	0.7123	0.696	0.6666	0.7061	0.6948	0.7013	0.6798	0.6905
2011	0.7703	0.7081	0.7001	0.7021	0.6869	0.7108	0.702	0.7236	0.6833	0.6934
2012	0.7737	0.713	0.7405	0.7154	0.6922	0.7226	0.7062	0.7168	0.6947	0.6978
2013	0.7932	0.7227	0.7595	0.7316	0.699	0.7371	0.7162	0.7334	0.7012	0.7074
2014	0.8047	0.7298	0.752	0.7462	0.709	0.7516	0.7245	0.7423	0.707	0.7195
2015	0.8202	0.7449	0.7752	0.7615	0.717	0.7633	0.7293	0.7569	0.7173	0.7329
2016	0.8337	0.8018	0.7926	0.7765	0.7742	0.7764	0.7359	0.7687	0.7443	0.7457
2017	0.8523	0.8378	0.8071	0.7917	0.8068	0.7888	0.7716	0.7519	0.763	0.7588
2018	0.8461	0.7845	0.7849	0.7776	0.8055	0.7778	0.7509	0.7769	0.7397	0.7462
2019	0.8574	0.8034	0.7928	0.7864	0.8142	0.7854	0.7571	0.7755	0.7459	0.7526
2020	0.8687	0.8223	0.8006	0.8053	0.8156	0.7930	0.7633	0.7842	0.7521	0.7590

续表

	海南	广东	福建	江苏	上海	浙江	山东	天津	北京	河北
2021	0.8899	0.8412	0.8385	0.8141	0.8271	0.8007	0.7994	0.7929	0.7683	0.7654
2022	0.9424	0.8889	0.8842	0.8618	0.8475	0.8459	0.8218	0.8002	0.7907	0.7882
累计增长(%)	28.12(1)	24.8(2)	20.7(5)	22.55(3)	22.54(4)	19.126(6)	18.36(7)	16.88(8)	15.88(9)	15.15(10)

注：累计增长(%)=(2022年评价结果-1999年评价结果)×100%，括号内数字为累计增长排名情况。

福建初居首位，累计增长只处于中游水平，于2022年退至第四；原本位列第三的浙江跌到第六；而最初第六名的河北最终垫底；上海却凭借36.23%的增长率在20年后替代山东挤进中流；由此，山东落到江苏于1999年所处的第七位，后者则由较高的增长速度成为第四；原本的第四名广东则由更高的增长速度成为第二；海南堪称"上升型"中的佼佼者，由0.6612上升至0.9424，累计增长幅度最高，达28.12%；北京和天津分别以相对更好的原始基础和更好的进步率于研究期末交换了名次。

②同样地，表4-20的中部6省(区、市)也可划分为由"两湖"地区组成的"上升型"与由山西、安徽、河南、江西组成的"退步型"。

1999年，湖北产业结构高效化水平只有0.6253，为中部最差，经过23年的发展，于2022年挺进中游，超过安徽成为第二名，其累计增长高达26.24%；江西、安徽、山西均因进步相对不够显著而各退后一名，2022年分别位列第三、四和五；原本居于第五位的湖南则因超高的累计增长28.1%，居中部第一。

表4-20 1999—2022年中部及各省(区、市)产业结构高效化发展评价结果

	湖南	江西	湖北	安徽	山西	河南
1999	0.6295	0.6439	0.6253	0.6364	0.6343	0.6411
2000	0.6339	0.6468	0.6284	0.638	0.6417	0.6375
2001	0.6378	0.6504	0.6325	0.6435	0.6467	0.64

续表

	湖南	江西	湖北	安徽	山西	河南
2002	0.6394	0.654	0.6345	0.6461	0.6531	0.643
2003	0.64	0.6535	0.6373	0.6494	0.6589	0.6473
2004	0.6427	0.6557	0.6404	0.6534	0.6675	0.6511
2005	0.647	0.6602	0.6445	0.6552	0.6757	0.6552
2006	0.6577	0.6647	0.6515	0.6598	0.6927	0.6625
2007	0.6634	0.6691	0.6572	0.6658	0.6961	0.6659
2008	0.6747	0.6814	0.6636	0.6784	0.7052	0.6722
2009	0.6838	0.6897	0.6723	0.6858	0.7139	0.6754
2010	0.6954	0.6964	0.6834	0.6983	0.7208	0.6802
2011	0.7088	0.6918	0.689	0.6902	0.7379	0.686
2012	0.7152	0.7012	0.7034	0.6999	0.7388	0.6909
2013	0.7282	0.7109	0.7157	0.7097	0.7524	0.6984
2014	0.7431	0.7249	0.7273	0.7204	0.757	0.7067
2015	0.7582	0.7309	0.7388	0.7314	0.7678	0.7152
2016	0.8206	0.794	0.7507	0.779	0.7883	0.7236
2017	0.8592	0.8286	0.8282	0.8083	0.804	0.7688
2018	0.8695	0.8375	0.8329	0.8168	0.8121	0.7556
2019	0.8741	0.8418	0.8389	0.7927	0.8107	0.7487
2020	0.8757	0.8506	0.8187	0.8112	0.8200	0.7351
2021	0.8873	0.8794	0.8384	0.8397	0.8293	0.7665
2022	0.9105	0.8970	0.8877	0.8667	0.8478	0.8142
累计增长(%)	28.1(1)	25.31(3)	26.24(2)	23.03(4)	21.35(5)	17.31(6)

注：累计增长(%) = (2022年评价结果 − 1999年评价结果) × 100%，括号内数字为累计增长排名情况。

③与以上两个区域有所不同,西部各省(区、市)(不含西藏)除"上升

型"——贵州、青海、新疆、广西与"退步型"——宁夏、云南、陕西、甘肃之外，还可将内蒙古、四川、重庆归入"稳健型"，见表4-21和4-22。

表4-21 1999—2022年西部及各省(区、市)产业结构高效化发展评价结果

	重庆	广西	四川	内蒙古	甘肃	青海	陕西	新疆	宁夏	贵州	云南
1999	0.6562	0.6224	0.6516	0.6378	0.6572	0.6085	0.6365	0.6072	0.6096	0.6037	0.6176
2000	0.6277	0.6229	0.6335	0.642	0.6626	0.6294	0.6395	0.627	0.6208	0.61	0.6264
2001	0.6315	0.6237	0.6404	0.6468	0.6728	0.6305	0.65	0.6429	0.6319	0.6165	0.6367
2002	0.6352	0.6253	0.6434	0.651	0.6781	0.6308	0.7675	0.6608	0.6414	0.6232	0.6438
2003	0.6368	0.6236	0.648	0.6514	0.6687	0.6524	0.6655	0.6777	0.651	0.6292	0.6505
2004	0.6409	0.6258	0.6514	0.662	0.6819	0.6755	0.6711	0.6629	0.6531	0.6358	0.6614
2005	0.6429	0.6239	0.6541	0.6712	0.6915	0.6956	0.6746	0.6751	0.6765	0.6422	0.6711
2006	0.6484	0.6295	0.6692	0.6875	0.708	0.7043	0.6792	0.6802	0.6728	0.6493	0.6756
2007	0.6615	0.6275	0.6758	0.6991	0.6981	0.7304	0.682	0.678	0.6739	0.6542	0.6846
2008	0.6673	0.6295	0.6827	0.7037	0.7049	0.7104	0.6959	0.6867	0.6828	0.6626	0.6974
2009	0.6786	0.6379	0.6966	0.7209	0.7142	0.6977	0.6941	0.7003	0.665	0.6669	0.7041
2010	0.7081	0.6427	0.7171	0.7144	0.7221	0.6729	0.7069	0.7106	0.6929	0.6754	0.7064
2011	0.7329	0.6734	0.7329	0.7242	0.7191	0.6991	0.7191	0.7274	0.68	0.6859	0.7045
2012	0.7562	0.6764	0.7534	0.74	0.7346	0.6924	0.7358	0.7313	0.6928	0.7054	0.7179
2013	0.7702	0.6937	0.7621	0.7506	0.7496	0.7067	0.7466	0.7368	0.7049	0.717	0.7243
2014	0.7929	0.7059	0.7686	0.7605	0.7627	0.7092	0.7634	0.7416	0.7086	0.734	0.7385
2015	0.8209	0.719	0.787	0.7823	0.7895	0.725	0.7836	0.755	0.7095	0.746	0.7592
2016	0.8592	0.7915	0.7984	0.7937	0.7912	0.7499	0.7879	0.7644	0.7264	0.766	0.7765
2017	0.8784	0.8343	0.8133	0.8103	0.7961	0.7692	0.7819	0.7737	0.746	0.7562	0.7951
2018	0.8420	0.8449	0.8085	0.8028	0.7930	0.7555	0.7855	0.7789	0.7370	0.7622	0.7820
2019	0.8555	0.8458	0.8189	0.8123	0.8008	0.7622	0.7932	0.7871	0.7431	0.7711	0.7908
2020	0.8689	0.8230	0.8094	0.8218	0.8085	0.7689	0.8008	0.7953	0.7492	0.7801	0.7896

续表

	重庆	广西	四川	内蒙古	甘肃	青海	陕西	新疆	宁夏	贵州	云南
2021	0.8823	0.8281	0.8199	0.8313	0.8163	0.7755	0.8085	0.8035	0.7554	0.7690	0.7703
2022	0.9192	0.8631	0.8409	0.8323	0.8318	0.8288	0.8091	0.8099	0.7776	0.7670	0.7559
累计增长(%)	26.3(1)	24.07(2)	18.93(5)	19.45(6)	17.46(7)	22.03(3)	17.26(8)	20.27(4)	16.8(9)	16.33(10)	13.83(11)

注：累计增长(%) =（2022年评价结果 - 1999年评价结果）× 100%，括号内数字为累计增长排名情况。

表4-22　1999—2022年东北及各省(区、市)产业结构高效化发展评价结果

	辽宁	黑龙江	吉林
1999	0.6314	0.6336	0.6286
2000	0.6366	0.6376	0.6324
2001	0.6428	0.64	0.6431
2002	0.6496	0.6453	0.6406
2003	0.6547	0.6471	0.6458
2004	0.6614	0.6543	0.6491
2005	0.6583	0.658	0.646
2006	0.6705	0.6678	0.6563
2007	0.6773	0.6779	0.6623
2008	0.6945	0.687	0.6694
2009	0.7086	0.6996	0.6801
2010	0.7276	0.7068	0.6906
2011	0.7349	0.6957	0.6984
2012	0.7389	0.6999	0.7107
2013	0.7495	0.7171	0.726
2014	0.7656	0.7289	0.7333
2015	0.7705	0.74	0.7409

续表

	辽宁	黑龙江	吉林
2016	0.781	0.7758	0.7484
2017	0.836	0.7993	0.7562
2018	0.8388	0.809	0.7639
2019	0.8283	0.7896	0.7648
2020	0.8392	0.7984	0.7723
2021	0.8505	0.8072	0.7798
2022	0.8613	0.8161	0.7873
累计增长(%)	22.99(1)	18.25(2)	15.87(3)

注：累计增长(%)=(2022年评价结果-1999年评价结果)×100%，括号内数字为累计增长排名情况。

重庆始终保持第一；贵州期初的产业结构高效化仅有0.6037，其间略有提高，从倒数第一升至倒数第二；新疆进步较大，从倒数第二排到第四；宁夏与甘肃则分别位列第九和第七；云南与宁夏相似，甚至因增长水平最差仅为13.83%，最终垫底；青海与广西则因最快的发展速度，分别挺入第三和第二；而剩余三省(区、市)则是由于对产业高效化给予足够重视，政策措施落实到位，保持了位次。

1999—2022年，东北三省也恰好可平均分为"上升型""退步型"与"稳健型"，见表4-22所示。

辽宁初始水平居中，增长幅度最大高达22.99%，于研究期末升至第一；曾经首位的黑龙江则退至第二；与西部的重庆、四川、内蒙古不同的是，吉林的稳健性体现在相对落后的进步程度上，因此其始末水平及累计增长均为最低。

三、结论及启示

产业结构优化的情况现状是由历史条件、资源禀赋等自然条件、区位优势等社会经济条件和相应产业政策等共同作用的结果。自1840年英国发起鸦片战争打开中国近代市场以来,中国便逐渐形成了以东部沿海城市为起点、扩展至中部沿长江经济带的省份(如湖北、江西、安徽、湖南等)、辅以边境地区(如广西、西藏、新疆等)的通商口岸的经济发展布局。这为新中国成立以来有差异的区域发展战略形定了初始条件。

以宏观角度切入,1999—2022年全国、区域以及省际,"三化"水平均呈现逐步上升的良态,且四大区域之间、城市群之间乃至省际内部,产业结构的优化发展都是相辅相成、互相促进的;而从微观层面分析,历史沿革、资源禀赋、区位优势的差异等皆会对发展产业结构高度化、合理化、高效化何者更为侧重的政策制度决策上构成不可忽视的影响,须有的放矢、因地制宜。

1999—2022年四大区域产业结构"三化"发展变化情况排名见表4-23。从测度结果看,东部和中部更注重实现资源能源使用的高效率,体现在产业结构趋向高效化。西部和东北地区则更注重提升产业结构层次与各产业协调性,体现在产业结构合理性和高度化的提升。

表4-23　1999—2022年四大区域产业结构"三化"发展情况排名

	东部	中部	西部	东北
高度化	3	2	4	1
合理化	4	2	3	1
高效化	2	1	4	3

注:测度是以1999年为基期,排名反映的是各区域在"三化"上的变化情况。

东部拥有得天独厚的区位优势,并演化出发达的商品经济,政府服务功能强,无论是正式制度的实施还是非正式制度的影响,都能依靠相对成熟健全的市场规范运作,交易成本相对较低,不足之处在于矿产资源匮乏,不具备发展出内部结构完整、合理的第二产业体系的能力,只能依托于发达地区对欠发达地区的涓滴效应、扩散效应与"1+1>2"的城市群建设推动经济增长,长三角即为典型。但瑕不掩瑜,东部的产业结构无法实现高度均衡并不影响其整体继续蓬勃向上。党的十六大报告指出："东部地区要加快产业结构升级,发展现代农业,发展高新技术产业和高附加值加工制造业,进一步发展外向型经济。"东部地区的重点任务是自主创新、节能环保、扩大开放、转型升级。2013—2014年国家共设立了上海、广东、天津、福建4个自贸区,至2016年浙江也列入其中,现大力推进北部湾战略的话题更是热火朝天。东部地区将会继续把发力点着于高度化和高效化两方面上,尤其在实现资源和能源的高效率及绿色发展上,完成"东部率先发展"的使命。

中部既拥有与东部相仿的区位优势——"沿江",又具备与西部、东北地区相媲美的金属矿产蕴藏,故在产业结构合理化方面较东部的发展空间更大;在高效化方面可比西部与东北提升更快。中部崛起的战略重心是在现代装备制造业上,"努力占领世界制高点、掌控技术话语权",但需要在承接东部的产业转移时,以改造为主、优化为辅,满足自身的产业链不受损的基础上努力使之延长,对随之而来的污染转入给予足够的重视。

西部在边境地区拥有些许区位优势,但这份优势明显不能企及沿海沿江地区交通的便利。除却重庆颇有历史地位,并于2016年被设为自贸区之一,由此其产业结构"三化"特别是合理化、高效化发展尤为可观外,其余省(区、市)均不同程度地存在体量大、底子薄的问题;丰富的矿产资源确具有使产业结构"沿着合理分工、优势互补、协调发展的方向前进"的潜力,但不算宜居的自然条件、相对落后的基础设施足以造成在引入高素质人力资本时的严峻阻碍;而直接引入投入产出高的先进技术虽可短期弥补人力不足,但创新能力的缺失会导致其无法实现经济的长期、可持续增长,并对中央政府的投资产生路径依赖。因此,西部转向推进第三产业尤其是文化旅游业建设是合理的产业规划。

东北地区拥有大量矿藏,是闻名遐迩的老工业基地。东北振兴政策的总目标之一是"支持以资源开采为主的程度和地区发展接续产业",故其对合理化的发展最为看重,表现也最为突出;2015年第三产业产值比重超过第二产业后,伴随着《黑龙江省新型城镇化规划(2014—2020年)》《吉林省人民政府关于加快科技服务业发展的实施意见》《辽宁省壮大战略性新兴产业实施方案》等一系列政策措施的出台,东北产业结构高度化的发展速度也一跃成为四大区域之首。

作为相对于东部而言欠发达的三个区域,中部、西部、东北皆呈现出"软约束"过大的显著特征。究其根源,还是在于市场经济体制体系不健全,人力资本囿于习俗惯例等造成交易成本过高的制度成本,缺乏对资金、劳动力和技术等要素的持续吸引力,这对三个地区经济健康发展极为不利。因此,制度、规制成为下一阶段该区域经济发展亟须解决的重点问题。

第三节 我国经济发展方式转变进程测度及评价

前两节已从全国和区域两个层面全面测算和分析了技术进步(全要素生产率 TFP 及 TFP 指数 TFP)和产业结构优化(产业结构"三化")指标,本节将该 4 个指标纳入经济发展指标体系中,构建了一个包括 5 个一级指标、15 个二级指标和 47 个三级指标的综合测算体系,对我国近 20 年来经济发展方式转变进程进行测评与分析。

对我国经济发展方式转变进行测算的文献主要集中在 2011 年以后,包括对全国或区域或某一省份的测算,具体方法主要有熵值法、无量纲化处理、主成分分析(PCA)与熵权相结合等方法。在全国层面的测算上,李玲玲(2011)构建了包括经济增长发展动力、资源环境支持和发展成果方面的指标体系,包括 3 个一级指标、12 个二级指标和 29 个三级指标,对 2000—2009 年我国经济发展方式的变化进行了测评,得出我国经济发展方式已发生转变的基本结论;何菊莲等(2012)利用层次权重决策分析法构建了测评体系,对我国 2000—2009 年的经济发展方式转变进程进行测度和评价,在基本结论我国经济发展方式转变进程需要加快之上,着重地从人力资本、产业结构优化和制度创新方面提出了建议;韩晓明(2013)运用量化分析方法,构建了四个维度的"测度与评价体系";田涛(2013)采用熵值法对 1992—2011 年的经济数据进行了实证分析，认为科技进步与民生改善因子是我国经济发展方式转变最重要的影响因素。在区域的测算方面，郭志远（2017）结合河南实际，根据全要素生产率评价方法，认为应当以五大发展理念为基础，加快推进河南的经济发展方式转变。此外，还有各资源型区域和省际测算如湖北、新疆、湖南等省区，如王坤（2012）运用了分层分解法构建指标体系，并使用比较静态方法对我国17个典型资源型地区2001—2010年间的发展方式转变程度进行了测评；曾铮、安淑新（2014）从需求结构优化、产业结构升级、要素结构改善、资源节约与环境友好以及城乡结构协调等五个方面入手，适应性评价与先进性评价并举，研究设计了一个包括5个一级指标14个二级指标的地方转变经济发展方式评价体系。何菊莲、陈增民、李缘（2018）基于主成分分析（PCA）与熵权相结合的方法，采用经济发展、社会发展动力、人与自然协调发展以及人的全面发展指标的源数据，测评2001—2014年湖南经济发展方式转变进程。

以上研究为本节的指标体系构建和测评提供了较好的思路和借鉴意义。

一、指标体系构建

（一）指标选取原则及说明

指标体系的构建遵循并涵盖了我国经济发展方式转变的内容，包括总量和结构，特别关注经济运行的质量和效益；涉及经济、社会、环境和民生发展；指标层次之间分层递进，而且包括了正指标和逆指标，较全面地反映经济发展中的积极因素和约束因素的影响。

表4-24 经济发展方式转变指标体系

一级指标	二级指标	三级指标	单位
经济增长2	稳定性	GDP增长率5年移动平均值（1978=100）	%
	质量	可比价人均GDP（1978=100）	元

续表

一级指标	二级指标	三级指标	单位
绿色发展9	清洁生产4	单位GDP能耗(逆指标)	吨标准煤/万元
		单位GDP水耗(逆指标)	吨/万元
		单位GDP碳排放(逆指标)	公吨/万元
		单位GDP废气排放(逆指标)	M^3/万元
		森林覆盖率	%
	环境可持续5	工业固体废弃物综合利用率	%
		环境污染治理投资/GDP	%
		生活垃圾无害化处理率	%
		城市污水处理率	%
发展动力19	基础设施3	每万人拥有铁路里程	公里/万人
		城市人均拥有道路面积	M^2
		定期航班通航机场	个
	市场化3	政府财政收入占GDP的比重(逆指标)	%
		非国有企业从业人员/企业就业人口	%
		私营企业从业人员占比	%
	创新投入5	研究与试验发展经费R&D支出额占国内生产总值比重(R&D经费投入强度(R/G))	%
		R&D人员全时当量	万人年
		每万人高校在校生人数	位/万人
		技术市场成交额	万元
		专利申请受理量	个
	技术产出2	全要素生产率指数	%
		高技术产品出口额占货物出口额的比重	%
	需求动力3	最终消费率	%
		资产形成率	%
		贸易动力(外贸依存度)	%
	产出动力3	第一产业贡献率	%
		第二产业贡献率	%
		第三产业贡献率	%

续表

一级指标	二级指标	三级指标	单位
结构优化 9	收入分配结构 3	全国居民人均可支配收入基尼系数(逆指标)	
		工资总额占 GDP 比重	%
		城乡人均收入比(逆指标)	%
	产业结构 6	产业结构合理化指数	
		产业结构高度化指数	
		产业结构高效化指数	
		第三产业强度(第三产业产值/GDP)	%
		第三产业就业人口/就业人口	%
		金融业产值占第三产业产值	%
民生福利 8	生活质量 2	恩格尔系数	
		人均公园绿地面积	平方米
	公共服务均等化 4	普通小学师生比	%
		人均拥有公共图书馆藏量	册
		每万人卫生院、医院床位数	张/万人
		每千人口卫生技术人员	人
	社会福利 2	政府卫生支出占卫生总费用比重	%
		参加基本养老保险人数占总人口比重	%

1.经济增长。经济增长是经济运行的核心指标。为了更好地体现经济增长的数量和质量,选取 GDP 增长率移动平均值和可比价人均 GDP 两项指标,其中,人均 GDP 去除了价格因素的影响。

2.绿色发展。绿色发展主要体现对能源的消耗和对环境的保护,本项目在综合考虑能源消耗和污染处理两方面内容,选择了清洁生产和环境可持续两个维度衡量绿色发展,其中清洁生产主要考虑能源消耗和废弃物的排放以及污水处理;环境可持续有关环境污染处理的投资、废弃物综合利用和生活垃圾处理以及森林覆盖率。

3. 发展动力。发展动力是判断经济发展方式最直接的指标,因而在指标体系中占比最大,包含了6个二级指标和19个三级指标。既有传统的"三驾马车",也包括基础设施这一硬环境和市场化这一制度体系(软环境);创新投入和技术产出表示技术进步。其中,基础设施指标涉及航空、铁路和城市人均道路面积;科技拨款占财政拨款的比重、R&D经费投入强度、R&D人员折合全时当量、每万人高校在校生人数、技术市场成交额和专利申请受理量共6个指标为创新投入指标;全要素生产率、高新技术产品出口额占货物出口额的比重2个指标衡量技术产出;以政府财政支出占GDP的比重、非国有企业就业人员占城镇总就业人口比重、非国有经济产值占工业总产值比重、私营企业从业人员占比四个指标作为衡量市场的标准。这些指标既借鉴了相关的研究成果,也突出了经济发展方式转变中发展动力的重要性。

4. 结构优化。不同于大多数文献,本部分将收入分配结构的合理化与产业结构优化置于同等重要的地位。产业结构指标除了上节中测算的产业结构"三化"指标,还增加了第三产业强度、第三产业就业人口占比、金融业产值占第三产业产值三项指标;选取了基尼系数、城乡人均收入比、工资总额占GDP比重三方面的指标作为测评收入分配结构的指标。

5. 民生福利。民生福利的提高既是社会主义社会的最终目标,也是经济发展方式转变的重要内容之一,同时也是经济高质量发展中强调的共享机制的体现。包括生活质量、社会福利以及公共服务均等化三个维度。生活质量包括恩格尔系数和人均公园绿地面积两个指标;公共服务均等化指标包含医疗、教育在内的普通小学师生比、人均公共图书馆藏量、每万人卫生院及医院床位数、每千人口卫生技术人员四个指标;社会福利有政府卫生支出占卫生费用比重和参加基本养老保险人数占总人口比重两个指标。

以上相关数据来源于国家统计局统计年鉴中1999—2022年数据。

（二）指数模型

经济发展方式转变指数模型是在指标体系的基础之上,形成的由一个总指数,即经济发展方式转变指数和五个分项指数所构成的评价指数体系。指标的权重是在专家打分的基础上,通过综合调整赋值而确定。权重分配突出了在经济发展中发展动力和结构优化的作用。其中,由于收入分配结构包含一定的民生福利意义,因此在指标中减小了民生福利领域的权重。在测算方法上,以1999年为基期,指数为100,通过指数化的方法对各项指标进行无量纲化处理,1999—2022年中各年为报告期,分别以各年的数值除以基期数值得出报告期指数,再根据各指标的权重测算出各级指标指数和经济发展方式转变总指数。一级指数为二级指标和三级指标的分层加权总和,总指数为一级指数的加权总和。具体指数权重见表4-25。

表4-25 经济发展方式转变指数分层权重体系

一级指标	权重	二级指标	权重	三级指标	权重
经济增长2	0.2	稳定性	0.5	GDP增长率5年移动平均值（1978=100）	0.5
		质量	0.5	可比价人均GDP(1978=100)	0.5
绿色发展9	0.2	清洁生产4	0.45	单位GDP能源消耗量（逆指标）	0.25
				单位GDP水耗（逆指标）	0.25
				单位GDP硫排放（逆指标）	0.25
				单位GDP废气排放（逆指标）	0.25
		环境可持续5	0.55	森林覆盖率	0.15
				工业固体废弃物综合利用率	0.2
				环境污染治理投资/GDP	0.25
				生活垃圾无害化处理率	0.2
				城市污水处理率	0.2

（经济发展方式转变总指数）

续表

一级指标	权重	二级指标	权重	三级指标	权重
经济发展方式转变总指数	发展动力19	0.25	基础设施3	0.1	每万人拥有铁路里程	0.35
				城市人均拥有道路面积	0.35
				定期航班通航机场	0.3
		市场化3	0.15	政府财政支出占GDP的比重	0.35
				非国有经济产值/工业总产值	0.35
				私营企业从业人员占比	0.3
		创新投入5	0.2	研究与试验发展经费R&D支出额占国内生产总值比重	0.15
				R&D人员全时当量	0.2
				每万人高校在校生人数	0.25
				技术市场成交额	0.2
				专利申请受理量	0.2
		技术产出2	0.2	全要素生产率	0.6
				高技术产品出口额占货物出口额的比重	0.4
		需求动力3	0.2	最终消费率	0.3
				资产形成率	0.35
				贸易动力(外贸依存度)	0.35
		产出动力3	0.15	第一产业贡献率	0.3
				第二产业贡献率	0.35
				第三产业贡献率	0.35

续表

一级指标	权重	二级指标	权重	三级指标	权重
经济发展方式转变总指数					
结构优化9	0.2	收入分配结构3	0.55	全国居民人均可支配收入基尼系数(逆指标)	0.35
				工资总额占GDP比重	0.3
				城乡人均收入比	0.35
		产业结构6	0.45	产业结构高度化指数	0.2
				产业结构合理化指数	0.2
				产业结构高效化指数	0.2
				第三产业强度(第三产业产值/GDP)	0.15
				第三产业就业人口/就业人口	0.15
				金融业产值占第三产业产值	0.1
民生福利8	0.15	生活质量2	0.35	恩格尔系数	0.5
				人均公园绿地面积	0.5
		公共服务均等化4	0.35	普通小学师生比	0.25
				人均拥有公共图书馆藏量	0.25
				每万人卫生院、医院床位数	0.25
				每千人口卫生技术人员	0.25
		社会福利2	0.3	政府卫生支出占卫生总费用比重	0.45
				参加基本养老保险人数占总人口比重	0.55

二、我国经济发展方式转变指数测算及评估

(一)总体分析及评价

测算结果如表4-26所示,我国经济发展方式转变趋势总体向好:在报告期内,经济发展方式转变总指数稳步缓慢上升,在2022年总指数达到了151。

表 4-26 经济发展方式转变一级指数及总指数变化

	经济增长指数	绿色发展指数	发展动力指数	结构优化指数	民生福利指数	经济发展方式转变总指数
1999	100	100	100	100	100	100
2000	97.892	103	103.262	99.496	103	101
2001	96.73	108	108.084	99.374	107	104
2002	97.263	112	112.94	93.657	109	105
2003	100.384	116	118.63	99	113	110
2004	103.782	120	127.354	91.857	115	112
2005	107.778	124	128.315	93.718	119	115
2006	113.487	127	129.899	95.019	122	118
2007	120.096	138	129.774	96.266	127	122
2008	120.371	150	133.961	98.117	132	127
2009	120.266	156	134.984	100.485	139	130
2010	120.2	166	137.119	100.928	146	134
2011	117.414	162	137.796	103.405	155	134
2012	110.992	171	139.846	105.635	161	136
2013	109.48	176	141.187	111.578	164	139
2014	107.698	180	141.09	114.233	170	141
2015	104.1	182	141.957	118.14	173	142
2016	101.489	190	140.879	119.884	177	144
2017	100.764	195	142.201	119.602	180	147
2018	99.969	201	143.605	120.443	183	150
2019	99.528	204	142.337	118.591	185	151
2020	95.816	205	140.498	119.977	182	149
2021	97.103	209	141.659	121.362	184	150
2022	100.391	214	140.821	122.748	180	151

如图 4-14 所示,总体上五个主要评价领域的表现均优于基期,但却呈现不同的趋势。经济增长指数在 1999—2002 年保持较稳定增长,2002 年以后出现了较大幅度的增速,到 2008 年增至最高水平达 120.371,2008 年以后指数逐渐下降并偏离其他指数,真实地反映出我国经济已由高速增长转变为高质量增长的现状;绿色发展指数体现了持续、稳定和最强的转变特征,并于 2006 年后超过发展动力指数,虽然在 2011 年指数有所回落由 166 下降至 162,但仍处于五大指数之首,此后便保持持续稳定的增速,且于 2018 年突破 200,到 2022 年都一直保持上升趋势,这现了我国对节能降耗以及清洁生产方面的重视以及效果;发展动力指数在 2004 年之前保持较大幅度的上升态势,2004 年以后增幅放缓,但此后一直保持稳定增长;结构优化指数总体虽然处于上升的趋势中,但是增幅不大,2010 年以前增幅较缓,甚至在 2003 年下降,2004 年重拾升势,2011 年以后增幅加快,2015 年之后增幅又开始减缓;

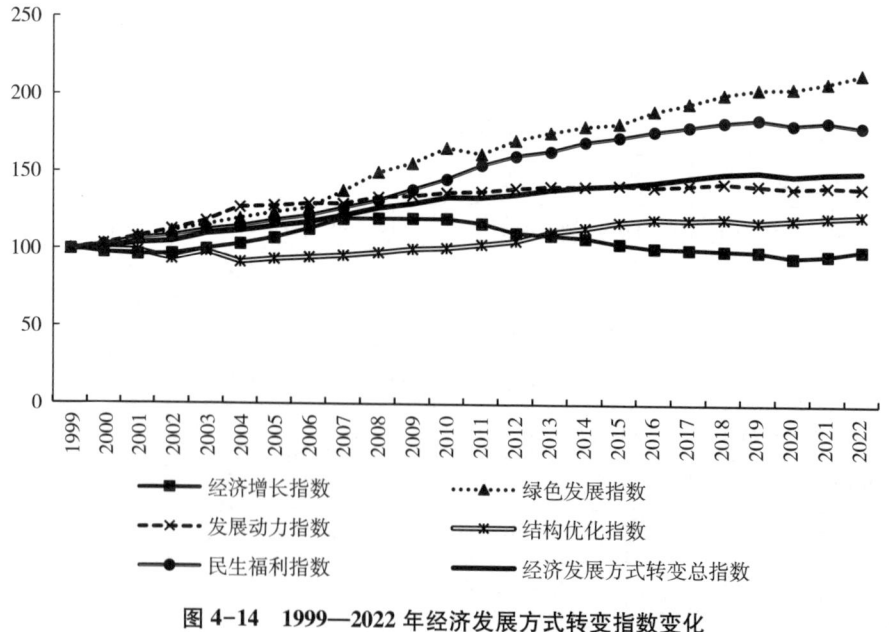

图 4-14 1999—2022 年经济发展方式转变指数变化

1999—2008年间,民生福利指数与经济发展方式转变总指数走势趋同,没有出现下降年份,特别是在2009年之后一直保持较大增幅。总体而言,在衡量经济发展方式转变的几大指标中,除了经济增长指数在2008年之后开始下行,结构优化指标的综合表现略有欠缺,其他指标总体呈增长趋势。

(二)分项分析及评价

1. 经济增长指数

经济增长指数体现了稳定性和质量指标,计算结果表明,两者表现趋势不同,经济增长朝着有利于经济发展方式转变的方向运行。

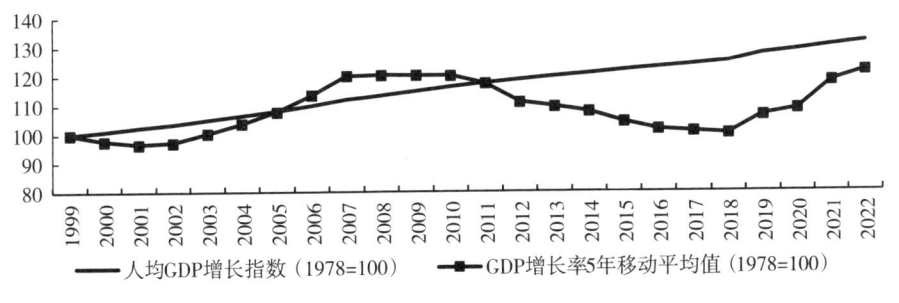

图 4-15　1999—2022 年经济增长领域指数变化

首先,选用 GDP 增长率 5 年移动平均值考察经济增长的稳定性。如表 4-27 所示,1999—2003 年我国经济增长稳定性指标呈现增幅放缓趋势,随后有所回升,但在 2007 年指数突破 120 后开始下降。其次,选用可比价人均 GDP 作为衡量经济增长质量指标,同时剔除了物价影响。由表 4-27 可知,我国经济增长的质量指数自 1999 年起逐年呈稳步增长趋势,2011 年开始增速放缓,2022 年增至 132。指标的绝对值显示,GDP 增长率 5 年移动平均值由 1999 年的 9.12% 逐步增至 2007 年的 11.70%,随后持续稳定至 2018 年的 6.85%;可比价人均 GDP 在 2018 年也较 1999 年翻了近五倍。这表明,2003—2007 年为我国的经济高速增长阶段,2007 年后经济增长速度放缓,直到 2012 年我国进入"新常态"阶段,经济增速进入中高增长阶段。

表 4-27　1999—2022 年经济增长领域指数变化

	1999	2000	2001	2002	2003	2004	2005	2006	2007	2008
人均 GDP 增长指数（1978=100）	100	101	102	104	105	106	108	110	112	113
GDP 增长率 5 年移动平均值(1978=100)	100.00	97.89	96.73	97.26	100.38	103.78	107.78	113.49	120.10	120.37

	2009	2010	2011	2012	2013	2014	2015	2016	2017	2018
人均 GDP 增长指数（1978=100）	115	116	118	119	120	121	122	123	124	125
GDP 增长率 5 年移动平均值(1978=100)	120.27	120.20	117.41	110.99	109.48	107.70	104.10	101.49	100.76	99.97

	2019	2020	2021	2022						
人均 GDP 增长指数（1978=100）	128	129	130	132						
GDP 增长率 5 年移动平均值(1978=100)	106.27	108.41	118.04	121.58						

2. 绿色发展指数

绿色发展指数包括清洁生产和环境可持续指数见下图 4-16,其中,清洁生产指数单调上升,且在 2010 年之后增速加快;而环境可持续指数呈现先升

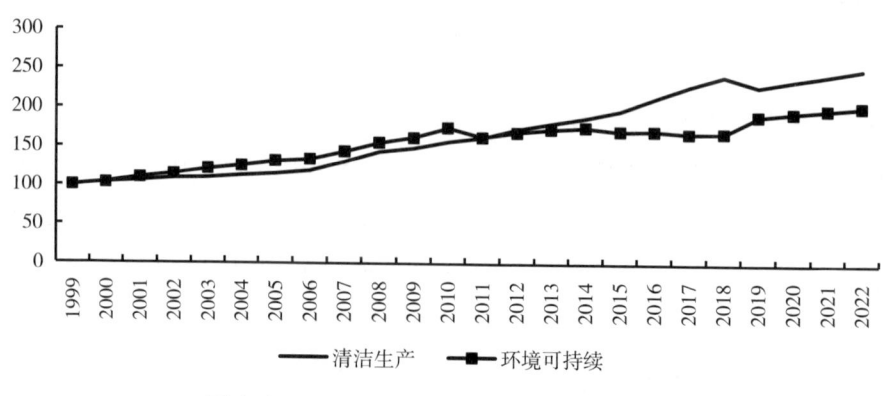

图 4-16　1999—2022 年绿色发展领域指数变化

后降再升的局面,具体而言,1999—2010年增幅缓慢,到2010年转而下降,随后更为缓慢提升,直至2014年开始下行,速度较缓,到2019年开始缓慢上升。

进一步从三级指标分析影响二级指标变动的因素。

首先,从节能降耗的角度考虑清洁生产指数,选取的三级指标分别是单位GDP能源消耗指数、单位GDP硫排放、单位GDP水耗以及单位GDP废气排放。从绝对值来看,单位GDP能源消耗指数从1999年的1.5521下降到了2022年的0.4376千克标准煤/万元,指数值由100增加至334。单位GDP硫排放与GDP硫排放指数走势趋同,呈现较强的上升趋势。单位GDP硫排放在2022年下降至基期的1/32;单位水耗由基期的0.0617下降至2022年的0.0066;单位GDP废气排放由基期的1.4002下降至2022年的0.6231。清洁生产的四大三级指标均有较大程度的改善,极大地推动了清洁生产指数持续、较快地单边增长,体现了我国对清洁生产的重视。

其次,从保护环境的角度考虑环境可持续指数,分别选取森林覆盖率、工业固体废物综合利用率、环境污染治理投资占GDP比重、生活垃圾无害化处理率以及城市污水处理率作为三级指标(给出的数据均为最新数据)。从绝对值看,森林覆盖率2018年较基期而言上涨了4.75个百分点,呈现比较稳定的上升趋势;环境污染治理投资占GDP比重由基期的不到1个百分点逐步稳定上升至2010年的1.86个百分点,此后便在整体下降的趋势中上下浮动,下降至2018年的1.12%,该指数也相应地由2010年的190下降至2018年的114,一方面体现了GDP的不断上升,也体现了另一方面环境污染治理投资在GDP中相对比重的不断减小,没有跟上GDP的增长速度;生活垃圾无害化处理率在2005年之前存在上下浮动的情况,但之后就以稳定的增幅增至2022年的99.9%;污水处理率也由基期的31.93%上升至2018年的97.28%,指数由基期的100上升至2018年的305。在权重赋值方面,由于森林覆盖率为每五年普查一次,在绝对值的方面涨幅并不大,因此我们减小了该项指数的权重;此外,由于绝大多数指数的表现均较大幅度优于基期,因此我们在充分考虑到原始数值效用的前提下,给予指数较为平均的权重赋值。

表 4-28 1999—2022 年绿色发展领域指数变化

	1999	2000	2001	2002	2003	2004	2005	2006	2007	2008	2009	2010	2011
清洁生产	100	103	106	109	110	112	115	119	130	143	148	156	162
环境可持续	100.0	103.1	110.4	114.8	121.2	125.7	131.4	133.7	143.6	155.4	161.9	174.4	162.5

	2012	2013	2014	2015	2016	2017	2018	2019	2020	2021	2022
清洁生产	173	180	188	197	213	228	241	228	236	243	250
环境可持续	168.	172.9	175.2	170.8	171.0	168.1	168.4	190.6	194.8	199.0	203.1

3. 发展动力指数

发展动力最能体现经济发展方式的转变,因而构建了 6 个二级指标和 19 个三级指标。其中,二级指标的表现如图 4-17 所示。其中,基础设施保障有明显提高,创新投入趋势逐步增强,技术产出指数呈现先增长后浮动的趋势,市场化程度稳步提高但增幅较慢,需求动力与产出动力呈上下浮动的走势,且总体指数较小。综合作用下使发展动力指数呈现先强后弱的增长趋势。

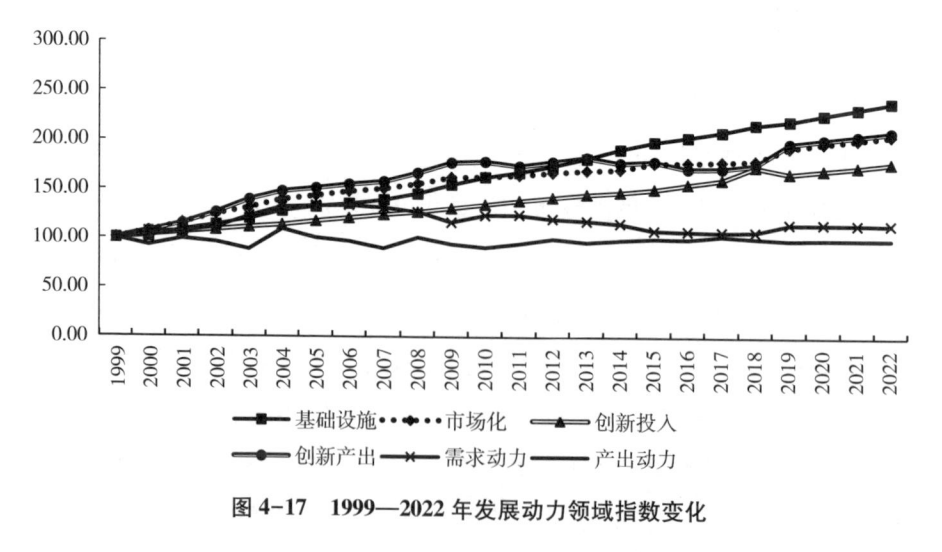

图 4-17 1999—2022 年发展动力领域指数变化

具体数据分析见表 4-29。基础设施方面,三级指标从交通出行的角度分别选取为每万人拥有铁路里程、城市人均拥有道路面积以及定期航班通航机场,由于相对而言空运人数比例不大,因此在对指数赋值权重之时,相对减少了该项指数权重,平均加大其他两项指数的权重。从绝对值来看,2018年每万人拥有铁路里程较基期翻了两番,定期航班通航机场数量较基期翻了两番,城市人均拥有道路面积较基期翻了三番,均呈现比较稳定的增势。

表4-29 1999—2022年发展动力领域指数变化

	基础设施	市场化	创新投入	创新产出	需求动力	产出动力
1999	100.00	100.00	100.00	100.00	100.00	100.00
2000	101.34	107.35	102.93	107.32	106.47	92.50
2001	107.95	115.63	105.72	115.17	106.45	99.04
2002	113.73	124.68	108.59	126.01	110.99	95.87
2003	119.84	131.07	111.23	139.50	122.62	88.72
2004	127.97	139.25	113.54	147.80	131.84	109.15
2005	132.35	143.43	117.04	150.98	133.22	100.38
2006	135.42	147.61	120.64	155.28	133.93	97.10
2007	139.46	150.55	124.06	158.02	131.21	89.55
2008	145.81	155.55	126.60	166.65	126.99	100.99
2009	155.00	162.07	130.38	177.26	116.29	94.49
2010	162.56	162.79	134.66	178.43	123.48	91.09
2011	167.43	164.29	138.13	174.09	123.70	95.03
2012	173.93	167.26	141.90	178.24	119.81	99.65
2013	181.74	169.36	145.00	182.87	118.12	96.50
2014	191.16	170.80	147.54	177.14	115.59	98.85
2015	198.74	177.14	150.66	178.72	108.49	100.30
2016	203.59	177.54	155.38	171.72	107.63	99.72
2017	209.15	179.15	160.33	172.45	107.02	102.86
2018	216.49	180.13	174.17	176.15	107.32	100.68

续表

	基础设施	市场化	创新投入	创新产出	需求动力	产出动力
2019	220.37	193.56	167.19	197.54	115.62	99.50
2020	226.68	197.59	170.69	201.43	115.43	99.68
2021	232.98	201.62	174.19	205.32	115.25	99.85
2022	239.28	205.64	177.69	209.21	115.06	100.03

市场化方面的三级指标从政府财政(政府财政支出占GDP比重)与非国有企业经济发展情况(非国有经济产值占工业总产值比重、非国有企业从业人员占比)来选取。从指数测算结果来看,政府财政支出在GDP中占比由1999年的100稳步增至2015年的176后,出现了逐年下降的走势;而非国有企业的经济产值占工业总产值的比重以稳定的趋势增加至174;指数非国有企业就业人员占比较基期更是翻了两番。这体现了我国的市场化程度正在稳步提高,但是进程较为缓慢的现实。

创新投入方面,选用R&D经费投入强度(研究与试验发展经费R&D支出额占国内生产总值比重)、R&D人员折合全时当量、每万人高校在校生人数、技术市场成交额以及专利申请受理量五个指标作为指数的评价。从原始数据来看,研究与试验发展经费R&D支出额占国内生产总值比重由1999年的23%逐年下降至2018年的2.66%;R&D人员折合全时当量则于2022年较基期翻了八倍之多。此外,在2022年每万人高校在校生人数、技术市场成交额以及专利申请受理量三项指标分别比基期增长了约9倍、117倍、40倍。这体现了20多年来我国在创新投入领域的进步历程,但是发展的脚步过于缓慢,在研究与试验发展的经费投入等方面还存在很多的欠缺。

技术产出方面,选取全要素生产率以及高新技术产品出口额占货物出口额的比重两个指标来衡量,由于全要素生产率常被视为科技进步的指标,因而我们一定程度上减小高新技术产品出口方面的比重,加大了全要素生产率的权重。从指数测算结果来看,全要素生产率在2008年以前上下浮动于指数

99,2009年以后上下浮动于指数94;而高新技术产品出口额占货物出口额的比重则以平稳的趋势上升至2013年的316后,此后以较平稳的趋势保持在290左右。综合作用力使技术产出指数呈现先快后慢的增长趋势。

需求动力从消费(最终消费率)、资产(资产形成率)以及贸易(外贸依存度)三个角度来选取指标。从指数测算结果来看,三项指标均呈现先上升后下降的走势,且我国2022年的最终消费率81低于基期的100。在综合作用力的影响下,我国的需求动力走势并不乐观。产出动力方面选取了三大产业的贡献率作为指数的评价。其中,第一产业与第二产业作为我国的基础性与传统型产业,随着我国产业结构升级,其贡献率出现相对减少的趋势。就第三产业而言,其贡献率于2010年以前存在比较波动的情况,2010—2016年出现大幅度的增速后,增幅逐渐放缓,一定程度上体现了我国经济转型升级的进程较慢。

4. 结构优化指数

结构优化指数包括产业结构优化和收入分配结构优化,测算结果如图4-18所示,产业结构指数2004年以前缓慢增长,2004年后增长幅度变大,2014年前后再次出现拐点,此后增势减小,但整体一直处于增长的势头。然而,与之对应的是收入分配结构的停滞不前与不断恶化,虽然在2008年开始有微弱改善,但最终值仍旧低于基期值。因此,我国产业结构转变整体要优于收入分配结构转变。

收入分配结构的指标选取了全国居民人均可支配收入、基尼系数、工资总额占GDP比重、城乡人均收入比。结果显示,我国的基尼系数除2002—2004年有短暂的下降外,一直呈现居高不下的状态,2018年仍处于0.45以上的水平,超过了0.4的国际警戒线;工资总额占GDP的比重在2010年以前基本处于停滞不前的状态,2010—2013年出现了较大幅度的上涨趋势,此后以较为缓慢的走势增加,2015年后出现了下降的趋势;城乡人均收入比在2003年以前以较大的幅度增至3.124并以缓慢的走势浮动至2009年的3.11后,以相对平稳的趋势降至2018年的2.69,但仍然高于基期的2.63,说明随着我国经

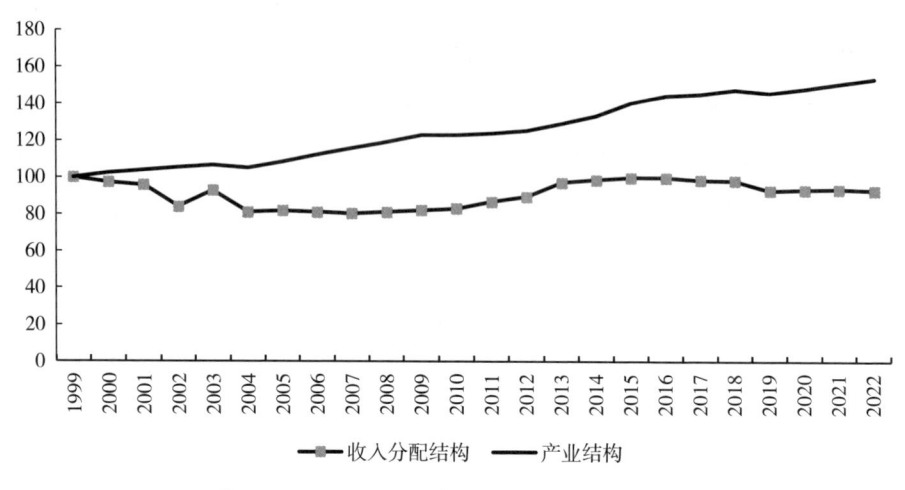

图 4-18 1999—2022 年结构优化领域指数变化

济的发展,我国的城乡收入差距虽然整体处于向好的发展趋势,但仍然存在较大的差距;也从整体上说明我国社会收入分配不公与社会财富两极分化较为严重,收入分配结构的差距仍然较大。产业结构方面从产业结构"三化"(产业结构合理化、产业结构高度化、产业结构高效化)以及第三产业的发展程度和内部结构(第三产业强度、第三产业就业人口占比以及金融业产值占第三产业产值比重)两个角度来评价产业结构。其中,高度化代表第三产业由低向高的层次转变;高效化代表考虑综合效用后的高水平发展,主要体现了能耗降低和资源的投入产出,也说明我国在绿色发展方面的进展,还体现了资源的投入产出,体现了技术进步;合理化体现了各地的产业均衡发展程度。从指数测算的结果来看,产业结构高效化指数一直以较慢的趋势增长,在 2015 年以后增速加快,并于 2018 年达到了 136.449;产业结构高度化指数在 2004 年出现小幅拐点、以缓慢的趋势增长至 2013 年的 107.73 后,产生小幅度的减小趋势降至 106.26,随后又稳定增长,在 2016 年后增速逐渐放缓;整体上产业结构合理化指数增长幅度要远远快于产业结构高度化和高效化指数。

表 4-30　1999—2022 年结构与化领域指数变化

	1999	2000	2001	2002	2003	2004	2005	2006	2007	2008	2009	2010
收入分配结构	100	97.313	95.867	84.154	92.828	81.147	81.805	81.045	80.292	81.119	82.169	83.114
产业结构	100	102.163	103.659	105.272	106.543	104.948	108.278	112.098	115.79	118.891	122.871	122.7
	2011	2012	2013	2014	2015	2016	2017	2018	2019	2020	2021	2022
收入分配结构	86.725	89.506	97.197	98.674	99.855	99.888	98.582	98.201	92.835	93.250	93.665	93.081
产业结构	123.792	125.348	129.154	133.249	140.489	144.324	145.292	147.627	145.625	148.197	150.768	153.340

5. 民生福利指数

民生福利指数包括三个指标,其中,公共服务均等化自 2003 年以来有明显提高,增幅大且走势稳;生活质量指数 2003 年以前增幅较大,虽然 2003 年以后斜率减小,但仍整体保持较为稳定的增速;社会福利 2006 年前以较为稳定的趋势缓慢上升,2006—2011 年指数有大幅提升,但在 2011 年以后变化幅度缓慢,出现了停滞不前甚至下降的趋势。在二级指标综合作用的影响下,民生福利指数表现为稳步提升的趋势(图 4-19)。

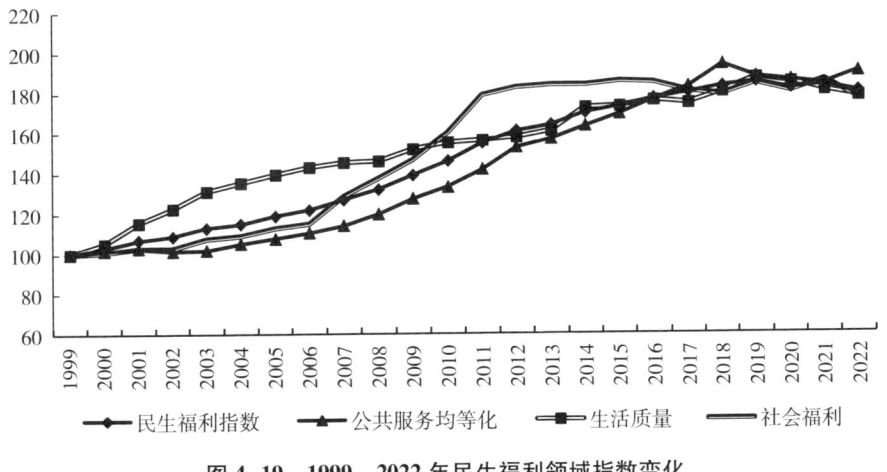

图 4-19　1999—2022 年民生福利领域指数变化

进一步分析三级指标(表4-31),公共服务均等化指数从基础教育(普通小学师生比)、文化保障(人均公共图书馆藏量)、医疗卫生设施(每万人卫生院、医院床位数)以及医疗卫生人员服务(每千人口卫生技术人员)四个方面来评价,赋予相对较为平均的权重。我国普通小学师生比从原始数据来看,整体由1999年的23.12下降至2022年的16.18,说明我国的基础教育水平是在逐年优化的。从指数的测算结果来看,2013年以前指数值除2011、2012年以外,基本处于大幅度的增长状态中,增加至137.947;但是此后指数值却出现了缓慢下降的情况,自2017年开始缓慢提升,2022年增加至136.240,依然低于2013年的指数值,说明了我国的基础教育提升较为缓慢。此外,人均公共图书馆藏量是处于稳步上升的水平中,从基期的0.31上升至2022年的人均0.96册的水平。每万人卫生院、医院的床位数从指数测算结果来看,基期至2002年处于一个缓慢下降的状态,2003年开始至2007年开始小幅度的回弹,2007年之后指数值出现了大幅的持续性增长,于2022年达到了69.16。与每万人卫生院、医院的床位数指数相似,每千人口卫生技术人员指数也在2003年以前处于缓慢下降的趋势,在经过了几年的小幅增长的回弹期后,于2007年开始指数值出现了十分稳定的增长。虽然增速比较稳定,但是增幅却是较前一指数缓慢的。说明我国在增加医疗卫生方面的设施的同时,医疗卫生人员的供给增速比较滞后。

表4-31 1999—2022年民生福利领域指数变化

	2000	2001	2002	2003	2004	2005	2006	2007	2008	2010	2011
公共服务均等化	101.64	102.85	101.56	101.92	105.21	107.71	110.57	114.08	119.68	133.20	141.85
生活质量	105.41	115.52	122.69	131.21	135.48	139.61	143.07	145.39	146.06	155.09	156.27
社会福利	100.85	102.97	103.05	107.75	109.10	113.09	115.06	128.65	137.41	160.36	178.71
	2012	2013	2014	2015	2016	2017	2018	2019	2020	2021	2022
公共服务均等化	152.85	156.88	163.38	169.37	176.38	182.89	193.91	187.63	185.80	183.97	190.14

续表

	2000	2001	2002	2003	2004	2005	2006	2007	2008	2010	2011
生活质量	157.95	161.16	172.55	173.36	176.07	174.72	180.39	187.09	185.05	181.02	177.98
社会福利	182.59	183.86	183.87	185.58	185.02	180.49	178.78	184.56	180.30	186.03	176.77

生活质量方面从居民的物质层面(恩格尔系数)与精神层面(人均公园绿地面积)来选取指标。从指数测算结果来看,我国恩格尔系数整体处于一个优化的进程,1999—2013年指数值整体处于一个波动上升的过程,变化并不明显,仅由基期的100增加至120.286;在经过2014年的大幅回弹升至140.333后,指数值以比较稳定的趋势逐年上升,并于2022年达到了177.988;我国人均绿地面积整体处于比较稳定的上升趋势。

社会福利方面从政府卫生支出占卫生费用比重和参加基本养老保险人数占总人口比重来评价。从指数测算结果来看,2006年以前政府卫生支出占卫生费用比重处于波动式的上升中,从基期的100上升至2006年的115;在以较大的幅度稳定增长至2011年的178后,呈波动式下降的趋势降至2022年的176;参加养老保险人数占总人口比重指数总体上呈现出优化的趋势,1999—2009年以十分稳定的趋势从100上升至146,随后以较大的涨幅上升至2012年的177,自2013年开始,虽然其指数值仍然处于增势之中,但增幅非常缓慢,于2022年只增加到了183。但参加养老保险人数的覆盖面的扩大,依旧能够体现出我国的社会福利水平的进步,因为农村养老保险的出现大大改善了广大农村人口的养老保障,继而提升了我国的社会福利水平。只是由于政府卫生支出比例的减少,使社会福利水平整体上进步较慢。综合指数结果表明,我国民生福利水平在逐渐改善,但是从绝对值来看,各项指标代表的发展水平仍然较低,进步空间巨大。

三、结论与启示

通过对我国经济发展方式转变及其影响因素进行了5个方面、跨度23年的指数测算,结果显示,五个主要评价领域的表现总体上都要优于基期,我国经济发展方式转变的进程从未停止,但指数的增长速度较为缓慢,因为经济发展方式转变涉及经济、社会、结构、环境和民生多个维度,涵盖到发展、转型、开放和可持续等若干层次,因此这是个长期和艰巨的过程,需要从总体上进行协调和推进。

(一)经济增长领域指数从数量向质量转变。这是通过从稳定性与质量两方面的评价体现出来。由于经济增长速度从2012年以来趋于下降,导致趋势下降,增长的数量和稳定性受到影响;人均GDP则稳步增长,体现了经济质量稳步上升。这是我国经济转型和经济高质量发展的基础。

(二)绿色发展领域方面需要加强环境污染治理投资。从指数测算结果来看,我国在清洁生产也就是节能降耗领域做出了极大的努力,也取得了明显的进步;但是在环境可持续发展能力上近几年却显示出不足,其原因主要是环境污染治理投资的绝对数虽然一直在增加,但增速比GDP小,从而极大地影响了环境可持续发展指数。森林覆盖率虽然处于上升的趋势中,但是20年只比基期增长了4.75个百分点,对环境的外部效应影响较小。说明在我国经济发展方式转变的过程中,需要加强对环境保护和环境治理方面的投资。

(三)发展动力方面整体进步比较缓慢,基本处于五大领域的中间水平。其主要原因是由二级指标中市场化、创新投入以及需求动力领域的减缓所致。1.市场化进程缓慢主要是受非国有经济在近几年的发展进程中逐渐放缓的影响,说明我国非国有经济发展的市场环境有待改善,政府应在保护市场主体合法权益和维护市场公平竞争环境以及促进市场要素自由流动等方面提供更多的制度建设。此外,在产品市场发育方面,调整政府与市场之间的关系,持续强化市场对资源配置的决定性作用,以此促进非国有经济的发展。2.创新动力不足。实验与研究发展经费投入强度不够,在国内生产总值的比重中正处于逐年下降的走势。其中,我国政府与企业的支出又占据了绝大多数的比重,研发经费的减少会直接削弱我国的自主创新能力,而自主创新能力的低下对产业梯度转移和产业结构的优化升级的影响是长远的。3.最终消费动力较弱。消费率水平低且贸易动力小体现了我国的需求结构不合理的现状,甚至已偏离了发展动力领域的整体上升趋势。相比之下,基础设施投资一直保持较大增幅,基础设施的大力投资以及近几年来具有准公共设施性质的互联网平台的快速发展,虽然在一定程度上改善和创新了国内循环的渠道,但是投资过剩会产生一定的空间溢出效应与挤出效应,挤占本来就疲软的消费。

(四)结构优化指数中,产业结构指数优于收入分配结构。总指数于2011年以后出现了较大幅度的增长;从2015年开始由于收入分配结构不合理,优化进程再次减缓。从收入分配来看,我国基尼系数居高不下,甚至超过了0.4的国际警戒线;工资总额占GDP比重虽然整体趋于上升但过于缓慢目前约15%的水平;城乡人均收入比在1999—2003大幅增加但基本止步于此。另一方面,产业结构优化过程也较缓慢曲折:2015年以后,产业结构高效化出现了较大幅度的增长趋势,体现了我国在优化产业结构过程中节能降耗、技术进步和资源配置方面改进;然而产业结构高度化指数却减小了增幅,说明第三产业的发展实质上是比较缓慢的;此外,产业结构合理化指数总体上出现了停滞不前甚至缓慢下降的趋势,一定程度上反映了地区在产业分工上各具特色。

(五)民生福利综合指数反映了我国民生福利水平稳步向好的态势,但就发展水平而言,依旧具有较大的进步空间。比如,公共服务均等化总体发展最快最稳,但其中的基础教育提升进程比较曲折;医疗卫生设施在持续改进中,但医疗卫生人员的供给增速相对滞后。生活质量领域稳中向好,其中的恩格尔系数与人均绿地公园面积都表现良好;社会福利是民生福利领域中增长最不稳定的二级指数,其原因是政府卫生支出占卫生费用比重与养老保险参加率两项二级指标增长都不稳定,从指数测算结果来看,养老保险参加率指数是逐年优化的,但边际增加值近年来逐渐减小;政府卫生支出占卫生费用比重在2006—2010年间增幅较大,但此后却呈现波动式的下降趋势,甚至2015年开始直线下降。可见,需要进一步推进社会保障水平和质量,特别是农村社会保障的发展,要按照城乡一体化进程推动农村各类社会保障的覆盖并提高社会保障的水平。以上对我国全要素生产率指数和产业结构优化的"三化"进行了实证分析和测算,并将我国全要素生产率指数和产业结构优化的"三化"共4个指标纳入构建了47个指标体系,对我国1999年至2022年间经济发展方式转变情况进行了测度、分析和评价。结果表明:在全要素生产率指数分解的技术进步、技术效率变化和规模效应变化三大指标中,推动不同区域经济增长的具体指标有所不同;而产业结构"三化"更是在各区域间和区域内各省呈现不同的特点,可能的原因是受到区域位置、经济发展史和资源禀赋甚至区域文化的影响。在实证分析基础上对我国经济发展方式在五个方面的进程测算表明,总体上经济发展质量、清洁生产即节能降耗方面取得了明显的进步,发展动力进展基本处于五大方面的中间水平,主要原因是受二级指标中市场化、创新投入以及需求动力领域的减缓所致;结构优化中产业结构优化进程优于收入分配结构的优化;民生发展中公共服务均等化较好,但需要继续加强基础教育以及进一步推进教育水平,培育高素质人才,此外,特别要加强公共卫生医疗人才的培养和社会保障水平。

经济发展方式的转变不仅在于经济总量的增加,更着眼于经济结构的优化、民生质量的改善和经济发展质量的提高,归根结底是一个经济增长结构转型的问题,即从以外需为主转向以内需为主要驱动,以模仿式、低端制造转向自主创新,逐渐抢占产业链高端;以资源消耗、环境破坏型转向资源集约、环境保护,人与自然协调发展;由注重经济增长转向以人口福利为归依,实现人的全面发展。

第五章　加快我国经济发展方式转变的制度优化路径

当今世界,制度优势是一个国家最大的优势,制度竞争是国家间最根本的竞争。2024年10月,习近平总书记在省部级主要领导干部学习贯彻党的二十届三中全会精神专题研讨班开班式上强调,要顺应时代发展新趋势、实践发展新要求、人民群众新期待,突出经济体制改革这个重点,全面协调推进各方面改革,大力推进理论创新、实践创新、制度创新、文化创新以及其他各方面创新,为中国式现代化提供强大动力和制度保障。制度的主要功能在于明晰产权、减少风险、降低交易成本以及减少外部不经济,从而提高资源配置效率,促进经济发展。面临诸多制度障碍,唯有破立并举,先立后破,通过制度调整、优化和创新,以适应新时代转变经济发展方式和经济高质量发展的需要,推进中国式现代化建设。

当前我国在经济发展方式转变和经济高质量发展目标改革上已经形成共识,自上而下制度改革的决心前所未有,意识形态的共识减少了制度变迁的障碍。国家是制度这种公共品的供给者,我国大多数制度供给是通过强制性变迁自上而下形成并以渐进的方式推进,这一方面既是长期以来我国的政治体制决定且被证明是成功的,另一方面也是我国人口众多、各地经济和社会发展水平差异较大等客观环境所决定的。本部分基于前文的理论分析、经验提炼和实证分析现状和问题,认为需要从以下几个方面在制度供给上进行优化。

第一节　坚持以现代国家治理体系为中心的制度性文化建设

　　国家治理体系是一整套紧密相连、相互协调的国家制度,包括政治、经济、社会、文化、生态文明等方面所采取的体系性制度和管理方式,它具有很强的民族性、地域性、历史性和文化性,是展示国家核心竞争力的重要指标。现代国家治理体系具有制度化、民主化、法制化和协调化特点,围绕现代国家治理体系建设,在这些体系性制度建设中凝练并体现中华优秀传统文化及其价值观,以法律制度的硬约束保障文化软实力作用的发挥,即是本书倡导的制度性文化建设。

　　文化影响制度,制度体现文化。制度是定国安邦之根本。人的行为受观念的支配,任何制度都是对特定观念的表达。因此,只有基于观念共识的制度变革,才可能激活制度的力量;缺乏观念根基的制度,终究是无源之水,缺乏凝聚力。那么,观念从何而来？主要来自文化、经验和理性。

　　随着经济、社会的发展,以及我国进一步开放和更广泛地参与到国际市场和国际竞争中,社会主义市场经济相关的法律和制度逐步建立,同时随着全社会教育水平的提高,人们的制度观念和意识逐步增强。各地经济发展的成果也表明,越遵守经济制度越发展,越规范越发展。

　　推进国家治理体系和治理能力现代化,要大力培育和弘扬社会主义核心价值观。社会主义核心价值观包括社会主义荣辱观,它把与社会主义市场经济体制相适应、与社会主义法律规范相协调、与中华民族传统美德相承接的社会主义思想道德观念有机融合在一起,鲜明地指出了什么是真善美、什么是假恶丑,以何为荣、以何为耻,为人们在社会主义市场经济条件下判断行为得失、作出道德选择、确定价值取向,提供了基本规范。

　　社会主义核心价值观解决的是社会价值观导向和方向问题,而市场经济更是法治经济,需要一系列的法律制度保障相关制度的实施。以东部地区为例,东部市场经济起步早,人们的市场意识和制度规范相对较强,营商环境也处在国内前列,根据樊纲和王小鲁历年来(2008年以来)对全国各地市场化进程的研究和国内营商环境(杨涛2015,黄育容2015,梁启东2017,彭向刚2018和李志军2019)的研究,多年来,深圳、上海、北京、宁波、青岛等市场化程度排在全国前列,其营商环境也名列前茅。营商环境是制度集合体这样一种特殊的公共产品,影响营商环境最重要的因素是法治,是制度环境——"法治是最好的营商环境"。根据李志军(2019)年的研究,东部地区城市营商环境明显高于中部、西部以及东北地区。例如,2018年前100强的东部城市有55个,占55%;而中、西部以及东北地区分别有20个、20个、5个,分别占各地区城市的20%、20%、5%[①]。

因此,倡导社会主义核心价值观,传承中华优秀传统文化并回归公序良俗,加强包含这些文化理念的法律制度建设,将社会主义核心价值观和制度性文化建设结合起来,践行遵纪守法的民主与法制;同时,加强和保障法律制度的实施,在全社会形成敬畏规则、遵守制度的共识和氛围。

第二节　有效市场和有为政府相结合的原则

现代市场经济中,市场和政府都起重要作用。社会主义市场经济制度本质上也是市场经济制度:"发挥市场在资源配置中的决定性作用,更好地发挥政府的作用",市场机制和政府客观调控在现代市场经济中的作用是互补的,政府与市场的关系是动态的。研究政府和市场关系以及边界的文献很多,但现实世界没有泾渭分明或黑白分明的"市场"和"政府"分界,只有利益关系环环相扣的各种组合,几乎所有的重要现象,都是这两种组织和资源互动的结果[②]。我国的经济改革脱胎于计划经济,对政府与市场关系的认识鲜明地反

[①] 李志军、张世国、李逸飞、单珊:《中国城市营商环境评价及有关建议》,《江苏社会科学》2019年第2期,第30—43页。

[②] 兰小欢:《置身事内:中国政府与经济发展》,上海人民出版社2021年版,第146页。

映了我国市场经济改革的进程,从计划和市场相结合(1987)到市场在资源配置中的基础性作用(1992)上升到决定性作用(2015),同时,政府这只"手"勇于弥补市场失灵,更好地发挥政府的作用,构建高水平社会主义市场经济体制(2022),即是要"发挥市场在资源配置中的决定性作用,更好地发挥政府的作用"。2024年7月,党的二十届三中全会《中共中央关于进一步全面深化改革、推进中国式现代化的决定》①(以下简称《决定》)中提出,聚焦构建高水平社会主义市场经济体制。坚持和完善社会主义基本经济制度,毫不动摇巩固和发展公有制经济,毫不动摇鼓励、支持、引导非公有制经济发展,充分发挥市场在资源配置中的决定性作用,更好发挥政府作用。

社会主义市场经济制度本质上是市场经济制度,习近平总书记指出,在市场作用和政府作用的问题上,要讲辩证法、两点论,"看不见的手"和"看得见的手"都要用好,努力形成市场作用和政府作用有机统一、相互补充、相互协调、相互促进的格局,推动经济社会持续健康发展。

一、发挥市场在资源配置中的决定性作用

转变经济发展方式首先要确立和完善市场在资源配置中所起的决定性作用,即核心作用,决定性作用就是凡是市场能配置的资源都要让市场去配置,凡是企业能干的事情企业都可以干,通过更加公平、更有活力的市场环境,实现资源配置效率最优化和效益最大化。

首先,明确并平等对待各市场主体地位,企业是市场经济的主要参与者,如何在遵循市场经济规则的前提下实现企业利润最大化,优化资源配置,是企业的使命和责任。为此,无论是公有制经济还是其他类别的所有制经济都应该享有平等的法律地位。

其次,实施开放透明的市场准入制度,加快企业现代化制度改革,促进形成多元竞争的市场格局和公平竞争制度。要破除人为障碍,除了一些关系国

---

① 《习近平著作选读》第一卷,人民出版社2023年版,第24页。

第五章 加快我国经济发展方式转变的制度优化路径

家机密或国家安全的公众服务类行业,国有资本可在一些竞争性行业择机收缩或逐步退出;同时还可以进一步进行混合所有制改革,引入民间资本,打破行政垄断,以平等的经济主体地位参与市场竞争,并提高服务水平和经营效率。在国有企业内部,进一步打破国有企业产权单一的属性,进行现代化企业制度改革,去除国企特殊身份的标签,相对平等地参与市场竞争,能极大地增加活力,提高效率;同时也有利于民营经济平等地参与市场竞争。

再次,建立公开透明的市场规则,完善市场体系和机制。市场体系和机制对我国市场经济的发展具有重要的牵引作用。市场主体按照市场规则进行有序的互动,能极大地提高市场运营效率。因此,一方面我们要推动政府审批制度进一步改革,减少审批流程,提高审批效率,给市场更大的发挥空间。另一方面,我们还需要完善市场监管,对地方保护主义、市场分割、不正当市场竞争等行为进行严厉打击。同时还要营造宽松、便捷的营商环境,减少行政审批流程,推行工商注册便利化,如实行注册资本认缴制,先照后证等。

此外,减少行政干预,发挥价格机制的作用。有效的价格机制是市场经济维持正常运转的核心,在市场经济的运行中发挥着多重作用。一方面价格以自身变动传递商品信息,提高经济决策效率,另一方面通过价格涨落影响供求关系,引导生产和消费,引导生产要素由低效率部门转向高效率部门,从而实现资源的合理配置。一旦价格失灵,未能准确反映市场供需关系和要素的稀缺程度,则无法有效发挥价格杠杆的作用,导致资源的低效配置。进行价格机制改革,建立合理、公开、透明的价格机制,是发挥市场机制作用的核心。

处理好效率和公平、活力和秩序、发展和安全的关系。既要以改革提效率,又要以改革护公平;既要以改革增活力,又要以改革稳秩序;既要以改革促发展,又要以改革强安全。

二、更好地发挥政府的作用

我国渐进式的改革过程通常被形容为"摸着石头过河",这在一定程度上反映了中国改革过程的特征为即政府主导下的探索式改革,这为我国在一穷二白的状况下,迅速恢复生产和生活奠定了坚强的后盾,为我国尽快结束短缺经济提供了坚实的制度保障,这既是中国特色社会主义的制度优势,又是中国的现实情况所做的最优选择并被中国的发展证明的。

传统上认为政府控制和市场机制是解决资源配置问题的替代机制。当市场无力给出一个有效率的解决办法时,就可能采用政府干预来解决。在这一方面,新古典正统理论(亲善市场论)与国家推动发展论之间并无根本性差异。差异仅在于对市场失灵和政府成功干预的能力大小、看法程度上有所不同。新古典正统理论认为政府干预应仅局限于,并保证仅局限于一个狭小的范围,即,当市场缺失时(如污染问题),或当扩散性外部效应的确存在时(如对教育的投资)。国家推动发展论认为,市场失灵较为普通,由于资本市场欠发达,失灵甚至可能会延展至战略性产业的重大投资决策领域。两种论点之间很难明确划出一道分界线。关于政府的作用,即使在研究"东亚奇迹"中政府的作用时,也存在两种截然不同的对立观点:一种观点是国家推动发展论,另一种是亲善市场论。前者认为东亚经济的成功要归因于强政府克服了市场机制的失灵,后一种观点则断言"东亚奇迹"的出现恰恰是政府不干预市场机制;但这两种观点都认为政府和市场是可选择的、相互替代的资源配置机制,都认为政府指导可以弥补市场失灵。

有为政府与有效市场的结合是发挥我国社会主义制度优越性和市场机制作用的现实选择,一方面增加市场活力,另一方面发挥政策优势,释放制度红利。政府宏观调控首先要尽可能减少不必要的行政手段直接干预,而更多地采用经济手段和法律手段对市场行为进行间接调控,发挥市场机制作用,要做好政府配套的支持和服务,如建立健全社会信用制度。其次,加强对市场主体和市场活动的监管,营造公平有序的竞争环境。最后,还要因地制宜,做好发展规划,充分发挥产业政策的约束和引导作用,避免盲目投资、重复建设、无序竞争等低效率的市场行为。

当前,政府调控应始终围绕经济转型和高质量发展目标打造公平竞争的制度环境,为促进经济、社会、民生和可持续发展创造良好的制度环境;同时,要加强制度的实施,提高制度的执行力和信息的透明与公开。

第三节 坚持社会主义基本经济制度,完善产权制度

党的二十届三中全会《决定》突出了经济体制改革重点,指出:聚焦高水平的社会主义市场经济体制,坚持和落实"两个毫不动摇"。毫不动摇巩固和发展公有制经济,毫不动摇鼓励、支持、引导非公有制经济发展,保证各种所有制经济依法平等使用生产要素、公平参与市场竞争、同等受到法律保护,促进各种所有制经济优势互补、共同发展。同时要完善市场经济基础制度,完善产权制度,依法平等长久保护各种所有制经济产权,建立高效的知识产权综合管理体制。完善市场信息披露制度,构建商业秘密保护制度。对侵犯各种所有制经济产权和合法利益的行为实行同责同罪同罚,完善惩罚性赔偿制度。加强产权执法司法保护,防止和纠正利用行政、刑事手段干预经济纠纷,健全依法甄别纠正涉企冤错案件机制。

首先,毫不动摇巩固和发展公有制经济,这是社会主义制度的经济基础。国有企业作为公有制经济的重要组成部分,要通过深化改革,如优化国有经济布局和结构调整,将国有资本更多地投向关系国家安全、国民经济命脉的重要行业和关键领域,例如在能源、通信、交通等领域发挥主导作用。同时要推动国有企业做强做优做大,增强核心功能、提升核心竞争力。毫不动摇鼓励、支持、引导非公有制经济发展。非公有制经济是社会主义市场经济的重要组成部分,要依法保护民营企业产权和企业家权益。例如,为民营企业创造公平竞争的市场环境,在市场准入、获取资源等方面提供平等机会,激发民营企业的活力和创造力,促进民营经济发展壮大。加强产权执法司法保护,防止和纠正

利用行政、刑事手段干预经济纠纷,促进民营经济发展壮大。①

其次,产权制度是社会主义市场经济的基石。清晰的产权界定能够保障各类市场主体的财产权益,促进资源的有效配置。产权制度是激励制度的基础和核心,所谓"有恒产者有恒心"。转变经济发展方式,需要充分激发市场主体的活力,这有赖于激励制度的完善和优化,发挥利益杠杆的撬动作用,推动市场主体自觉、自主地进行技术创新和改善管理,实现自身经济效益和资源配置效率最大化,从而内生地推动经济发展方式的转变。

产权制度是激励制度的基础和核心,所谓"有恒产者有恒心"。习近平总书记在党的二十大报告中指出,"完善产权保护、市场准入、公平竞争、社会信用等市场经济基础制度"②。完善市场经济基础制度:依法有效保护各种所有制经济组织和公民财产权,实现平等市场准入、公平竞争,健全社会信用体系和监管制度,降低制度性交易成本,有效防范化解市场运行风险,为实现国民经济持续健康发展和社会有序运行提供重要制度保障。

深化国有企业改革及产权制度改革的主要内容有农村集体产权制度,国有企业产权制度和自然资源资产产权制度三个方面,具体如下:

第一,全面建设社会主义现代化国家,最艰巨最繁重的任务仍然在农村。我国全面推进农村集体产权制度改革是从 2016 年底《中共中央国务院关于稳步推进农村集体产权制度改革的意见》开始,计划分别用 3 年和 5 年共 8 年时间,从全面清产核资到将经营性资产以股份或份额形式量化到集体成员,推进经营性资产股份合作制改革;党的十九大报告提出"深化农村集体产权制度改革,保障农民财产权益,壮大集体经济";而党的二十大提出构建归属清晰、权能完整、流转顺畅、保护严格的农村集体产权制度目标。农村集体产权制度改革的落脚点在经营性资产、非经营性资产以及资源性资产上。就经营性资

---

① 中共中央关于进一步全面深化改革 推进中国式现代化的决定,[EB/OL].新华网[2024-07-21].https://www.moj.gov.cn/pub/sfbgw/zwgkztzl/2024nzt202400102/xxgcddesjszqhjs/xxgcddesjszqhjs_yaowen/202409/t20240902_504997.html。

② 《习近平著作选读》第一卷,人民出版社 2023 年版,第 24 页。

产(如用于经营的房屋、建筑物、农业基础设施,集体所有的企业及其直接间接持有的各种资产份额及无形资产等)而言,改革的核心在于把产权明确到具体的集体成员而不是少数拥有支配和管理权的人。可以通过股份或份额的形式把这类资产进行量化和分割,确权到人,确权到户,同时还可以开拓多种入股形式,加强运行监管,完善集体收益分配机制。就非经营性资产(如乡村的学校、图书馆、各类公共服务设施等)而言,改革的核心在于统一管理。在清产核资的基础之上,探索和建立集体统一运行、服务和维护的机制,更好地为组织成员提供社会公共服务。资源型资产(如集体所有的土地、森林、河流、草原等)改革的核心在于明晰和划分产权具体归属。在遵循法律法规的前提下,建立和完善产权登记制度,明确资源型资产的总量和种类并进行确权登记等工作。其中农村土地制度改革是重中之重,深化农村土地制度改革,要赋予农民更加充分的财产权益;保障进城落户农民合法土地权益,鼓励依法自愿有偿转让。为此,一方面地方政府要转变职能,从土地交易中退出,充当服务者、监管者和仲裁者,做好土地规划的制定和执行,另一方面,加快约束地方政府行为失范和维护农民土地权益方面的立法。

第二,国有企业产权改革的关键在于建立现代企业制度,完善公司治理结构。通过明晰产权和明确产权主体,增强国有企业活力,对所有者和实际管理者形成内在的约束,同时也避免其他非所有者和管理者对资产的干预,提高国有企业经济效益。国企改革是一个"摸着石头过河"的"试错"过程,基本上可划分为改革的初步探索、制度创新以及纵深推进三个阶段。截至2021年底,中国国有企业公司制改革基本完成,中央党政机关和直属事业单位所管理企业中公司制企业占比97.7%,地方国有企业中公司制企业占比99.9%,实现了历史性突破。但真正的市场主体不仅仅是经营形式上的独立,因此,建立产权明晰的现代企业制度核心要义必须确立企业的法人地位,保护企业独立享有法人财产权。由此进行国有企业产权制度改革的主旨在于重构国有资产所有者和经营者的契约关系,将国有产权分解为出资者所有权和企业法人财产权,国家作为所有者借助于资产委托代理的方式将国有产权纳入国有企业,企业作为具体的经营和管理者,通过法人财产制度树立市场竞争的主体地位。同时,加快资本市场建设,企业产权边界的确定、股东作用的发挥、对经理阶层的监督、经营业绩的评价等依赖于资本市场发挥作用。

第三,厘清自然资源产权归属问题,有助于改善生态环境的治理水平,推动生态文明建设。自然资源是普惠性的非竞争性的公共物品,所有者不到位、使用权界定模糊等原因极容易造成"公共用地悲剧",从而造成资源的低效配置和浪费式使用。因此,改革的主要任务,第一在于建立和完善自然资源的产权体系,推动自然资源所有权和使用权的分离,比如农村土地所有权、承包权和经营权的"分而治之",比如矿产的所有权,探矿、采矿权的有效衔接等;第二要坚持市场配置,确保市场在资源配置中的决定性地位,同时也要加强市场监管,完善公共服务,综合运用政府行政和市场配置资源的双重合力,提高生态环境的治理水平;第三还需要进行机构改革和制度改革,过去由于自然资源资产产权不明晰,存在部门交叉管理的现象,新一轮的机构改革的重心应立足于组建综合性的部门,统一行使所有者的权责,进行统一管理,以减少或避免相互推诿,规划重叠等现象。此外,制度改革的另一个抓手在于推进自然资源的确权登记,首先要加强监测和登记,摸清家底,其次对现存自然资源统一进行确权登记,只有建立产权明晰、权责分明、自由流转、有效监管的自然资源产权制度体系,才能为完善生态文明建设体系,保障国家资源安全,建设美丽中国,实现人与自然和谐共生提供有力的制度保障。

第四节 加快财税制度改革、完善政府调控机制

政府是转变经济发展方式的主导者和引领者,作为宏观调控手段的财税政策制度改革显得尤为重要,不仅有助于协调好中央和地方、政府和企业之间的相互关系,同时有利于提高政府执政能力和管理水平。加快财税制度改革,以适应转变经济发展方式的需要,是需要统筹考虑、全面部署的重大战略。

2024年10月党的二十届三中全会《决定》在健全宏观经济治理体系中也

指出要深化财税体制改革:强调预算制度中"完善国有资本经营预算和绩效评价制度,强化国家重大战略任务和基本民生财力保障";同时要"健全有利于高质量发展、社会公平、市场统一的税收制度,优化税制结构";"健全直接税体系,完善综合和分类相结合的个人所得税制度,规范经营所得、资本所得、财产所得税收政策,实行劳动性所得统一征税。"在处理中央和地方财政关系上,要"建立权责清晰、财力协调、区域均衡的中央和地方财政关系"和"适当加强中央事权、提高中央财政支出比例"。

从转变经济发展方式的角度,重点内容有三个方面:

一、立足提高居民收入,扩大内需的财税制度安排

随着经济内循环战略方针的提出,扩大内需的核心战略地位日益凸显。根据经济学原理,收入水平决定消费水平,而社会总体消费需求还与收入分配平等程度相关,高收入群体比例小,消费弹性低,因此收入差距越大,越不利于社会总体消费的提高。只有运用财税手段进行再分配调节,缩小收入差距,提高居民整体收入水平,才能减少需求弹性,扩大内需。

二、完善节能减排,保护生态环境的财税制度安排

为适应经济可持续发展的需要,有效遏制破坏生态环境和自然资源的行为,需要在财税体制和机制上做出必要的调整和优化。

有效的财政激励政策,主要可以从以下几个方面着力:1.资金补贴政策。各级政府安排资金预算,采用直接补贴,鼓励性奖励等多重方式,支持重点节能减排项目的发展。2.融资贷款政策。对节能减排企业、废弃物处理回收与再利用企业给予绿色融资渠道,根据情况适度予以信贷优惠。3.政府采购政策。为了对企业生产绿色、节能、环保产品产生良好的导向作用,政府要充当消费者和体验者,积极采购有环保和节能标志的产品,纳入政府采购清单范围,在消费方面发挥导向作用。

三、加快地方税制度改革的步伐

其一,需要高屋建瓴,制定地方税制改革的战略方针,明确发展规划,确定总体目标,在此基础上构建改革的整体框架,并制订具体的分目标实施计划。其二,应完善税收制度的整体设计,不合时宜的税种应逐步取消,性质相近或者交叉,存在重复的税种应该精简和合并。

城乡方面,税种的设置应该"一视同仁"。从类别上来看,税种应包括财产税、所得税、劳务税等;从区域税种设置来看,可包括消费税、个人所得税、资源税等主体税种。在税收制度的构成要件中,要统筹考虑,各税种相对应的纳税主体、征税范围、税率、减免的条件及金额等减税规定、征收方式等,都应该经过科学、翔实的评估和制定。是否充足、合理,减税的流程是否规范、有序等。

第五节　深化收入分配制度改革,提高城镇化水平

本书第四章在测算我国经济发展方式转变时,其中收入差距是影响转变的重要因素之一,只有提高广大中低收入群体的收入水平,才能真正扩大内需,实现国内大循环。收入差距主要包括城市居民之间的收入差距和城乡居民之间的收入差距。从两个方面解决:

一、深化收入分配制度改革

收入分配制度是根本性的激励制度,改革开放以来我国收入分配制度日臻完善,然而仍存在一些急需解决的问题,如城乡收入差距仍然较大,低收入人口基数大等。完善收入分配制度,调动多方的工作积极性,不仅是转变经济发展方式的必然要求,更是实行社会公平正义的现实需要。正如党的二十届三中全会《决定》指出:完善收入分配制度。构建初次分配、再分配、第三次分配协调配套的制度体系。提高居民收入在国民收入分配中的比重,提高劳动

报酬在初次分配中的比重。完善劳动者工资决定、合理增长、支付保障机制,健全按要素分配政策制度。完善税收、社会保障、转移支付等再分配调节机制。支持发展公益慈善事业。收入分配制度的改革是一项系统而庞杂的工程,需要根据国情,在制定总体方略的基础上有序推进。

首先,加强收入分配制度改革的总体部署,需明确重点群体,出台带动重点群体增收的实施办法,各部门通力合作,推动重点领域改革,出台和实施配套制度和文件。

其次,建立和健全初次分配机制,如出台深化收入分配制度改革实施意见,逐年提高国有资本收益上缴比例等,完善最低工资标准调整机制,推进国企分配制度改革。对科研人员、企业家、技能工作者、新型农民和新生代农民工等特殊群体或者重点群体可以适度倾斜,如建立和完善职业技能等级与职称评定职业技能人才认定制度,给予创业领军和技术核心人员更多的决策和人财物支配权,完善经营管理人员的股权激励管理办法等。

再次,完善再分配调节机制。包括进一步深化增值税改革,实施结构性减税政策,建立和完善养老保险基金由中央调节机制,促进基本养老保险制度全覆盖,逐步完成城镇居民基本医疗保险和新农合系统的集成,健全经济困难家庭基本住房保障机制,开展廉租住房与公租房相结合试点,开展农民工住房保障专项行动。特别是要增加广大农民的收入,缩小城乡差距。建立和完善收入最低标准动态调整机制,提高农民收入,积极培育新型农业生产经营主体,促进三个产业的发展融合,提高农村家庭经营性收入和财产性收入;积极推进农村产权制度改革,实行承包权、经营权、所有权分业经营,提高土地流转效率,有条件的地区实现工业化、规模化经营;积极探索农民工回乡就业创业,做好专项培训工作;加大农业补贴,加快推进现代农业的发展。

此外,还应该规范和完善收入分配秩序。完善和深化非税收收入的追缴和收缴制度,严厉打击和取缔非法收入,加强支付和收入监管监测体系,为银行卡支付市场营造良好的环境。

最后,完善社会公共服务体系,建立基本公共服务综合评价指标体系。在教育公平方面,为农村和边远贫困地区培养合格的幼儿园教师,加快贫困地区教育薄弱学校改造等。促进就业,做好高校毕业生就业、化解过剩产能职工等重点群体就业工作。在数据监测方面,加强中等收入群体、技术人员、新型职业农民等重点人群的收入监测。研究建立收入分配政策综合评价体系。对中央和省级政府部门信息资源进行汇总统计,启动个人收入和财产信息系统建设。

二、提高城镇化水平

根据第四章分析,我国城乡居民收入有较大差距,城镇居民收入几乎是农村收入的 2 倍,甚至有差距进一步扩大的趋势。除了深入收入分配制度改革,城镇化是缩小城乡收入差距的重要途径。

城镇化是随着一个国家或地区社会生产力的发展、科学技术的进步以及产业结构的调整,其社会由以农业为主的传统乡村型社会向以工业(第二产业)和服务业(第三产业)等非农产业为主的现代城市型社会逐渐转变的历史过程,因而城镇化就是经济发展的一个内在机制和必然现象。我国的改革始于农村,我国的工业化发展受惠于农业,我国 14 亿多人口中有 9 亿多在农村[①],农村和农民问题是改革中无法回避的问题。"三农"问题,从根本上涉及经济发展方式转变,涉及国内国际双循环新格局的实现,因为农村人口是巨大的消费市场的基础,其中最为密切的问题体现在城镇化的质量,而城镇化质量取决于大量从农村转入城市人口的工作、生活以及子女教育等问题。

县城在我国经济社会发展中的地位十分重要,将农民工市民化与推进以人为核心的新型城镇化建设结合起来,能释放巨大内需潜力,对做好"六稳"工作、落实"六保"任务、稳住经济基本盘具有重要意义。推进以人为核心的新型城镇化建设,应当通过深化户籍制度等关键领域的改革,推动以基本公共

---

① 根据国家统计局 2017 年资料,按户籍制度我国有 9 亿农民;根据城镇化率,我国乡村常住人口约 5.8 亿(农民);按照从事农业这一标准看,乡村就业人口约 3.5 亿(农民)。

服务均等化为中心内容的农民工市民化。一方面,要着力提高户籍人口城镇化率,通过户籍制度改革实现农民工市民化,这是推进基本公共服务均等化的最有效手段和最终体现;另一方面,要推进城乡基本公共服务均等化,继续把新增公共资源向农村倾斜,提高农村居民享受基本公共服务的水平,让进城农民工及其家庭真正融入城市,享受同等的社会保障、义务教育、保障性住房等基本公共服务。

第六节　完善环境保护法律法规,规范市场主体行为

中国式现代化是人与自然和谐共生的现代化。必须完善生态文明制度体系,协同推进降碳、减污、扩绿、增长,积极应对气候变化,加快完善落实绿水青山就是金山银山理念的体制机制。正确处理好经济增长与资源环境保护的关系是转变经济发展方式的重要一环,这就需要进一步完善现行法律法规,将环境污染的外部成本和收益内部化,形成良性的制约和引导机制,以规范市场主体行为,自觉、自发并最大限度地降低经济活动对生态环境的干扰和破坏。

我国现行的《环境保护法》制定于1989年,由于制定的时间较早,再加上保留了部分计划经济的思想,导致其内在的缺陷和不足日渐显现,如对自然资源的保护注重不够,偏重于污染防治;法律责任划定不明晰,导致实际工作中出现"政出多门、职责不明"的现象,特别是对环保行政部门不作为的追责问题缺乏法理上的明示;整体惩罚偏软,导致违法成本低,屡禁不止;公众的环境权益保护缺失,公众的环境决策权、知情权和监督权难以得到保障。

针对这些现象,对完善我国环境保护相关法律制度上提出以下建议:

一、完善法律体系建设

第一,生态可持续发展的国家战略应该以法律形式予以明确,从制度安排上将其上升到国家意志。第二,加强对环保违法行为的处罚力度,对重大环境污染和资源破坏事件的责任人应当考虑量刑。第三,完善环境责任归属制度,

明确责任主体,确立环境法律责任社会性和公益性的标准。第四,设立环保激励条款,如对符合循环经济发展理念,生产清洁型产品的企业在税收、信贷等方面给予优待,对企业进行绿色环保企业资格认定审核,达标的企业可获得荣誉证书等,提高企业进行绿色生产转型的积极性,将保护环境的政府行政驱动行为,转变为法律约束下的市场行为。

二、改进执法和司法

首先,污染防治要将行政责任与刑事责任相融合,明确处罚标准,如对造成生态破坏且不及时修复的,按面积进行罚款,对直接责任人按情节量刑等。其次,建立和疏通非直接利益关系人可提起公益诉讼的机制和渠道,可以从放开原告的起诉资格、降低诉讼成本并给予适当奖励,培育民间组织力量,拓宽公众参与渠道等方面着手。再次,加强执法的监督和管理,建立全面、可行的指标体系和监管机制。如建立能源消耗审核制度,重点关注重大投资项目的环境可行性评估,推行绿色产品认证和标识体系等。最后,明晰职能机构的环保职责,强化环境行政执法机关地位,由环境行政机关统一负责相关事宜,避免部门间的内容交叉和混乱,同时提高环境执法机关的地位和影响力,赋予其相应权限。

三、赋予和保障社会组织与广大公民参与和监督环境保护的广泛权利

首先需要在立法上对公众参与环境保护的法律法规进行完善,尤其是从宪法开始,从根本上确定公民的环保参与权,其次要积极培育民间环保组织,及时地满足公众的环保诉求,同时积极监管政府行政职能的行使,接着要健全环境公益诉讼制度,民间组织、社会个人、企业法人即便是非利益相关者也可以作为诉讼主体,同时还需采用奖励或免除诉讼费用等行使降低诉讼成本,提高公民参与环保维权的积极性。最后加强宣传教育,从整体上提高我国公民的环保意识和参与环保建设的积极性,如在学校开设环保教育课程,组织环保

夏令营活动,鼓励非营利性环保机构的设置,培养环保人才等。

第七节 推动行政制度改革,完善制度实施机制

法治是中国式现代化的重要保障。行政制度改革的核心在于构建服务型政府,强化制度的实施机制,为此要深入推进依法行政。推进政府机构、职能、权限、程序、责任法定化,促进政务服务标准化、规范化、便利化,完善覆盖全国的一体化在线政务服务平台。

一、推行简政放权,优化政府组织结构

改革开放初期,我国实行计划经济体制,国家在资源配置中占主导地位,虽有利于资源集中和人员动员,获得了短期的稳定发展,但是从长期来看,政府对企业干预太多,束缚了市场经济活力。简政放权,通过减少不必要的行政审批,处理好政府与市场的关系,将本应由市场和市场内参与主体主导的事项放权,减少政府对资源配置活动的干预,为市场经济主体松绑,激发经济主体的活力,从而实现经济又好又快增长。

在具体的操作中,简政放权可以从以下几个方面着手:1.精简政府职能,划清政府和市场的界限,合理界定政府的职能边界,实现部门自我"瘦身",例如可以取消束缚创新创业的部门行政许可,激发大众创业、万众创新的活力;推行"证照分离"改革,规范和重塑审批程序,精简办事环节,解决"多头管理、效率低下"等问题降低交易成本;整合公共服务部门卫生许可证和经营许可证,由一个部门统一授权、集中监管并承担相应的行政责任;取消下放一批行政许可事项,压缩审批时间,精简审批手续、证照等。2.加强部门整合优化,实行大部门体制,对职能存在交叉和重叠的机构进行归并和重组,实现部门的高效组织和有序运转。压缩职能弱化的部门的编制,对职能强化的部门编制进行合理调整,在总数上对行政编制实行控制。3.做好配套管理和服务,营造良好的营业环境,增强经济活力。疏通政府和企业的沟通渠道,构建"亲"和

"清"的新型政商关系,利用好工商联和各社会团体,发挥其中介和桥梁作用;构建部门联动、协调解决的创新机制,对民营企业发展中关心的问题和面临的困境给予及时的疏导和解决;强化政府服务意识,提高服务水平。

二、转变政府职能,建立服务型政府

行政管理体系是一个系统性工程,转变政府职能是其中至关重要的一个环节。政府职能转变,指的是一定时期内,国家行政机构对社会公共事务管理的权责、功能的发展和演化;转变的内容,涉及管理职权、权责的变化,角色定位的改变,管理方式、模式和手段的创新等。虽然在营商环境好的城市,服务型政府体现得较为充分,但大多数政府仍需加强服务意识和功能转换。

政府职能主要包括经济调节、市场监管、社会管理和公共服务等,政府职能的转变可从这几个方面进行:1.建立精简高效、廉洁务实的政府。为适应现代化的行政管理需精简政府机构,减轻财政负担,提高行政效率,避免"人员臃肿,人浮于事"。同时要搞好自身廉政建设,对权力进行有效的制约和监督,从制度和配套措施方面着手,建立公务人员廉洁行政的机制。疏通群众批评和建言的机制和渠道,接受社会各方面的监督。2.强化市场监督,建立和完善现代市场监管机制,规范市场秩序,维护公平竞争。一方面要加快相关法律法规建设,如积极完善和推行反垄断法,采取法律手段破除行政垄断,防止恶性竞争,维护消费者合法权益。另一方面,采取政治、经济等多重手段,严格执法,打击扰乱市场的行为,维护市场秩序。此外,在国家垄断性行业,如石油、电力行业,在实施政企分离改革的同时,要建立独立的监察委员会,将政府的决策权和监管职权相分离,以此形成对权力的有效监督和制约。3.继续完善和优化行政审批流程和制度,政府对经济活动干预过度,管得过细是影响我国投资环境和企业竞争力的一个阻碍,其中最为突出的就是不合理、非必要、低效能的项目审批制度。加快行政审批制度改革,一是要减少政府审批事项,缩小审批范围,二是要减少审批的缓解和审批的周期,尽量让企业少跑几趟。三是要明确审批标准,规范审批程序,做到公开透明。四是要明晰审批权责,建立和健全监管制度,对行政审批进行适当的监督。4.转变政府工作方式,提高工作效率。各级政府应当改进管理方式,依法行政,按照规则办事,在管理过程中尽量做到公开透明,同时也应加快政府管理信息化进程,提高行政效率,使得行政管理工作更方便、更准确、更便捷。5.加强公共服务,建立服务型政府。一是要树立以人的全面发展为依归的价值导向理念。各级政府要摆脱以经济增长为导向的思维范式,树立以人民为中心,以人的全面发展为归依的管理理念,加快建设让人民满意的服务型政府,最大限度地满足群众和企业发展的需要,尊重民意、保障民权,建立生活友好及经营友好型社会。第二,要强化政府的公共服务功能,树立公共服务意识,从维护社会公共利益的角度,充分考虑社会成员的生活和发展需要,为公众提供高质量的社会公共产品和服务。三是完善政府管理手段和行为方式。首先要坚持依法行政,规范政府行为,强化政府机构问责制度,树立负责任政府形象,提高政府公信力。其次要完善公共财政体系和公共服务体系。调整财政支出结构,加大对公益性和基本领域的投入,建立严格高效的财政支出管理制度,提高预算透明度,规范政府投资和收入管理。最后加快发展电子政务,重塑行政管理业务流程,完善各级政府和部门"政府大厅",推进"一站式服务",积极创造社会组织、企业和公民更加充分参与社会公共事务的各种条件。

参考文献

1. 马克思:《资本论》第2卷,人民出版社1975年版。
2. 马克思:《剩余价值理论》(第2册),人民出版社1975年版。
3. 《邓小平文选》第三卷,人民出版社1993年版。
4. 《邓小平文选》第二卷,人民出版社1994年版。
5. 《习近平关于社会主义生态文明建设论述摘编》,中央文献出版社2016年版。
6. 习近平:《决胜全面建成小康社会 夺取新时代中国特色社会主义伟大胜利——在中国共产党第十九次全国代表大会上的报告》,人民出版社2017年版。
7. 《习近平谈治国理政》第三卷,外文出版社2020年版。
8. 习近平:《在深入推动长江经济带发展座谈会上的讲话》,人民出版社2018年版。
9. [印]阿马蒂亚·森:《以自由看待发展》,任赜、于真译,刘民权、刘柳校,中国人民大学出版社2002年版。
10. [英]阿瑟·刘易斯:《经济增长理论》,郭金兴等译,机械工业出版社2015年版。
11. [美]巴里·诺顿:《中国经济转型与增长》,安佳译,上海人民出版社2016年版。
12. [美]杰拉尔德·M.梅尔、[美]詹姆斯·E.劳赫:《经济发展的前沿问题》,上海人民出版社2004年版。
13. [美]罗纳德·哈里·科斯、[美]阿曼·阿尔钦、[美]道格拉斯·C.诺思著,刘守英等译:《财产权利与制度变迁:产权学派新制度学派译文集》,生活·读书·新知三联书店1991年版。
14. [美]罗纳德·哈里·科斯、[美]阿曼·阿尔钦、[美]道格拉斯·C.诺思著,刘守英等译:《财产权利与制度变迁:产权学派与新制度学派译文集》,上海人民出版社

1994年版。

15. ［美］兰斯·戴维斯、［美］道格拉斯·C.诺思:《制度变迁与美国经济增长》,张志华译,格致出版社2018年版。

16. ［美］保罗·萨缪尔森等:《经济学》(第12版),中国发展出版社1996年版。

17. ［美］道格拉斯·C.诺思、罗伯特·托马斯:《西方世界的兴起——新经济史》,厉以平、蔡磊译,华夏出版社1989年版。

18. ［美］道格拉斯·C.诺思:《经济史中的结构与变迁》,陈郁、罗华平等译,生活·读书·新知三联书店1991年版。

19. ［美］道格拉斯·C.诺思:《制度、制度变迁与经济绩效(1990)》,刘守英译,上海三联出版社1994年版。

20. 鲍金红:《美国宏观调控演进及启示》,科学出版社2015年版。

21. 董辅礽:《纵论中国经济》,上海交通大学出版社2005年版。

22. 高德步:《英国的工业革命与工业化:制度变迁与劳动力转移》,中国人民大学出版社2006年版。

23. 顾海良:《中国特色社会主义理论体系研究》,武汉大学出版社2008年版。

24. 顾海良、王立胜:《开拓当代中国马克思主义政治经济学新境界》,济南出版社2017年版。

25. 顾海良、王天义:《读懂中国发展的政治经济学》,中国人民大学出版社2017年版。

26. 顾介康:《改革开放30年:江苏经济发展的道路与特色研究》,南京大学出版社2009年版。

27. 黄泰岩、杨万东:《中国经济改革与发展研究院研究报告》,经济科学出版社2002。

28. 简新华:《中国经济结构调整和发展方式转变》,山东人民出版社2009年版。

29. 简新华:《中国经济改革探索》,武汉大学出版社2007年版。

30. 兰小欢:《置身事内:中国政府与经济发展》,上海人民出版社2021年版。

31. 厉以宁:《中国经济双重转型之路》,中国人民大学出版社2013年版。

32. 李变花:《中国经济增长质量研究》,中国财政经济出版社2008年版。

33. 林重庚、迈克尔·斯宾塞:《中国经济中长期发展和转型——国际视角的思考与建议中英文精华版》,中信出版社2011年版。

34. 刘国光:《中国经济发展战略问题研究》,上海人民出版社1984年版。

35. 陆寒寅:《制度变迁与长期经济发展:英国工业革命前后的实录》,载于华民等:《制度变迁与长期经济发展》,复旦大学出版社 2006 年版。

36. 陆立军、王祖强、杨志文:《义乌模式》,人民出版社 2008 年版。

37. 卢现祥:《西方现代新制度经济学》,中国发展出版社 2003 年版。

38. 鲁晓东:《广东对外开放四十年》,中国社会科学出版社 2018 年版。

39. [美]W.W.罗斯托,郭熙保、王松茂译:《经济成长的阶段》,中国社会科学出版社 2001 年版。

40. 马建堂、刘海泉:《中国国有企业改革的回顾与展望》,首都经贸大学出版社 2000 年版。

41. [美]马克·斯考森著,马春文等译:《现代经济学的历程——大思想家的生平和思想》,长春出版社 2006 年版。

42. 钱运春、郭琳琳:《浦东之路:创新发展二十年回顾与展望》,上海人民出版社 2010 年版。

43. [日]青木昌彦、[日]奥野正宽编著,魏加宁等译:《经济体制的比较制度分析》,中国发展出版社 1999 年版。

44. [美]青木昌彦等主编,张春霖等译:《政府在东亚经济发展中的作用:比较制度分析》,中国经济出版社 1998 年版。

45. 人民教育出版社历史室:《世界近代现代史》,人民教育出版社 2002 年第二版。

46. 上官鸿赟:《强素质提境界——党员干部必读的 100 部好书》,东方出版社 2016 年版。

47. 史秉强、马建国主编:《经济管理类大学生 60 部必读经典著作导读》,河北人民出版社 2014 年版。

48. 舒元:《中国经济增长分析》,复旦大学出版社 1993 年版。

49. 苏礼和:《脱贫攻坚:思想、实践与提升路径》,中国社会出版社 2018 年版。

50. 谭崇台主编:《发展经济学概论》,武汉大学出版社 2001 年版。

51. 滕泰、朱长征:《深度转型:大分化时代中国怎么办》,企业管理出版社 2022 年版。

52. 韦森:《难得糊涂的经济学家》,天津人民出版社 2002 年版。

53. 韦森:《斯密动力与布罗代尔钟罩——研究西方世界近代兴起和晚清帝国相对停滞之历史原因的一个可能的新视角》,载于华民等:《制度变迁与长期经济发展》,复旦大学出版社 2006 年版。

54. 吴敬琏:《中国增长模式氘择》,上海远东出版社2013年版。

55. 吴敬琏、马国川著:《中国经济改革二十讲》,生活·读书·新知三联书店2012年版。

56. [美]西蒙·史密斯·库兹涅茨:《现代经济增长》,戴睿、易诚译,北京经济学院出版社1989年版。

57. 谢宇等:《中国民生发展报告2014》,北京大学出版社2014年版。

58. 徐筑燕主编,鲁静芳、金莲副主编:《发展经济学》,清华大学出版社2012年版。

59. 袁志刚:《中国经济增长:制度、结构、福祉》,复旦大学出版社2006年版。

60. [英]约翰·希克斯:《经济史理论》,商务印书馆1987年版。

61. 张培刚、张建华等:《发展经济学》,北京大学出版社2009年版。

62. 张曙光、金祥荣:《中国制度变迁的案例研究 浙江卷 第5集》,中国财政经济出版社、浙江大学出版社2006年版。

63. 张曙光、王珺、李新春、丘海雄:《中国制度变迁的案例研究 广东卷 第六集》,中国财政经济出版社、中山大学出版社2008年版。

64. 郑永年、黄彦杰:《制内市场:中国国家主导型政治经济学》,邱道隆译,浙江人民出版社2021年版。

65. 郑永年:《全球化与中国国家转型》,浙江人民出版社2009年版。

66. 周弘、张浚:《走向人人享有保障的社会——当代中国社会保障的制度变迁》,中国社会科学出版社2015年版。

67. 周叔莲:《转变经济发展方式再认识》,经济管理出版社2016年版。

68. 周苏、王硕苹主编:《大数据时代管理信息系统》,中国铁道出版社2017年版。

69. [美]安守廉:《论法律程序在美国市场经济中的关键作用》,唐应茂等译,《中外法学》1998年第2期。

70. 白维军:《我国现代社会保障的理念、政策演变及启示》,《内蒙古社会科学(汉文版)》2019年第3期。

71. 白重恩、张琼:《中国生产率估计及其波动分解》,《世界经济》2015年第12期。

72. 鲍金红、郭广迪:《西方经济学者视角中科斯经济思想与马克思的关系》,《马克思主义研究》2015年第7期。

73. 钞小静、惠康:《中国经济增长质量的测度》,《数量经济技术经济研究》2009年第6期。

74. 钞小静:《马克思经济学与西方经济学发展观的比较》,《经济纵横》2012年第

2期。

75. 陈佳贵、黄群慧、钟宏武:《中国地区工业化进程的综合评价和特征分析》,《经济研究》2006年第6期。

76. 蔡昉:《中国如何通过经济改革兑现人口红利》,《经济学动态》2018年第6期。

77. 崔援民、武建奇:《从粗放到集约:经济增长方式的战略转变》,《社会科学论坛》1996年第2期。

78. 陈建军:《长江三角洲地区产业结构与空间结构的演变》,《浙江大学学报(人文科学版)》2007年第2期。

79. 蔡昉:《走出一条以人为核心的城镇化道路》,《中国人大》2017年第19期。

80. 陈征:《征收补偿制度与财产权社会义务调和制度》,《浙江社会科学》2019年第11期。

81. 程承坪、邹迪:《新中国70年扶贫历程、特色、意义与挑战》,《当代经济理论》2019年第9期。

82. 董辅礽:《国有企业的困境与出路》,《中国工商管理研究》1995年第7期。

83. 董小君:《日本经济转型的经验与借鉴意义》,《行政管理改革》2013年第11期。

84. 杜传忠、刘英华:《制度创新引领新一轮产业变革——国外制度创新促进产业变革的相关经验》,《中国中小企业》2017年第8期。

85. 樊纲、王小鲁、马光荣:《中国市场化进程对经济增长的贡献》,《经济研究》2011年第9期。

86. 范金、张润磊、陈敏、孟芊汝:《新旧常态下中国全要素生产率演化趋势的比较研究》,《工业技术经济》2019年第9期。

87. 范正根、周洪兵、刘章生:《国内经济增长质量研究热点及演化路径可视化分析》,《金融教育研究》2020年第5期。

88. 方福前:《关于转变经济发展方式的三个问题》,《经济理论与经济管理》2007年第11期。

89. 冯英杰、钟水映、赵家羚、朱爱孔:《市场化程度、资源错配与企业全要素生产率》,《西南民族大学学报(人文社科版)》2020年第5期。

90. 傅晓霞、吴利学:《制度变迁对中国经济增长贡献的实证分析》,《南开经济研究》2002第4期。

91. 干春晖、郑若谷、余典范:《中国产业结构变迁对经济增长和波动的影响》,《经济研究》2011 年第 5 期。

92. 高德步:《制度变迁理论:马克思与诺斯》,《经济学家》1996 年第 5 期。

93. 高世楫、王海芹、李维明:《改革开放 40 年生态文明体制改革历程与取向观察》,《改革》2018 年第 8 期。

94. 龚三乐、王胤奎:《新中国成立以来社会主义基本经济制度的结构性变迁》,《上海经济研究》2020 年第 9 期。

95. 郭庆旺、贾俊雪:《中国全要素生产率的估算:1979—2004》,《经济研究》2005 年第 6 期。

96. 何代欣、张枫炎:《中国减税降费的作用与关键环节》,《经济纵横》2019 年第 2 期。

97. 何平、陈丹丹、贾喜越:《产业结构优化研究》,《统计研究》2014 年第 7 期。

98. 洪银兴、陈宝敏:《苏南模式的新发展——兼与温州模式比较》,《改革》2001 年第 4 期。

99. 黄泰岩:《坚持基本经济制度推动科学发展》,《上海集体经济》2013 年第 2 期。

100. 黄啸天:《知识产权侵权惩罚性赔偿制度研究》,《法学研究》2020 年第 6 期。

101. 黄中伟、陈刚:《我国产业结构合理化理论研究综述》,《经济纵横》2003 第 3 期。

102. 简新华、李延东:《中国经济发展方式根本转变的目标模式、困难和途径》,《学术月刊》2010 年第 3 期。

103. 蒋省三、刘守英:《土地资本化与农村工业化——广东省佛山市南海经济发展调查》,《管理世界》2003 年第 11 期。

104. 焦继文、李冻菊:《再论产业结构合理化的评判标准》,《经济经纬》2004 年第 4 期。

105. 靖学青:《上海产业升级测度及评析》,《上海经济研究》2008 年第 6 期。

106. [美]克鲁格曼:《萧条经济学东山再起》,朱雅文译,《现代外国哲学社会科学文摘》1999 年第 4 期。

107. 林毅夫:《新结构经济学——重构发展经济学的框架》,《经济学(季刊)》2010 年第 10 期。

108. 李大元、王昶姚、海琳:《发达国家再工业化及对我国转变经济发展方式的启示》,《现代经济探讨》2011 年第 8 期。

109. 李实、赵人伟、张平:《中国经济转型与收入分配变动》,《经济研究》1998 年第

4期。

110. 李晓:《"东亚模式"理论反思——当代发展经济学的危机》,《经济研究参考》1997年第15期。

111. 联合国亚洲及太平洋经济社会委员会:《走向可持续发展未来:中国经济转型之路》,《黑龙江金融》2019年第7期。

112. 李玲玲、张耀辉:《我国经济发展方式转变测评指标体系构建及初步测评》,《中国工业经济》2011年第4期。

113. 李佳、汤毅:《贸易开放、FDI与全要素生产率》,《宏观经济研究》2019年第9期。

114. 李建标、曹利群:《"诺思第二悖论"及其破解——制度变迁中交易费用范式的反思》,《财经研究》2003年第10期。

115. 李剑力:《我国社会主义基本经济制度发展的多重逻辑》,《学习论坛》2020年第9期。

116. 李霞、李慧:《安徽小微企业税收优惠政策实施效率研究》,《安徽职业技术学院学报》2019年第2期。

117. 李禕、吴缚龙、黄贤金:《解析我国区域政策的演变:基于国家空间选择变化的视角》,《现代城市研究》2015年第2期。

118. 刘国光:《政府和市场关系的核心是资源配置问题》,《毛泽东邓小平理论研究》2015年第11期。

119. 刘国光:《关于政府和市场在资源配置中的作用》,《当代经济研究》2014年第3期。

120. 刘国光:《关于国富、民富和共同富裕问题的一些思考》,《经济研究》2011年第10期。

121. 刘国光:《关于社会主义初级阶段基本经济制度若干问题的思考》,《经济学动态》2011年第7期。

122. 刘国光:《促进消费需求提高消费率是扩大内需的必由之路》,《财贸经济》2002年第5期。

123. 刘国光:《21世纪初中国经济增长问题》,《中国社会科学》2000年第4期。

124. 刘江永:《日本市场经济的法制化》,《现代国际关系》1993年第9期。

125. 刘助仁:《韩国经济缘何迅速摆脱危机》,《当代韩国》2000年第1期。

126. 龙海明、姜辉、蒋鑫:《金融发展影响产业结构优化的空间效应研究》,《湖南大学学报(社会科学版)》2020年第2期。

127. 卢福财、罗瑞荣:《全球价值链分工对中国经济发展方式转变的影响与对策》,《江西财经大学学报》2010年第4期。

128. 伦蕊:《产业结构合理化的基本内涵与水平测评》,《特区经济》2005年第6期。

129. 吕明元、陈维宣:《中国产业结构升级对能源效率的影响研究——基于1978—2013年数据》,《资源科学》2016年第7期。

130. 吕明元、尤萌萌:《韩国产业结构变迁对经济增长方式转型的影响——基于能耗碳排放的实证分析》,《世界经济研究》2013年第7期。

131. 马伯钧:《消费结构优化是衡量产业结构优化的标准》,《消费经济》2003年第6期。

132. 马红祥、高春明:《陇东地区产业结构合理化高级化与经济增长研究》,《社科纵横》2020年第2期。

133. 马建堂:《专稿关于加快转变经济发展方式的几个问题》,《国家行政学院学报》2010年第3期。

134. 马茹、张静、王宏伟:《科技人才促进中国经济高质量发展了吗?——基于科技人才对全要素生产率增长效应的实证检验》,《经济与管理研究》2019年第5期。

135. 孟祥仲、袁春振:《从"转变经济增长方式"到"转变经济发展方式"——对"转变经济发展方式"新表述的研究》,《山东经济》2008年第3期。

136. 牟利成、张艳霞:《全球化背景下的金融危机与金融规制——从东南亚金融危机反思中国的金融改革》,《山东经济》2009年第2期。

137. 潘志:《韩国经济转型发展历程的阶段性分析》,《科技视界》:2015年第12期。

138. 刘畅:《拉美经济发展模式分析》,《银行家》2013年第6期。

139. 彭冲、李春风、李玉双:《产业结构变迁对经济波动的动态影响研究》,《产业经济研究》2013年第3期。

140. 任保平、李禹墨:《新时代我国高质量发展评判体系的构建及其转型路径》,《陕西师范大学学报(哲学社会科学版)》2018年第3期。

141. 沈鉴治:《从〈发展的先驱者〉检讨发展经济学》,《经济社会体制比较》1988年第1期。

142. 石风光:《技术效率、技术进步、资本深化与地区经济增长——基于随机前沿模型的分析》,《科技管理研究》2012年第22期。

143. 陶长琪、彭永樟:《经济集聚下技术创新强度对产业结构升级的空间效应分析》,《产业经济研究》2017年第3期。

144. 唐龙:《转变经济发展方式研究述评》,《经济纵横》2009年第3期。

145. 田发、谢凡:《小微企业税收优惠政策效应评估》,《北京邮电大学学报(社会科学版)》2018年第3期。

146. 田国强:《突破增长瓶颈尤需深层改革》,《中国经济报告》2017年第8期。

147. 王坤:《资源型地区经济发展方式转变的指标构建及测评》,《工业技术经济》2012年第6期。

148. 王林梅、邓玲:《我国产业结构优化升级的实证研究——以长江经济带为例》,《经济问题》2015年第5期。

149. 王林生、梅洪常:《产业结构合理化评价体系研究》,《工业技术经济》2011年第4期。

150. 王少剑、高爽、黄永源等:《基于超效率SBM模型的中国城市碳排放绩效时空演变格局及预测》,《地理学报》2020年第6期。

151. 王向明、董辅礽:《社会主义经济发展的高速度问题》,《经济研究》1981年第4期。

152. 王永桓、姚宁:《韩国应对亚洲金融危机的经验及启示》,《吉林金融研究》2016年第3期。

153. 韦红:《新加坡安度金融危机及其原因》,《东南亚研究》1999年第1期。

154. 卫兴华、侯为民:《中国经济增长方式的选择与转换途径》,《经济研究》2007年第7期。

155. 卫中旗:《我国经济高质量发展的背景、特征、动力与实现途径》,《当代经济》2019年第6期。

156. 吴传清、周西敏:《长江经济带产业结构合理化、高度化和高效化研究》,《区域经济评论》2020年第2期。

157. 吴今今、曾文胜:《台湾经济的转型与启示》,《广东科技》2013年第17期。

158. 徐仙英、张雪玲:《中国产业结构优化升级评价指标体系构建及测度》,《生产力研究》2016年第8期。

159. 颜鹏飞、王兵:《技术效率、技术进步与生产率增长:基于DEA的实证分析》,《经济研究》2004年第12期。

160. 杨刚强、季轶凡、王嵩等:《我国区域空气污染治理效率及其影响机制——基于超效率 SBM 模型和门槛回归模型》,《中国环境管理》2020 年第 1 期。

161. 杨辉:《发达国家消费者权益法律保护审视及启示》,《标准科学》2009 年第 3 期。

162. 袁航、朱承亮:《国家高新区推动了中国产业结构转型升级吗》,《中国工业经济》2018 年第 8 期。

163. 袁晓江主编:《深圳经济特区 40 年》,中国社会科学出版社 2020 年版。

164. 赵伟、马瑞永:《中国经济增长收敛性的再认识——基于增长收敛微观机制的分析》,《管理世界》2005 年第 11 期。

165. 张传红、李小云:《千年发展目标(MDGs)进展状况及研究评述》,《国际发展研究进展》2012 年第 2 期。

166. 张豪、张建华:《地区全要素生产率的增长动力与溢出效应——基于中国地市级面板数据的实证研究》,《技术经济》2016 年第 9 期。

167. 张军、章元:《对中国资本存量 K 的再估计》,《经济研究》2003 年第 7 期。

168. 张桐:《西方治理话语中的"发展中国家"概念:基于世界银行的考察》,《公共管理评论》2020 年第 1 期。

169. 赵兴、胡蒙:《深挖国企腐败带来哪些启示》,《中国纪检监察》2023 年第 20 期。

170. 郑功成:《中国社会保障 70 年发展(1949—2019):回顾与展望》,《中国人民大学学报》2019 年第 6 期。

171. 郑江淮、宋建、张玉昌、郑玉、姜青克:《我国经济增长新旧动能转换的进展评估》,《我国工业经济》2018 年第 9 期。

172. 邹升平、张林忆:《中国特色社会主义基本经济制度的形成及其基本经验》,《思想理论教育》2020 年第 8 期。

173. 周叔莲:《关于社会主义初级阶段基本经济制度的几个问题》,《特区实践与理论》1998 年第 6 期。

174. 周叔莲、刘戒骄:《如何认识和实现经济发展方式转变》,《理论前沿》2008 年第 6 期。

175. 中华人民共和国国务院新闻办公室:《中国的能源状况与政策白皮书》,2007 年第 12 期。

176. 朱以青:《论转型中的东亚国家政府的经济调控职能》,《山东大学学报(哲学社会科学版)》2002 第 6 期。

177. 左小蕾:《全要素生产率促中国经济发展》,《华人世界》2007 年第 6 期。

178. Friedrich Hayek, *Studies in Philosophy, Politics and Economics*. London: Routledge and Kegan Paul, 1967.

179. Levine R. *Finance and growth: theory and evidence*. Handbook of Economic Growth, 2005.

180. Michael Spence. *The Next Convergence: The Future of Economic Growth in a Multi-speed World*. New York: Farrar, Straus and Giroux, 2011.

181. Musgrave R A. *The Theory of Public Finance*. New York: McGraw-Hill Book Company, 1959.

182. North, D. *Institutions. Institutional Change and Economic Performance*. Cambridge University Press, 1990.

183. Roland. *Transition and Economics: Politics, Markets and Firms*. MIT press, 2000.

184. Ronald Coase and Ning Wang, *How China Became Capitalist*. New York: Palgrave Macmillan, 2012.

185. Yasheng Huang, *Capitalism with Chinese Characteristics: Entrepreneurship and the State*. New York: Cambridge University Press, 2008.

186. Acemoglu D. *Directed technical change*. Review of Economic Studies, 2010, 69(04): pp. 781-809.

187. Acemoglu D, Zilibotti F. *Productivity differences*. The Quarterly Journal of Economics, 2001, 116(02): pp. 563-606.

188. Aghion P J, Dewtripont M, DU L, et al. *Industrial policy and competition*. American Economic Journal: Macroeconomics, 2015, 7(04): pp. 1-32.

189. Alwyn Young. *Gold into the Base Metals: Productivity Growth in the Peop-le's Republic of China during the Reform Period*. Journal of Political Economy, 2003, 111(06): pp. 1220-1261.

190. Andrei A Levchenko. *Institutional Quality and International Trade*. The Review of Economic Studies, 2007. 74(03): pp. 791-819.

191. Ang J B. *A Survey of Recent Developments in the Literature of Finance and Growth*. Journal of Economic Surveys, 2008, 22(03).

192. Brandt L, Tombe T, Zhu X. *Factor market distortions across time, space and sectors in*

China.Review of Economic Dynamics,2013,16(01):pp. 39-58.

193. Brulhart M.and F.Sbergami.*Agglomeration and Growth*:*Cross-Country Evidence*. Journal of Urban Economics,2009(01):pp. 48-63.

194. Daron Acemoglu, Pol Antràs, Elhanan Helpman, *Contracts and Technology Adoption*.The American EconomicReview,2007,97(03):pp. 916-943.

195. Eggertsson G B, Krugman P. Debt, *Deleveraging, and the Liquidity Trap*：*A Fisher-Minsky-Koo Approach*.The Quarterly Journal of Economics,2012,127(03).

196. Falcetti, Elisabtta, Raiser, Martinand Sanfey, Peter.. *Defying the Odds*：*Initial 5Conditions*,*Reforms and Growth in the First Decade of Transition*.Journal of Comparative Economics,2002(30)：pp. 229- 250.

197. Fisher I.*The Debt-deflation Theory of Great Depressions*. Econometrica, 1933, 1 (04).

198. GOLDSMITH R W.*A perpetual inventory of national wealth*.Studies in Income and Wealth,1951,14(01):pp. 5-73.

199. G Steven Olley, Ariel Pakes. *The Dynamics of Productivity in the Telecommunications Equipment Industry*.Econometrica,1996,64(06)：pp. 1263-1297.

200. Hall R,Jones C.*Why Do Some Countries Produce So Much More Output Per Worker than Others?*.Quarterly Journal of Economics,1999,114(01)：pp. 83-116.

201. Henderson J V, Hyoung G W. *Urbanization and City Growth*：*The Role of Institutions*.Regional Science and Urban Economics,2007,37(03):pp. 283-313.

202. Hongbin Cai, Qiao Liu.*Competition and Corporate Tax Avoidance*：*Evidence from Chinese Industrial Firms*.The Economic Journal,2009(03)：pp. 764-795.

203. Hortas-Rico M.and Solé-Ollé A.*Does Urban Sprawl Increase the Costs of Providing Local Public Services? Evidence from Spanish Municipalities"*.Urban Studies,2010,47(07)：pp. 1513-1540.

204. Hsieh,C. and P.J. Klenow.Misallocation and M anufacturing*TFP in China and India*.Quarterly Journal of Economics,2009,124(04)：pp. 1403-1448.

205. Jefferson,G.H,T.G.Rawski and Y.Zheng. Growth, *Efficiency and Convergence in China's State and Collective Industry*.Economic Development and Cultur-al Change, 1992 (02)：pp. 239-266.

206. Johnson D G.*Can Agricultural Labor Adjustment Occur Primarily Through Creation*

of Rural Non-farm Jobs in China?.Urban Studies,2000,39(12):pp. 2163-2174.

207. Krugam P.*The myth of Asia's miracle*.Foreign Affairs,1994,73(06):pp. 62-78.

208. Kym Anderson,Rodney Tyers.*China's Economic Growth, Structural Transformation and Food Trade*.The Australian Journal of Chinese Affairs,1984.

209. Lagos R.*A Model of TFP*. Review of Economic Studies, 2006, 73 (04): pp. 983-1007.

210. Lewis A.*Economic Development with Unlimited Supplies of Labor*. Manchester School of Economics and Social Studies,1954,22(02):pp. 139-191.

211. Lin C,Lin P,SONG F.*Property rights protection and corporate R&D:evidence from China*.Journal of Development Economics,2010,93(01):pp. 49-62.

212. Loren Brandt,Debin Ma and Thomas G.Rawski.*From Divergence to Convergence:Re Evaluating the History Behind China's Economic Boom*.Journal of Economic Literature,2014, 52(01):p. 93.

213. Lucas,R.E.*On the Mechanics of Economic Development*.Journal of Monetary Economics,1988(22):pp. 3-42.

214. Nathan Nunn.*Historical legacies:A model linking Africa's past to its current Underdevelopment*. Journal of Development Economics,2007(05):pp. 157-175.

215. O'Donnell C J.*An Aggregate Quantity Framework for Measuring and Decomposing Productivity Change*.Journal of Productivity Analysis,2012,38(03).

216. Olivier Blanchard,Michael Kremer.*Disorganization*.The Quarterly Journal of Economics, 1997(04):pp. 1091-1126.

217. Pedro Cavalcanti Ferreira,Alberto Trejos.*Gains from trade and measured total factor productivity*. Review of Economic Dynamics,2011(07):pp. 496-510.

218. Thomas G. Rawski.*Human Resources and China's Long Economic Boom*.Asia Policy, 2011(12):pp. 33-78.

219. Reinhart C M,Rogoff K S.*Growth in a Time of Debt*.American Economic Review, 2010,100(02).

220. Restuccia D,Rogerson R.*Misallocation and productivity*.Review of Economic Dynamics, 2013,16(01):pp. 1-10.

221. Robert Cull,Lixin Colin Xu.*Institutions,ownership,and finance:the determinants of profit reinvestment among Chinese firms*. Journal of Financial Economics, 2005 (07):

pp. 117-146.

222. Xiaodong Zhu.*Understanding China's Growth：Past,Present,and Future*. Journal of Economic Perspectives,2012,26(04):pp. 103-124.

223. Paul Krugman.*Hitting China's Wall*.New York Times,2013-07-18.

224. Babetskii,I and .Campos.*Does Reform Work? An Econometric Examination of the Reform-growth Puzzle*.University of Michigan Working Paper,2007.

225. Carsten A.Holz.T*he Quantity and Quality of Labor in China* 1978- 2000- 2025. Working Paper,2005.

226. F.Caselli,N.Gennaioli.*Dynastic Management*.Nber Working Paper,2003.

227. Kevin Cowan,Alejandro Neut.Intermediate Goods,*Institutions and Output per Worker*.Working paper,2007.

228. Robert J. Barro.*Quantity and Quality of Economic Growth*,Working Papers Central Bank of Chile from Central Bank of Chile,2002.

后　　记

本书是国家社会科学基金项目"加快我国经济发展方式转变的制度障碍及对策研究"的最终研究成果。本书的研究和出版还得到了吉林财经大学全国中国特色社会主义政治经济学研究中心重点项目"新发展阶段坚持和完善中国特色社会主义经济制度研究"的支持，也得到了作者所在单位中南民族大学经济学院的支持。研究生黄尚晴、彭舒阳、孙梦瑶、胡春雷、薛鹏飞和李印等同学不同程度地参与了课题部分内容资料整理、调研和初稿写作，在此一并感谢。

本书的出版得到了人民出版社的大力支持，赵圣涛编辑为本书的出版付出了辛勤的劳动，在此表示诚挚谢意。

本书参考和引用了一些专家、学者的相关研究成果及其观点，在此一并表示感谢。

由于本人的知识水平和能力有限，本书还存在很多不完善的地方，敬请各位学者、专家和读者批评指正。对此表示感谢。

责任编辑：赵圣涛
封面设计：胡欣欣

图书在版编目(CIP)数据

我国经济发展方式转变及其制度优化研究 / 鲍金红著. -- 北京：人民出版社，2025.5. -- ISBN 978-7-01-027187-3

Ⅰ.F124

中国国家版本馆 CIP 数据核字第 2025WJ0333 号

我国经济发展方式转变及其制度优化研究
WOGUO JINGJI FAZHAN FANGSHI ZHUANBIAN JIQI ZHIDU YOUHUA YANJIU

鲍金红　著

人民出版社 出版发行
(100706　北京市东城区隆福寺街99号)

中煤(北京)印务有限公司印刷　新华书店经销
2025年5月第1版　2025年5月北京第1次印刷
开本：710毫米×1000毫米 1/16　印张：18.75
字数：267 千字
ISBN 978-7-01-027187-3　定价：109.00元

邮购地址 100706　北京市东城区隆福寺街99号
人民东方图书销售中心　电话 (010)65250042　65289539

版权所有·侵权必究
凡购买本社图书，如有印制质量问题，我社负责调换。
服务电话：(010)65250042